保育方法の実践的理解

early childhood care and education

久富陽子＋梅田優子

萌文書林

JN090341

はじめに

　本書の初版が出版されたのは、2008年の幼稚園教育要領及び保育所保育指針の改訂の直後でした。保育所保育指針が初めて告示化されたときであり、社会全体の中で保育への関心が高まりだした時期でした。少子化対策、待機児童対策のために幼稚園では預かり保育が普及し始め、保育所では開所時間が長くなるなど、保育を行う時間が延びるとともに、今まで以上に保護者や地域の子育て家庭への支援が必要と言われるなど保育者の役割が広がり、保育者の協働が課題となっていました。

　それから10数年経ち、保育の世界に新しい変化が起こりました。2012年に子ども子育て新制度が可決されて2015年から施行となり、「学校かつ児童福祉施設」として新しい幼保連携型認定こども園が生まれました。2014年にはそこでの保育内容の基準を示す「幼保連携型認定こども園教育・保育要領」も告示されました。また、認可保育所の中に小規模保育所というくくりが生まれ、職員全員が保育士資格を有するA型の施設に加え、職員の半数に保育士資格があればよいとするB型という施設もできました。

　さらに、かつて保育所の設置者は市区町村や社会福祉法人に限られていましたが、株式会社等にも門戸が開かれ、多様な設置者による保育所運営が行われるようになりました。保育は施設という側面からみると、多様化の方向へと進んだということです。一方、2017年に保育所保育指針（指針）、幼稚園教育要領（要領）、幼保連携型認定こども園教育・保育要領（教育・保育要領）が改訂されました。

　指針や教育・保育要領においては、乳児保育や満3歳以下の保育についての内容が充実したものになりました。それは先の小規模保育所等も含め低年齢の子どもの入所が激増し、そこでの保育内容の基準を明確に示す必要があったからです。また、満3歳以上児の保育の内容については、指針、要領、教育・保育要領において統一されたものになりました。保育施設の多様化を受け、逆にどの保育施設においても就学前の教育に関する部分は同じ質を担保していくということが明示されたということです。

　こうした背景には、乳幼児期の教育に関する世界的な関心の高まりも影響しています。端的に言えば、質の良い乳幼児期の教育を受けた人は社会的な貢献ができる人材となる可能性が高く、それが国の経済的発展につながるという指摘です。日本でもその流れを受け、文部科学省の中央教育審議会が教育の対象を0歳児からとし、就学前の教育が小学校以上の教育へと円滑に接続されていくことの重要性を明示しました。

　2017年告示の指針、要領、教育・保育要領において、「幼児期の終わりまでに育ってほしい10の姿」が示されているのも、そうした教育の接続を意識してのことです。多様化と統一化、それが本当に保育の質を高め、子どもにとって豊かな子ども期を提供できることになるのかどうか、今後の動向に腰を据えて注目していく必要がありま

す。

　第2版、およびこの第3版においては、指針、要領、教育・保育要領およびその他の保育に関する法律については最新のものに書き換えました。また、時代の変化に合わせ、事例等についても多少の変更を加えています。しかし、保育の原理や方法等、従来から大事にされてきた基本的なことについての変更はないため、初版のまま掲載されています。

　初版の「まえがき」では、子どもが育つにふさわしい自然環境や社会環境が失われつつある中、幼稚園や保育所に大きな期待と責任が寄せられていること、その中で理想の保育を目指しながら保育者たちが日々自分たちの保育について迷ったり悩んだりしている現実があるということ、そうした迷いやゆらぎに対して真摯に向き合っていく人だけが専門職としての保育者になれるのではないかと述べました。保育を取り巻く状況はさまざまに変化していますが、保育者の専門性はやはり子どもの日常を共に生き、ゆらいだり迷ったりしながら、考え続けていくことによって培われていくものであることに変わりがないと考えています。

　筆者らは保育者養成校の教員ですが、保育現場の先生方と子どもや保育について話し合う機会を大切にしています。保育者の悩みの中には、先に述べたような社会や制度の変化を受けたものもみられますが、やはりその中心は保育そのものについてです。「どう援助すればよいのか」「どこまで援助すればよいのか」「私のこのかかわりで良いのか」「ほかに良い方法はないのか」等です。多忙になった保育の現場を考えれば、そうしたことひとつひとつにゆっくりと立ち止まる時間はそれほど多く取れないという現実もあります。だからこそ保育者たちは、立ち止まろうとする意識や立ち止まれる機会を大事にして、専門性を育んでいます。

　私たちも現場の保育者たちと共に学ばせていただける機会を大事にしながら、自分たちの専門性をまだまだ磨いていかなければならないと考えています。本書が保育者を目指す学生たちに保育の方法について考えることのおもしろさ、考え続けることの大切さを少しでもお伝えできれば幸いです。

　最後になりましたが、初版作成時に大変お世話になりました故服部雅生氏（萌文書林前社長）、保育現場と共に学び続ける大切さを教えてくださった恩師の故大場幸夫先生、いつも改訂にご尽力くださっている萌文書林の福西志保さんに心より御礼を申し上げます。

　　2023年11月

　　　　　　　　　　　　　　　　　　　　　　久富陽子　梅田優子

━━━ 目 次 ━━━

子どもが育つ環境をつくる方法を探る

4章 子どもとの充実した遊びや活動を 組み立てていく方法を探る

5章 子どもとの充実した生活を
つくるための方法を探る

6章 子どもの育ちに即した援助の方法を探る
―― 関係の広がりを中心にして ――

**7章　栽培活動や行事を子どもとともに
つくりあげる方法を探る**

かかわりの難しさを感じる子どもへの援助の方法を探る

9章　記録から方法を探る

10章　連携という方法を探る

11章　「方法」を探究していくために

1章 「方法」を考えるときに大切なこと

「保育方法」を学ぶというと、何か正しい保育の
やり方というものがあり、そのやり方を学ぶ、つま
り How to を身につけるというイメージを持つ方
もいるかもしれません。しかし、保育はマニュア
ルではできません。そのため、どのような場
合も「保育方法」は一つではありません。
この章では、「方法」という言葉の
意味をていねいに考えることか
ら始めて、実際に行われている
保育方法がどのようなプロセ
スを経て生み出されている
のかということを考えて
いきたいと思います。

§1 「方法」とは何だろう

1.「方法」という言葉から

みなさんは、「方法」という言葉から、どのようなことを連想しますか？

あるいは、どのようなときに「方法」という言葉を使いますか？

私事で恐縮ですが、保育現場にいたときにこんなことがありました。今日は天気が良いから
とクラスの子どもたちと近くの公園にお弁当を持って食べに行きました。そのとき、公園の片
隅の草地に思いのほかたくさんのバッタがいました。子どもたちは、お弁当を食べ終わったあ
とはバッタ取りに夢中です。しかし、子どもたちがつかまえたバッタを入れておくような虫か
ごや袋がありません。「先生、かごちょうだい！」「入れ物、何かない？」と言う子どもたちに、
「ごめん、今日は袋も何も持ってきてないから、バッタを取ってもすぐに逃がしてあげて」と
答えていました。しかし、虫が大好きなとおるたちは、「絶対に持って帰りたい。持って帰っ
て小さい組の子どもたちにも見せてあげたい」と言って譲りません。とおるたちは、入れ物が
ないなら手でつかんだまま持って帰るというのですが、それでは、帰りの支度も自分たちで
できませんし、バッタに気をとられて帰りの道路横断中に転んでしまったら……などと考える
と、その提案を承諾しきれないでいました。「何かもっといい方法はないかなあ」と私は考え
込みました。同じ場面に居合わせたやすのりも周囲を見まわしながらいろいろ考えてくれてい
ます。そして、「あった！ いい方法！」と言い、通園バッグの中から普段から園に持ってきて

いる布製のコップ入れ（お弁当のときに麦茶を飲むコップを入れる巾着袋）を取り出しました。「これにバッタを入れて、上のところを絞って押さえていけば、バッタもつぶれないし、逃げない」と言うのです。私は「さすが！　やすのりくん！　それ、いいかもしれない」と答えました。他の子どもたちも大賛成で、早速みんな自分のコップ入れを取り出しました。もちろん、バッタを入れるときに上手くいかなかったりと難点

はありましたが、即席の虫かごならぬ虫袋（？）ができ、無事に子どもたちはバッタを園に連れて帰ることができました（もちろん、お母さんたちには事情を話し、コップ入れを必ず洗濯してもらうように伝えました）。

　この事例のように、私たちは、普段の生活の中でちょっとした困ったことに出くわしたとき、それを何とか乗り越えようと知恵を絞ります。「何か良い方法はないかな」と。そして、自分が今までに体得してきた技術や知識、物の利用などの中から使えそうなものを選んだり、応用したりしながらそれに対処しようとしています。「保育方法」とか「方法」というと、堅苦しく難しいイメージを持った人もいるかと思いますが、この事例からもわかるように、私たちは普段の生活の中で何気なく「方法」を手探りしている場面に遭遇していることがわかります。

　さらにいえば、習慣的に行動していること、たとえば、朝起きたらスリッパを履いてトイレに行き、パジャマを脱いでいつもの場所に置き、洋服に着替え、洗面所に行く。洗面所ではタオルを棚から出し、水道をひねって水を出して顔を洗いそのタオルで拭く……などは、無意識に何となく行われていることなのですが、これも実は一つの「やり方」つまり「方法」として、身につけてきたものといえそうです。多分、ここに至るまでには、違う「方法」を行ってきたときがあったのかもしれませんが、とりあえず、今はこの「方法」が便利で快適なので、こうした「方法」に落ち着いているという感じなのでしょう。そのため、旅行に行くなど、いつもと環境が変わったときには、いつもの「方法」を応用してその環境に合った「方法」を見つけ対応しているのです。つまり、私たち人間は、無自覚ながらもたくさんの「方法」を身につけており、それを使ったり応用しながら生活し、ときには新しい「方法」を見つけださなければいけない場面に出くわしながら生きているのです。

2．「方法」という言葉を辞書で引いてみる

　では、「方法」という言葉にはどのような意味があるのか『広辞苑』で調べてみましょう。
　　①しかた。てだて。目的を達するまでの手段。そのための計画的措置。
　　②〔哲〕認識目的を果たすために思考活動のよるべき方式。思考対象の取り扱い方。

　①　の意味は、私たちが普段何気なく使っている「方法」という言葉の意味ですので、改めて解説する必要はないようにも思われます。しかし、少しポイントとなるところを拾い出してみると、「目的を達するまでの手段」「そのための計画的措置」というように、目的を達成するまでに行ってきたあるいは行おうとしている過程（プロセス）や段階、手順のようなところが強調されているような印象を受けます。また、②　の意味は、とくに哲学的に使われるという書き出しであり、「思考活動のよるべき方式」「思考対象の取り扱い方」というように難しい表現が使われています。これを、筆者なりに理解していくと次のようなことになるのではないかと思われます。「方法」というのは、「目的を達成しようとしたときに（あなたが）どのような考え方に基づいたのか」、あるいは「達成するべき目的を（あなたは）どのようにとらえたのか」、さらにいえば「（あなたは）なぜその目的を達成しようとしたのか」ということすべてが含まれるということです。つまり、物事のとらえ方・考え方のすべてを包括した意味で「方法」という言葉が使われるということなのです。

　たとえば、先のバッタ取りの事例から考えてみましょう。子どもたちにバッタを入れる虫かごや袋がないかと問われたときに、筆者は「ごめん。袋を持ってきてない」と答えながら、「そうか、バッタの季節が始まっていたんだ。ちゃんと用意してくればよかったな」と後悔していました。そのため、子どもたちの「持って帰りたい」という要求とは別な提案である「逃がしてあげて」という言葉を伝えながらも、「とおるたちの思いはもっともなことだな。かなえてあげたいな」とも考えていました。だからこそ、「じゃあ、手で持っていく」という子どもなりの発案に「それは、困るな」と思いながらも、すぐにはノーと言えずにいたのです。それゆえに「もっと、いい方法はないかな」という言葉が出てきたのであり、もしも、この段階で子どもの思いを今日かなえることはそれほど重要ではないという気持ちを強くもっていれば、「今日は、無しにしよう」とか「明日、袋を持ってもういちど来よう」というような言葉を発したのだとも思います。もちろん、考えたり、気持ちが揺れ動いているのは筆者だけではありません。子どもたちも同じです。筆者の発する言葉や態度から、子どもたちは筆者の「思い」や「考え」を受け止め、同じように「思い」「考えて」いるのです。「手で持っていくという提案に先生はいいとも悪いとも言わないけれど、だめって言われる可能性もある。もっといい提案をしてみようか」というように。そして、やすのりから出てきたのが、コップ入れを使うという提案です。筆者は「それはいい！」とその提案をすぐに受け入れました。しかし、みなさんの中には、「コップ入れにバッタを入れるのは、衛生上よくない」という理由などから、そうした子どもからの提案を受け入れられない人もいると思います。集団保育で衛生面に気を配ることはとても重要なことなので、そういう考え方も当然ありえます。しかし、そのとき筆者は、衛生面よりもコップ入れを虫を入れる袋に代用すればいいと考えたやすのりの発想の豊かさ、柔軟性に感動していましたし、そうやって一生懸命考えながらバッタを持って帰ることにこだわった子どもたちの気持ちを大切にしたかったのです。その結果、やすのりの提案を全面的に受け入れたのだと思います。

　つまり、『広辞苑』が示す「方法」とは、この事例の場合は、「バッタを入れるものを探す」

という目的に対して、最終的には「コップ入れで代用する」という「方法」がとられたわけなのですが、こうした最終的な措置や手段だけを指すのではなく、そこに至るまでに当事者たちがどのように考え、どのように受け止め、どのように振る舞ったのか……というように過程やすべての思考活動をも含んでいる言葉なのです。

3．このテキストで取り上げる「方法」とは

　一般的に「方法」という言葉を聞くと、「やり方」「手段」ということだけを思い浮かべてしまいがちですが、先述したように、「方法」は、そこに至るまでの過程や思考活動のすべてを示すものであるということが理解できます。このテキストは、「保育方法」というタイトルからもわかるように「保育」という営みにおける「方法」のあり方、探り方を理解していくためのものです。その中では、方法が生まれるまでの筋道や、そのときの保育者の思考活動を大切に取り上げていきたいと思います。テキストの中では、現実の子どもや保育者の実際の生活に焦点をあて、みなさんがテキストといっしょに考えていかれるように、そのことが現実の子どもとの出会いの中で自分の保育方法を探るときに役立つようなものにしたいと思っています。

　筆者は、学生のみなさんに「保育方法という授業は、どのようなことを学ぶ授業だと思いますか？」と質問をします。すると、多くの答えが「手遊びやエプロンシアターとかを教えてくれる授業」「紙芝居の読み方とかが習える授業」「子どものけんかの対処方法を学ぶ授業」というようなものです。そうした答えが、これから実習へ行ったり新任保育者として働く人たちにとって、学びたい事柄なのだということを理解しながらも、「やり方」だけを身につけることでは、保育はできないということを実感してもらえることが大切だと考えています。

§2　保育方法は状況性、多面性を含んでいる

1．実習生としての疑問

　以下は、実習に行ってきた学生に、「実習に行って疑問に感じたことを何でもいいから書いてください」と伝え、提出されたものの抜粋です。

　① どうして、子どもたちは私たち実習生に甘えてくるのだろう。自分で服を着られるのにやってもらおうとしたり、すぐに抱っこを要求したりする。担任の先生から「実習生にはすぐに甘えるんだから」と言われてしまっているのを聞くと、甘えさせてはいけないようでなんとなくビクビクしていました。

　② 実習で4、5歳児のクラスに入ったときは、「ぼく、1番」「私1番」と子どもたちが言っていたし、担任の先生も「誰がいちばん早いかな」とよく言っていました。しかし、3歳児クラスに変わり、ご飯と着替えをさっと済ませた子がいたので、「すごいね、1番だね」とほめたところ、他の子どもに「1番って言ったらいけないんだよ」と言われ

てしまいました。3歳児の先生は「1番」という言葉を使わないように指導している
らしく、戸惑ってしまいました。

③ 好き嫌いの激しい子がいたのですが、どこまで嫌がるものを食べさせればよいのかわ
かりませんでした。

④ けんかの対応がよくわからず困りました。話を聞くとどちらの言い分もよくわかり、
どうしたらよいのかわからなくなりました。

どれも、実習生であれば本当に困ったであろうと予想できることばかりです。そして、これ
らのどの疑問を取り上げても「こうしたらよい」と筆者が即答できるものは一つもありません。
実習生と同じように筆者も考え、悩むと思います。

① は、実習生に「抱っこして！」「やって！」と甘えたい子どもたちがいるにもかかわらず、
そうした甘えを快くなくとらえている保育者がいて、実習生が子どもと保育者のどちらの思い
や要求にこたえていけばよいのかわからないでいる様子がうかがえます。② は、「1番」とい
う言葉を子どもに伝えることや子どもが使うことで保育を進めていく保育者と、そうした言葉
をあえて使わないで保育している保育者とがいることで、「1番」という言葉を使って保育す
ることの是非に戸惑っているといえそうです。③ は、好き嫌いの激しい子どもに対して、「食
べたくない」という子どもの要求と「食べてほしい」という大人の思いをどこですり合わせた
らよいのかという悩みです。④ に関していえば、この実習生は保育の知識をある程度身につ
けており、「子どものけんかが起こったときには、当事者の思いをよく聞くこと。保育者の勝
手な判断、決めつけをしてはいけない」という多くのテキストに書いてあるようなことを実践
して解決を図ろうとしたにもかかわらず、実際は「2人の言い分はどちらもよくわかる」とい
う段階に留まってしまい、子どもたちの納得がいく解決までには導けずに苦しい思いをしたと
いう例なのでしょう。

こうやって見ていくと、保育というのはなんて疑問だらけの中で営まれていることでしょう
か。実は、それが保育の現実だともいえます。保育という営みの中では、虐待のように絶対に
してはいけないと明言できるものもあります。しかし、どちらかといえば白か黒かで決められ
るようなことは少なく、判断が難しいことがたくさんあります。それは、保育の中で起こりう
るさまざまな現象への対応の仕方は、一点に留まることはなく、状況が異なれば変わっていく
という特徴があるからです。だからこそ、よくいわれるように保育の方法は、マニュアルでは
ないということなのです。同時に、マニュアルではできないからこそ、その方法を探ることが
ときに難しく、ときにおもしろいともいえるのです。

2．保育方法の持つ状況性・多面性

では、なぜ、保育方法がマニュアルではできないのかといえば、保育は、一人ひとり異なる
人たちのさまざまな生活の中で営まれるものであるため、まったく同じ状況というのが存在し
ないからです。一つひとつ異なる状況に対応しようとするときに、こちらが同じ対応をするだ

けでよいなどということは、まず、あり
えないでしょう。たとえば、「けんか」一
つ取り上げてみても、物をめぐる「けん
か」、場所をめぐる「けんか」、友だち関係
をめぐる「けんか」など、何をめぐっての
「けんか」なのかを考えただけでもたくさ
んの種類があります。また、「けんか」に
なったきっかけは何なのか、誰と誰が「け
んか」になったのか、どこで起こったのか、
それはどのようなやり取りの中で起こった

のか、そのとき誰がかかわっていたのかなど、一つひとつの「けんか」は、そのときの「状況
性」を含んでいる世界で唯一の「けんか」なのです。そして、その「けんか」に対応するのが
実習生なのか担任保育者なのか、たまたま園に来ていた第三者なのかによっても、対応の仕方
は当然異なってきます。保育方法を学ぶということは、現実にはこうした一つひとつ異なる状
況性を含んだ現実の中で起こりうる数多くの出来事に対する方法を学ぶということなのです。

　また、保育の中で起こりうる一つひとつの現象は、見方を変えることによってさまざまに見
えるという特徴があります。これは、個々の現象は多くの異なる面を持っているということで
すから、当然、それに対応していく保育方法にも多面性が必要です。たとえば、「けんか」に
ついてもそうですが、幼い赤ちゃんは「けんか」をしません（できませんと言った方が正しいか
もしれません）。つまり、「けんか」というのは、「けんかができるようになった」という人との
かかわりの育ちが見える面も持っています。「けんか」が持つそのような面を理解する保育者
であれば、「けんか」をさせないようにと子ども同士を離すことだけではなく、「けんか」を通
してこの子どもたちに次にどのような育ちを期待するかという視点を持った保育方法を生み出
していくでしょう。あるいは、ここで起きた「けんか」だけを取り上げれば、この子どもの方
が悪くなってしまうけれども、そこまでこの子どもが激しく感情をぶつけた原因が何かあるの
ではないかという側面を考える保育者は、その子どもの日常のかかわりを見直す必要に気づき、
そのときにはあえてその子どもを叱らないという方法をとる場合もあります。同じ状況の中で
も、ここではきちんと間違ったことに対して謝まるという経験が必要と考える保育者もいます。
このように、「子どものけんかの仲裁の仕方」という問いに対しても、「こうすればよい」など
というように「絶対的な良い方法」は存在しないということです。

3．保育方法を学ぶとは

　では、「絶対的な良い方法」がないのにもかかわらず、保育方法を学ぶということは何のた
めなのでしょうか。それは、一言でいえば、自分が出会った保育実践や事例をていねいに読み
取っていきながら、そのときに必要な保育方法を探るためということになるのではないでしょ

うか。たとえば「けんか」について語るときも、「なゆちゃんとしほちゃんがけんかをしました」というだけでは何もわかりません。「4歳児クラスのなゆちゃんとしほちゃんが、砂場でシャベルの取り合いになってしまって。そのシャベルは、最初になゆちゃんが使っていたんだけれど、なゆちゃんが水を汲みに行っている間にしほちゃんがそれを使ってトンネルを掘ろうと思ったらしく……」というように、実際に起こったけんかの事例が語られることが必要です。そして、「そのとき、なゆちゃんはこういう気持ちだったのではないか」「でも、しほちゃんもこういう思いを持っていたのではないか」「それで、2人は納得したのか」など、一つひとつのことを具体的にていねいに考えていくことにより、保育を見ていく目や子どもとのかかわり方を養っていくことができるのです。そして、そこで考えたこと、話し合われたことは、別な場面の保育方法を考えていくときの土台になる可能性があります。同じ「けんか」は二度は起きませんが、それに類似した状況の中で起こる「けんか」はありますから、過去の経験の中で考えたことや試してみたことなどを、次の場で生かしてみることができるのです。

§3 「子ども理解」から生まれる方法

1.「子ども理解」の重要性

　では、実際に自分が出会った事柄をていねいに読み取りながら保育方法を探るというときには、どのようなことを大切にしたらよいのでしょうか。まず、最初に欠くことができないのは、子どもの気持ちや思いを理解しようとすることです。保育は、しばしば「子ども理解に始まり子ども理解に終わる」とも言われますが、それくらい子どもを理解しようとすることは重要なことなのです。なぜならば、保育の主人公は子どもであり、保育者としての仕事の中心は子どもの育ちを援助することだからです。良い援助をしたいと思ったならば、まず、相手が何を必要としているのかを探ることが不可欠になります。つまり、「子ども理解」はどのような援助をするのかの出発点になります。そして、自分の援助が正しかったのかどうかを探るためには、最終的に相手がどういう状態であるかを見届ける必要があり、つまり、ここでも「子ども理解」が必要になるわけです。

　これも筆者が体験したことなのですが、今でも心に残る「子ども理解」の大切さを体験できた出来事がありました。それは、次のようなものでした。長男が2歳3か月のときに、次男が生まれました。当然、長男は自分だけのお母さんを小さな弟にとられてしまう場面が多くなります。次男が生まれる前まで、長男には寝る前に読んでほしいという絵本を好きなだけ読み聞かせていました。次男が生まれたあともその習慣をできるだけ続けてあげたかったのですが、なぜか、その時間になると次男が泣き出してしまい、いくら夫があやしても泣き止まないという日が続きました。筆者は、他の場面でがまんもさせているのだから、寝るときくらい長男とゆっくり過ごすことは大切だと考えていたのですが、次男や夫のことを考えると、そろそろ限界かなと考えました。そして、ある日の夜、長男に、「いつも、絵本を読むと赤ちゃんが泣き

出しちゃってうるさくなっちゃうから、今日からは1冊だけ読んで寝ることにしよう」と言いました。しかし、長男は聞き入れません。いつもみたいにたくさん読むといって聞かないのです。「じゃあ、2冊だけ」と譲歩をしてみても、「いや！ いや！ いっぱいいっぱい！ ぜんぶ！ ぜんぶ！」と泣き出し、絵本の棚から本を次々引っ張り出すのです。ここで負けてはいけないと、筆者も強く「いっぱいはできない！」と絵本を棚に戻しながら強く言いました。しかし、長男は泣き叫んで「いっぱいいっぱい」を繰り返します。この騒ぎにもちろん次男も泣き出しました。2人の泣き声と「いっぱいはできない！」という筆者の声がどれくらいの時間響いていたでしょうか。一時はかなり熱くなっていた筆者の気持ちが少し落ち着いてきた頃、「あ、そうか、もしかしたら、この子は絵本をたくさん読んでほしいことにこだわっているんじゃなくて、自分の要求を受け入れてほしいという思いだけで泣いているんじゃないのだろうか」という考え（理解）がふとわいてきたのです。そこで、「わかった。ぜーんぶ読んであげる。いっぱいいっぱい読んであげる。それでいいんだよね？」と長男に語りかけました。すると長男は「うん、うん」とうなずき、満足し、泣き疲れたのか、そのまま筆者のところに倒れこみ寝てしまったのです。

　筆者は、「いっぱい！ ぜんぶ！（読んで欲しい）」という長男の言葉を、その通りに受け止めていました。長男も初めは言葉どおりの思いだけだったのかもしれません。しかし、その言葉の裏には、自分の方をしっかり向いてほしい、母親の目が弟の方に行きがちになっていることへの不安を受け入れてほしい、という思いがあったのだと思います。そのため、筆者が「いっぱいはできない！」と言った言葉は、絵本を読めないということと同時にあなたのことは受け入れられないという意味で伝わっていたのだと思います。筆者は、しばらくの間、長男の気持ちが理解できず、長男の思いを「わがまま」と受け取っていましたし、「このわがままを許してはいけない」という母親の使命感みたいなものまで抱いていたように思います。「絵本をいっぱい読んで！」という子どもの思いを「わがまま」と理解するか「自分を受け入れてほしいという要求」と理解するかによって、まったく違った対応が生まれるということなのです。もしも、筆者が長男の思いに少しでも気づき「そうだよね。いっぱい読んでほしいよね」と一度でも答えていたら、こんな親子バトルはしなくて済んだのかも知れません。しかし、この経験は非常にありがたいものでした。それは、自分が返した言葉や対応に相手が激しく抵抗感を示したときには、自分の相手に対する理解がどこか間違っていたのではないかと考え直してみることが必要だということを学ぶことができたからです。

　このように、自分が何気なく返している言葉や対応は、少なからずそのときに自分が「理解」した相手の思いや気持ちが土台になっているということです。もちろん、意識的に返す言葉や対応であれば、より相手を「理解」したものになっているということです。そのため、保育方法を学び深めていくためには「子ども理解」を深めていくということを常に考えていく必要があるのです。

2.「子ども理解」の困難性

　しかし、「子ども理解」というのは、言葉でいうのは簡単ですが実際に行うとなると意外に多くの困難に出くわします。また、人間というのは、他者が完全には理解しきれないような尊い存在でもあります。津守真が「保育において子どもと出会うとき、相手の子どもは、おとなである私にとって、究めつくすことができない未知の世界をもった、他者としての存在であることを、改めて気づかされる。保育者は子どもを理解しようとつとめるけれども、どこまでいってもそれは子どもの一側面であって、子どもは究極的にはおとなの理解を超えた、他人が手をふれることを許されない、尊厳な人間存在である」[注1] と述べているように、保育者が「理解できた」「わかった」と思っても、すぐに新たな存在となっている尊い存在です。ここで述べている「子ども理解」ということは、数学や理科の公式のようにめったなことでは変わらないようなものを理解するというような意味ではありません。「子どもという多様な面を持ち常に変化をしている相手に対して、保育者が理解をしようと心を砕くこと、寄せること」というような意味があるのだと思います。「心を砕く」「心を寄せる」ということは、相手の心・気持ちを踏みにじらないようにしながら、こちらの心をそっと近づけていくというようなニュアンスがあります。保育における「子ども理解」というのは、そのような心の向きや相手との距離の取り方、相手の気持ちを尊重する思いが大切にされているのだと思います。

　実際に、保育の場に行けば、一人で複数の子どもを任されます。子どもの個性もいろいろで保育者自身にも個性がありますから、気の合う子どももいれば、かかわりが持ちにくい子どももいます。そうしたことを、全部前提にしたうえで、子どもを完全に理解するなどということはかなり困難、いいえ、不可能に近いことだともいえます。だからこそ、自分の「子ども理解」を振り返ってみたり、園内研修会やケース会議を通して保育者同士が学び合うことが必要になってくるのです（保育者同士の育ちについては、第10章で詳しく述べます）。

§4　「保育者の願い」から生まれる方法

1.「保育者の願い」の重要性

　「子ども理解」の重要性に加え、保育をていねいに読み取るためには「保育者の願い」の検討も必要です。保育や教育という行為は、大人が子どもに対して「このようになってほしい」という願いを込めて行っている意図的な営みです。「元気で明るい子になってほしい」「自分の思いを伝えられる子になってほしい」「自分で考え行動できる力をつけてほしい」など、保育者の子どもに対する願いは、日々の保育を決定づける大きな指標になっています。

　たとえば、園によってはブランコや滑り台の使い方がすでに園のルールとして保育者によっ

注1）津守真『保育の一日とその周辺』フレーベル館、1989

て決められている場合があります。「ブランコは10まで数えたら交代」とか、「滑り台は順番を守って一人ずつきちんと座って滑る」というように。しかし、子どもの遊びを大人が管理することは避けようと、そうしたルールをあまり決めずに、そのときどきに起きた事柄やトラブルを通して子どもといっしょにルールを考えていこうとしている園もあります。どちらのやり方がよいなどと簡単にはいえませんが、少なくとも前者の園では、子どもの安全や均一性が保育者の願いとして大切にされ、後者の園では、多少の危険やトラブルが起こることを視野に入れながら、子どもと保育者がいっしょに考えていくことを大切に考えているということがわかります。このように「保育者の願い」は、保育の方法を決めている大事な要素になります。

2．「保育者の願い」の検討：ゆらぎ・選択

　「保育者の願い」は、一方的な保育者の思いだけで決められるわけではありません。その理由は、繰り返しになりますが保育の主人公は子どもであり、その子どもが主体的に活動することによって自分自身を育てていかれるようにすることが大切だからです。つまり、「保育者の願い」は、子どもの育ちに即したものであるかどうかを検討していくことが常に問われてくるのです。

　また、「保育者の願い」は、子どもの思いとぶつかることもあります。そのときに、保育者は大きなゆらぎや葛藤を経験します。たとえば、先の実習生の疑問ではありませんが、子どもの好き嫌いがあるときには、保育者は放っておくということはしないでいろいろな食品を食べられるようになってほしいと願い、働きかけをします。だからといって嫌いなものを過度に食べさせようとすれば、子どもに多大な負担を強いることになり、「無理やり食べさせられるのが嫌だから園に行きたくない」という思いを子どもに抱かせる可能性もあります。そのため、「どのくらいならよいだろう？」「今日はできるかな？　無理かな？」と子どもの反応を見ながら自分の保育方法を探っていくわけですが、その加減が未知なのです。保育の現実には、そのようなことが満ち溢れています。もう帰る時間が迫っているのに子どもの遊びが盛り上がってしまって保育者が子どもに片づけを伝えても子どもの気持ちが片づけにまったく向かない、外遊びに誘っても「外は寒いからお部屋がいい」と室内遊びばかりしているなどなど……。保育者の思いと子どもの思いが一致しないことはたくさんあります。そのときに、子どもの気持ちなど考えずに「お約束」や「ルール」と称して保育者の思いだけで推し進めていくことは不可能ではありませんが、それでは子ども主体の保育とはいえません。保育者は「子ども理解」によって子どもの状況を判断しながら、自分の願いを修正したり新しく立ち上げたり、ときには

破棄したりしながら、保育を実践していくことが必要になるのです。

　前述したように、願いの立ち上げや修正の際に、保育者が大きなゆらぎや葛藤を抱えることも少なくありません。「これでよいのだろうか」「どうしたらよいのだろう」「新しい方法が見つけられない」など、保育者が自分の保育に自信をなくしたり、不安になることがたくさんあります。しかし、尾崎新が『「ゆらぐ」ことのできる力』[注2]という著書で述べているように、人を援助する仕事をする人は「ゆらぎ」を感じることが当たり前であるとともに、「ゆらぐことができる」ということが援助者として非常に大切な力となっているということもいえると思います。ゆらぐからこそ、自分の「子ども理解」や「保育者の願い」が本当に正しいのかと検討してみようとする姿勢が生まれるということです。ゆらぎは、自己を省察するチャンスを与えてくれているといえるでしょう。

　一方、現実の保育の中では、ゆらいでばかりはいられずに、保育者が即時的に決定しなければならない場面もたくさんあります。そのときには、無自覚である場合も自覚的である場合もありますが、保育者は多くの事柄の中からそのときに自分が最も大切であると思ったことをとりあえずは選び出し決定しています。たとえば、帰りの時間が迫っているにもかかわらず、子どもの遊びが盛り上がっているとき、「今は、片づけることが大事」という選択をすれば、子どもたちに片づけを強く促します。「片づけが多少遅くなっても遊びきったという感覚を味わうことが大事」という選択をすれば、遊びの様子を見守るという態度をとります。そのような選択や決定を一日の保育の中で保育者は数多く行っているのです。そして、そこでの子どもの反応や子どもの育ち、遊びの内容などから、あのときの自分の選択が正しかったかどうかを検討していくことが大切になるのです。いわば、保育の省察をしていくということです。

　このようなことを繰り返していくこと、それは、非常に根気のいる作業です。特効薬のようにすぐに効果を発揮しないかもしれませんが、これが保育方法を深めるということであり、保育者として育つということなのです。

注2）尾崎新『「ゆらぐ」ことのできる力　ゆらぎと社会福祉実践』誠信書房、1999

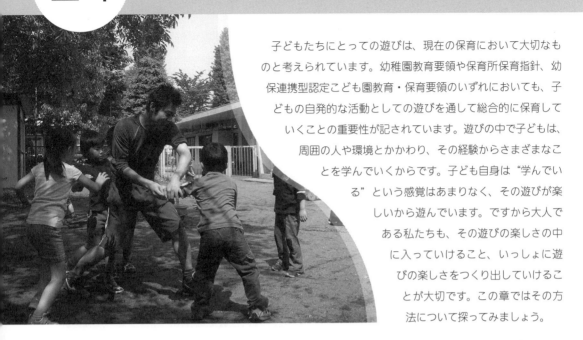

2章　子どもと遊びの楽しさを共有する方法を探る

子どもたちにとっての遊びは、現在の保育において大切なものと考えられています。幼稚園教育要領や保育所保育指針、幼保連携型認定こども園教育・保育要領のいずれにおいても、子どもの自発的な活動としての遊びを通して総合的に保育していくことの重要性が記されています。遊びの中で子どもは、周囲の人や環境とかかわり、その経験からさまざまなことを学んでいくからです。子ども自身は"学んでいる"という感覚はあまりなく、その遊びが楽しいから遊んでいます。ですから大人である私たちも、その遊びの楽しさの中に入っていけること、いっしょに遊びの楽しさをつくり出していけることが大切です。この章ではその方法について探ってみましょう。

§1　子どもと遊びの楽しさを共有するとは
── 身を置き感じる ──

　保育者を目指す学生のみなさんでしたら、きっと幼い子どもたちへの興味や関心は人一倍あるでしょう。また、自分の幼い子ども時代を思い起こせば、子どもたちと遊びの楽しさを共有することなど簡単なことのように感じるかもしれません。ところが、実際に幼い子どもたちの生活に触れたとき、その楽しさがどこにあるのかが見えにくく戸惑いを感じることも出てくるようです。次の記述は、短大の１年生が５月に初めて幼稚園の観察に出かけたときの感想です。

> **事例 2-1　３歳児クラスに入って（５月）**
>
> 　とても子どもたちがかわいくて楽しかった。
> 　とにかく３歳児は走る走る！！　そんなに走り回って何で疲れないの？　って感じだった。何もかもが楽しいみたいだった。電話のおもちゃで、「もしもし？　今日うちでゲームする？？」って言って２人で大爆笑しているのを見たときは、笑いの観点がわからず戸惑った……（笑）。

　この場面で、もし子どもたちの楽しさが感じられれば、いっしょに笑いがこぼれるでしょう。そういう場面もたくさんあります。しかしその子どもたちの楽しさがすぐには見えず、共有することができずに戸惑うことがあります。この戸惑いの感覚は大切です。なぜなら、感じる楽しさに違いがある場合もあることを自覚化することにつながるからです。そしてその気づきから出発することができます。つまり、この子どもたちの楽しさはどこにあるのだろう？　それ

は私が感じていることと同じだろうか？ というように、子どもの内面世界の理解に向けての探究が始まるからです。

　もう少し様子を見守ってみることで、前後の状況から見えてくることがあるかもしれません。たとえば、目を合わせてやり取りすることが楽しいのかもしれませんし、リズムがおもしろいのかもしれません。あるいは、その交わし合う言葉には、その子どもたちが笑いたくなるような出来事が過去にあったのかもしれません。また一人の子どもにとっては、その場のやり取り

のリズムが楽しいのかもしれませんが、もう一人の子どもにとっては相手とかかわれることそのものが楽しいのかもしれません。

　このように考えてくると、遊びを共にしている子どもたちであっても、楽しさを感じているところは各々にある可能性もあります。それを基本的に心に留めながらも、まずはその場にいることを自分も楽しんでみましょう。たとえば、この場でも、学生は子どもたちのような大爆笑ではありませ

んが、戸惑いながらも笑顔でした。子どもたちの様子がおもしろかったからだそうです。子どもが感じている楽しさとは違っていてもいいのだと思います。でも、その場の楽しい雰囲気に乗って身を置きながら、一人ひとりの楽しさがどこにあるかを感じようとすること、知ろうとすることが、子どもたちと楽しさを共有するということの始まりなのではないかと思います。それが子どもたちと心をつないでいくことにもなり、また子どもの展開する遊びにどのような方法でかかわればよいかを考えていく基本になると思います。

§2　仲間として遊びやかかわりを楽しむ
―同じ動きをしてみる―

　子どもにとっての遊びの楽しさがどこにあるかを理解しようとするときに、その場にいる子どもたちと同じ動きをしてみることは、子どもと関係をつなぎ、その世界を知っていくとても大事な方法です。

　次の事例は、同じく短大の1年生が約1か月後に、2回目に幼稚園に出かけたときの記述です。参加するクラスも違い、初めての子どもたちですが、今度は観察するだけではなく子どもたちともかかわることになります。

> **事例 2-2　　5歳児クラスに入って（6月）**
>
> 　今回は子どもたちとかかわった。担任の先生に「遊びに参加していいですよ」と言われたので、ビニールで作るロケット遊びに参加した。先生に「この辺に……」と言われ座ってはみたもの

　の、何をしていいのかわかりません。どう遊んだらよいかわからず、作っている様子をいろいろ見ていた。自分で作っていいのか見守っていた方がいいのか……、わからず行動することができなかった。隣の女の子にいろいろ聞いても無言だった。先生の助けで、私もロケットを作り始めたけれど、ただ黙々と手を動かすだけだった。でも、私もロケット作りを始めてしばらくすると、何人かの子が「（自分のロケットは）穴があいてる？」「ふくらませて」「ここどうやってやるの？」などと声をかけてきてくれた。

　この学生は、このときのことについて感じたことを以下のように書いています。

　　隣の子どもに問いかけても無言だったので、きっとこの子は私のことを「見たこともない顔だから話しかけないで！」と思っているのかな、と思った。「私が嫌いなのかも……」と少しショックだった。他の子に声をかけてもまた無言なのかなと、話しかけるのにためらった。でも、私もロケット作りを始めると、何人かの子が話しかけてきてくれた。きっと子どもたちは「この人もロケットを作っている。そしたらこの人も私のようにロケットに空気が入らないかもしれない」「この人も同じものを作ってるから、これをどうしたらいいかがわかるかもしれない」と考えて、私に声をかけてきたのかもしれないと思った。

　自分が話しかけたときに、答えの返ってこない悲しさは誰もが想像できることでしょう。その事態に、"私は嫌われているかも"とショックを受けているのは、子どもたちと仲良くしたい、仲間として受け入れてほしいという気持ちが強かったからこそでしょう。話しかけるという方法は、多くの場合において仲良くしたいという気持ちを表す行為であり、そこから、かかわりが始まることも多いものです。ですから、それが伝わらなかったことで、次の子どもに積極的に声をかけることをためらうことになっています。このような"ためらい"も、保育における自分のかかわり方を考えていくきっかけになります。

　ここではその"ためらい"が、子どもと直接かかわるのではなく、実習生自身のロケットを作るという方向に向かわせたように思われます。逆にそれが子どもとの距離を縮めることになりました。同じ動きや遊びをしている姿は、子どもたちにとっては、同じような興味や関心を持っている仲間ととらえられる面があるからでしょうか。「ふくらまない」と女児が話しかけてきて、「何でかな？」「空気が抜けているんじゃない？」というような会話が始まり、実習生がロケットを押さえ、子どもがそこにセロハンテープを貼っていくような共同の動きが始まりました。実習生にも笑顔が見え始めました。実習生が最初に製作コーナーに入って、緊張し途方に暮れていたときのからだの堅さや、問いかけた相手の子どもを緊張させるような口調の堅さもなくなっていったように感じました。

　そうやって実習生自身も落ち着いて、その遊びに気持ちが向きはじめると、そのロケット作りではマジックで色を塗る楽しさがあることや、空気が漏れないように工夫する手応え、空気が入ったときの喜びがあることなど、その遊びの中にある楽しさを感じることができてきたようでした。

　以下の内容は、このときのことを、クラスの仲間と意見交換したときに出てきたことだそうです。

> 最初に子どもに話しかけたときのことについて
> ・（Aさん）きっと、ロケット作りに集中していたから無言だったんだよ。
> ・（Bさん）その子によって「今、作っているものに集中しているんだから話しかけないで！」という子もいるし、「あっ！知らない人だ、話しかけてみよう」と思って話しかけてくる子もいるから、嫌われているのではないと思うよ。
> ・（Cさん）私も製作コーナーに行ったとき、どうすればいいのかわからなかった。そのときは、隣の子が話しかけてくれて助かったけどね。やっぱり楽しんで作ることが大切だね。けど、その子が作っているものには手を出さず、自分のものは自分で作って楽しむべき！　その子が作っているものには、その子のこだわりみたいなものがあると思うから手を出さない方がいいと思うんだけど。
> ・（Dさん）私が行ったときに同じように話しかけたら、「話しかけるよりも、自分が楽しんで作る方が自然と子どもたちが寄ってきてくれるからどんどん作って！」と担任の先生からアドバイスされたし、実際に寄ってきてくれたので迷うことなく作ればいいと思うよ。

　こうした意見交換を通して、この実習生は最後に以下のように記述しています。

> 　話しかけても答えてくれない＝嫌われている。私はいつも自分の気持ちしか考えていなかった。「この子は、今、これをして集中している」「この子は困っているようだから、何か声をかけてみようかな」などと、相手について考えられるようにならなければと思った。

　仲間との意見交換を通して、子どもに話しかけることへの"ためらい"が、受け入れてもらえないのではないかという"自分の気持ち"がその大きな理由となるのではなく、"子どもの様子"からそのタイミングとして適切であるかどうかを考えるからこそその"ためらい"となる必要があるという大切な気づきにつながっています。
　出会ったばかりの子どもの場合には、どのようなタイミングでどのようにかかわっていったらよいか見えにくいことがあります。そうしたときに、同じような動きをしてみることがその遊びの楽しさを見いだしていくヒントになりそうなこと、その大人の動きを見て、子どもたちの方で判断してかかわってきてくれるゆとりを生むことを感じます。まずは、自分も同じ動きをして楽しむことが、子どもたちの仲間としての世界をつくり上げていく一歩になりそうです。

●　§3　子どもの楽しさや行為の意味に思いを巡らす

　次の事例も、同じ実習生のその後の様子を記述したレポートです。

事例
2-3

～～　子どもたちから誘われて　～～

　　次に男の子4人くらいとカブトムシ作りをした。ロケット作りが一段落して、私が何をしよう
　かと思いながら、なんとはなしに男の子たちを見ていたら、「いっしょに作る?」と誘ってくれ
　た。その子たちはずっとカブトムシ作りをしていたようだった。カブトムシ作りは初めてなので、
　「どう作るの?」と聞くと、作り方やカブトムシの種類も教えてくれた。「ここはこうするんだよ。
　こうすればもっといいよ」と説明がていねいだった。4人の子みんながていねいに教えてくれた。
　一人ひとりが知っている知恵を私に伝えようとしてくれたんだなと思った。実際にやって見せて
　もくれた。

　　このとき、子どもたちが誘ってくれてとてもうれしかったそうです。実習生が先のロケット
作りで子どもたちと楽しそうにしていたことで、共に遊ぶ存在であるということが他の子ども
たちにもわかってきて、それが男児たちの"誘う"という行動に結びついていたように感じ
られました。

　　男児の中に姿勢を低くして入り込み、子どもたちの言葉にていねいに耳を傾けてカブトムシ
を作っている学生は、表情も柔らぎ、自然な感じでした。男児たちにとっても、自分たちのつ
くり上げてきた遊びの世界を実習生が楽しんでくれることで、会話も活発となり新しい発想が
生まれていました。

　　以下の内容は、そのときのことについて、クラスの仲間と意見交換したときに出てきたもの
です。

カブトムシ作りについて
・（Aさん）カブトムシ作りを教えてもらったときうれしかった?（うれしかった!）子どもたちも
　教えることがうれしかったんじゃないかな。
・（Bさん）自分の知っていることを人に教えることはうれしいこと、というか楽しいこと。「ぼく、
　こんなこと知っているよ」とアピールしている。私たちの歳になってもこういう気持ちあるよね。
　（あるある!）
・（Cさん）自分の知っていることを人に教えるのは楽しいこと。素直に聞いてあげることでその
　子に自信がつくし、なんてったって気分がいい!

　　ここでは、なぜ子どもたちがこんなにもていねいに教えてくれるのか、という行為の意味に
ついて考えを巡らせていることがわかります。これも保育の方法を考えていくときにとても大
切なことです。なぜなら、その行為の意味をどうとらえるかによって、かかわりのあり方が変
わってくるからです。この例ですと、子どもにとって"教えることって楽しいこと"ととら
えている大人ならば、教えてもらう内容だけでなく、子どもに"教えられること"そのもの
を楽しんでやり取りをしていくことになるでしょう。

　　実践の場では瞬時に自分がどう振る舞うかを求められますから、その場では考えきれないこ
とも出てきます。そのことについては、保育終了後に自分の子ども理解のあり方や、自分の行

為が子どもたちにとってどのような意味を持っていたかなどについて、じっくりと考えてみたり、他の人と意見を交わすことが、自分の考え方の幅を広げ、より良い方法を見いだしていくことにつながります。

　レポートを書いて仲間と意見交換したことについてこの学生は以下のように記述しています。

　　　他の人と話をしていると、一人ひとり違う意見を言ってくれるし、自分とは違う考え方もあって、「そっか！」「なるほど！」と感心させられた。考え方のレパートリーが増えたように感じる。次回幼稚園に行って、こんな場面に遭遇したら、今回よりは対応が上手くできるかもしれないと思った。人の意見を聞くのはいいなあ。

あなたも試してみませんか。

●　§4　提案者となり、子どもと楽しさをつくり出す
─ 遊びを楽しむモデルとなる ─

次の事例は、先のロケット作りの場面での担任保育者の様子です。

事例 2-4　〜　いいこと考えた！

　　担任保育者は他の子どもによばれて、ロケット作りの場をしばらく離れていた。戻って来ると、自分のロケットを手にし「あっそうだ、かっこよくしよう」と言って、マジックで色をつけ始めた。「ここは色を変えて……」と言いながら作業をしたり、「う〜ん、かっこよくなってきたわ」などと言いながら、楽しそうにロケットを作っていく。子どもたちは、自分のロケットを作りながらも、保育者の言葉に興味を持つと顔を上げて見たりする。すぐに自分の作業に戻る子どももいるし、「うん、かっこいいね！　ぼくのは？」と話しかけてくる子どももいる。それに保育者が「この色のつけ方とか線が、よく飛びそうな感じだね」と答えていると、その様子を見ている子どももいる。保育者の色のつけ方を自分のロケットに取り入れる子どもも出てくる。

　　しばらくして、保育者はロケットができあがると、「いいこと考えた！」とベランダに行き、自分のロケットを飛ばしてみる。「飛んだ！　飛んだ！」と心から喜び、階段を下りてそのロケットを拾いに行く。戻って製作コーナーにやって来ると、「もっとよく飛ぶように、ちょっと改造しよう」と言いながら、さらに手を加えていく。「すごいのができたぞ！」と言いながら、再度飛ばしてみる。ところが、遊戯室の屋根にひっかかってしまった。保育者は「あ〜、失敗しちゃった。あっちに向けては今度は絶対飛ばさないことにしよう！」と言いながら戻ってくる。

　　子どもたちは自分のロケット作りをしながらも、保育者がベランダで飛ばしている姿を目で追っており、その動きをまねて自分のロケットを飛ばす子どもの動きも出てくる。保育者が「あ〜、失敗した。失敗した……」と戻ってきたときには、子どもたちから「どうしたの？」と尋ねられ、事情を説明していた。

　子どもたちは自分のことをしながらも保育者の動きをよく見ていること、その言動にも敏感に反応していることがわかるでしょう。保育者もそのことを十分に自覚しており、それ故に自分の思いや動きを積極的に言葉にして表しているようでした。具体的には、色をつける作業では独り言のように自分の思いをつぶやくという方法をとることで違った色のつけ方があることを提案したり、ベランダから飛ばす楽しさを自らの動きで提案したりしています。そして、それらはあくまでも、"自分の試行錯誤"や"自分の失敗"として語られています。それは、自ら試してみること、その中で失敗も出てくること、でも次へと気持ちを切り替えて乗り越えていく姿のモデルとなることを自覚しているからですし、そうした力を子どもたちにつけてほしいと願っているからでしょう。

　このような意識を持っていると観察実習などにおいても、保育者の行為の意味が少しずつ見えてきます。以下は3歳児のクラスに入った学生の初期の実習の感想の一部です。

> **事例 2-5**　〜　先生のまねをしている子どもたちがかわいかった　〜
>
> 　先生と数人の子どもたちがおにぎりを作ってピクニックごっこをしていた。先生が「遠いから電車で行こう」と言って、積み木で電車を組み立てて乗っていると、周りの子どももどんどん集まってきて2両の電車ができた。本当のピクニックみたいにお弁当を食べたりしていて、先生の動きをまねて子どもたちもとっても楽しそうに遊んでいた。先生が自然であることがとても印象に残った。
>
> 　先生がピアノで歌ったり、手遊びをすると、子どもたちは大きな声で元気に歌っていた。先生の歌い方をまねして、小さく歌ったり、いろいろ先生と同じになるようにがんばっている様子がかわいかった。

　生活経験の少ない子どもたちにとって保育者の言葉や動きは、遊びを進めていくモデルとなります。子どもたちの動きを保育者のあり方との関係で観察し考えることも、自分にとっての保育の方法についての考えを広げていく力になりそうです。子どもの動きと保育者の動きの両方を視野に入れて観察をし、話し合ってみましょう。

§5　子どもの興味や関心を逃さずにとらえる
― 遊びを生み出す環境をつくる ―

　次の事例は、事例2-2や2-4のような子どもたちの姿が見られた日の朝の様子です。

> **事例 2-6**　〜　ロケット作りの環境を整える　〜
>
> 　朝、子どもたちがまだ登園してきていない保育室で、保育者は3、4色のカラービニールを切り分けてテーブルの上に出す準備をしていた。そのカラービニールを出すことにしたのは、前日に短大の美術系ゼミの2年生が、自分たちの作ったビニールロケットを持ってきて、子どもたちとともに遊んでいったからだそうである。興味を示した子どもたちもたくさんいたので、自分た

ちでも作ってみることができるように素材を準備しておきたいと思ったとのことだった。

　学生たちが持ってきたロケットは、傘を入れられるような長いビニール袋で作ったものだったのだが、同じものが手に入らなかったことから、カラービニールを切り分けてテープを貼り付けてやってみようと思っているとのことだった。カラーにしたのは、いろいろな色があれば何だか楽しそうで子どもたちの目を引くし、それぞれに色を選んで作る楽しみもあり、できあがったときに違いも出てきておもしろいのではないかと思ったからだそうである。製作コーナーには、セロハンテープのほか、カラーガムテープ等を準備してある。マジックも水性のもの、油性のもの両方があることを確認している。そして、ビニールの一部にテープを貼って作りかけたものをテーブルの上に置いていた。

　テープで張り合わせる部分があるので、空気が抜ける心配もあるけれど、この子どもたちにとっては、そうならないように工夫したり、空気が抜けているところを探して試行錯誤してみたりするのもいいかなと思っているとのことだった。

　子どもたちがビニールのロケットを作ることや空気が漏れずによく飛ぶロケットを作ることに挑戦して楽しむ姿が出てきたのは、それが実現できる環境を保育者が準備しておいたことにあったことが見えてきます。こうした援助は、偶然を含めて子どもたちが生活の中で見せる動きから、興味や関心を逃さずにとらえていくことから可能になります。その際、それまでに子どもたちが触れたことのなかったような素材や道具を含めた環境の新しさは、触れてみたい、挑戦してみたいという気持ちを引き出し、遊びが始まりやすい方法となることでしょう。実際に、登園して製作コーナーにやってくる子どものほとんどは、出ているビニールを手にとって見ていました。さらに同じテーブルに担任保育者が乗せておいたロケットの"作りかけ"を目にして興味を持った子どもはそれを見ながら自分で作り始めていました。子どもたちの興味や関心をとらえて、子どもたちが夢中になってそれを十分に発展できる環境を準備し、手応えのある楽しさを子どもとともにつくり出していくこと、そのための試行錯誤を続けることが大切です。

§6　遊びの中で起こる葛藤について考える

　遊びは楽しさが基本ですが、その中にもさまざまな葛藤状況がでてきます。最も多いのは、子ども間のいざこざでしょう。たとえばある遊びの中で、片方の子どもが友だちといっしょに遊ぶことに楽しさを感じつつあっても、必ずしももう一方の子どもがそれを願っているとは限りません。片方の子どものいっしょに遊びたい気持ちも、もう片方の子どもの今はいっしょに遊びたくないと思う気持ちも大人として理解できるとき、その場に立ち会う大人自身も葛藤します。そうした葛藤を乗り越えた先に見いだすことのできる楽しさの体験を大切にしていきたいとするならば、保育者としてもその葛藤を大切なものとしてとらえ、かかわっていくことが

求められるでしょう。つまり葛藤状況を避け
て"その場だけの楽しさ"のみを追求する
のではなく、葛藤状況を乗り越えた先にある
楽しさの広がりや深まりを意識していくこと
も大切になってきます。

　次の事例は、短大1年の6月に4歳児クラ
スに実習に入った学生のレポートです。ささ
やかな場面ですが、葛藤的な場面に立ち止ま
り、揺れている様子が伝わってきます。

事例 2-7　〜　どうしたらよかったのだろうか……

　みんなで砂場に出て、砂山を作ったり、砂をコップに入れ水を入れて型を取ったり、シャベル
で掘ったり、それぞれで遊んでいた。私は水の入った大きなたらいの所にいて、みんなが水を汲
みに来るのでそれを手伝っていた。ひとりの女の子が大きめのバケツを持ってきて、私といっ
しょにカップで水を入れていた。満杯になったので戻ろうとしたら、隣で水を入れていた女の子
がその子のバケツにもっと水を入れようとした。その子は「もういいよ。やめて」と言うと、隣
の子は気に入らなかったのか、肘でその子を押し始めてしまった。大きめのバケツを持った子は
嫌な顔をして元の場所へ戻って行った。

　私は目の前で見ていたけれど、どう言ったらよいのか、それとも何も言わず子どもたちで解決
できた方がよいのか、対応の仕方がわからなかった。この場合、どのようにしたらよかっただろ
うか。

　自分が同じ立場にいたら、どのように振る舞うでしょうか？　それは何を大切にしたいから
でしょうか？

　以下はこの実習生が、このときのことについて考えたことを書いたものです。

　最初、私が水を汲んでいたので、その隣にいた子も悪気はなくバケツに水を入れたように思う。
でも「もういらない」と言われたことでちょっと気に入らなくなってしまったと思う。子どもに
とって自分の意見ややりたいことが思い通りにならないと、友だちを押したり叩いたりしてしま
うことがあると思う。だから、このような場合でも、なぜその子が肘で押してしまったのかとい
う理由をちょっと考えてみて、押し合いになったりけんかになったり大きくならないときは、何
も言わずにいてもいいのかもしれない。大人が手を出したり、口を出すことでさらに気持ちが大
きくなってしまうかもしれないので、あえて一歩引いて見ている対応の仕方はどうだろうか。ま
た、できるだけ自分の気持ちや思っていることを言葉で伝えるということを大切にしたいので、
大人が言葉で理由を聞く対応の仕方もあるかと思う。

　これらをクラスの仲間の何人かに読んでもらい、意見交換をしました。

＜クラスのＡさんとのやり取り＞

Ａ：こういうのあるよね。子どもって自分なりのルールみたいなのが自分の中にあったりするじゃ
　　ない。これでいうと水の量とか。ここはこういうふうにしたいとか。それをじゃまされたから
　　ムッとしちゃったんだろうね。

私：そうだよね。悪気はないんだよね。みんな自分の中でやりたいこととか思い浮かべているよね。
　　その通りにしたいなみたいに。

Ａ：あるある。そういうときどうしたらいいんだろうね。自分たちで解決できるならその方がい
　　いような気もするよね。でも、様子を見て助けが必要そうだったらちょっと話を聞いてあげる
　　ことも必要かも。でも、この状況くらいなら本人たちに任せておいても大丈夫だと思う。

私：そうだよね。けんかまでなってないから、あえて手を出すことをしなくてもよさそうだよね。

＜クラスのＢさんとのやり取り＞

Ｂ：「やめて」って言った子は、自分がこれでいいって満足した量だったのに、じゃまされてし
　　まったから嫌な思いをしちゃったのかなって思った。水を入れてきた子は仲間に入れてほしかっ
　　たのに、「やめて」って言われたから、悪いことかもしれないけど肘で押すことで表現しちゃっ
　　たのかな。

私：そうだよね、いっしょに遊びたかったのかもしれないね。もしそれを自分が見てたらどうす
　　る？

Ｂ：肘で押した子は、その後もそこにいたの？

私：その後は、その子もまた自分が遊んでいた元の場所に戻って行ったよ。

Ｂ：よくあることだからそのままにしておいて、様子を見ると思う。その場にずっといなかったっ
　　てことは、そんなに大人が口を出すほど大きなもめ事じゃないと思うからね。なんか無理矢理
　　その場でお互いを引き留めて、話し合いみたいなことをすると、その遊んでいた場の雰囲気が
　　悪くなっちゃうかもしれないし。他の子も遊んでいるからね。

私：そうかあ。他の子にも影響するって考えもあるんだね。砂場で楽しく遊んでいるのだから、
　　できるだけ楽しい雰囲気をつくってあげたいしねえ。

　この実習生は、その場では起こった出来事に驚き、様子を見ることで精いっぱいでした。保
育の場に入り始めてまだ間もないときにはそれも無理からぬことです。でもそれをそのままで
終わらせずに、振り返って「なぜその子が肘で押してしまったのかという理由をちょっと考え
て」みています。これが大切なことです。そのときの子どもの気持ちや様子に思いを巡らすこ
とから、遊びの中で起こるこうした緊張や葛藤場面にどうあることが必要かを考えようとして
いるからです。自分で考えたときには、介入しないでいた方が子どもの相手への気持ちが大き
くならずに遊びの世界へと戻るだろうから、見守るという行為の選択を考えています。

　Ａさんとの対話の中では、両方の子ども各々に自分の中でやりたいことがあり、それがすれ
違ったり対立したりしてしまうときは遊びの中ではいくらでもあり、それは自分たちで解決で
きるならその方がいいので、見守った方がよいという考え方が出てきています。

　Bさんとの対話では、やはり各々の思いがあって出てきた行為であること、そこには、いっしょに遊びたかったという気持ちもあったのではないかとの可能性も発見しています。しかし、それがどれほどの気持ちなのかは見えないので様子を見るということを考えています。また、同じ場で遊んでいる他の子どもへの影響も理由としてあげています。

　これらは、結果として“見守る”という援助の方法になりますから、驚いて“見て”いた（最初の）状況と、外から見たらあまり違いはないともいえます。しかし、子どもの育ちの何を大切にしたいから見ているのか（見守っているのか）が、意識化されているかどうかという点では大きな違いです。そこから方法が考えられていくからです。ですから、その場でとっさにとった自分の行為について振り返って考えておくことも大切なことなのです。そこに自分が何を願っていたかが見えてくるからです。

　たとえば、お友だちのバケツの中に水を入れようとするという行為を、かかわろうとする子どもの思いの表現と受け止めたとします。その際「○○ちゃんのバケツにお水をいっしょに入れてあげたかったんだって。いっしょにお水を入れると楽しいものね」など気持ちを推測しつつ保育者の思いを話すことで、かかわりのきっかけづくりをするという方法をとる人もいるかもしれません。そこには、きっかけがあったら逃さずに子ども同士をつないでいき、いっしょに遊ぶ楽しさも経験してほしいとの願いを持っていたことが自覚されるでしょう。それが自覚化されれば、その願いが今の子どもたちにとって適切かどうかを検討し、それが適切となればさらに意識的にさまざまな場面をとらえて援助を積み重ねていくことができるようになります。

　また、相手に対して肘で押すなどの行動が毎日のように出てきている子どもであった場合、この場面をとらえて、肘で押す理由を言葉で尋ねてみるという方法をとってみることもあるかもしれません。その場合には、その場に立ち止まって、お互いの気持ちをはっきりさせる方向へのかかわりになりますから、それをふまえてかかわっていくことが必要です。さらに、学生同士の対話にも出てきているように、そうしたやり取りをすることが他の子にも影響し、その砂場で楽しく遊んでいる雰囲気を緊張したものに変えるかもしれないとの見通しも必要でしょう。それでも、そのとき、その子どもと向き合ってきちんと話す時期にきているとの大人としての思いがあれば、必要とされる援助といえます。

　その時期や、その子どもによって保育者がどのようなことを願っているかが、保育の援助の方法を大きく左右します。だからこそ、援助者として自分の願っていることが適切かどうかの検討が必要です。だからといってすべて自覚化することも難しいのが保育の実際です。その際には、とっさにとった援助行為の奥にある保育者としての自分の子ども理解や、自分の子どもへの願いを自覚化する営みを続けていくことが大切となるでしょう。

§7　葛藤状況を乗り越える方法を試行錯誤し、
**　　共に遊ぶ楽しさを味わっていく**

　子どもの葛藤状況に出会い、実習生としての葛藤や戸惑いを体験すると、担任の先生はどのように考え援助しているのだろうか？　という問いが出てくるようです。そして、そのような意識を持って実習の場に臨むことで、それまでは見過ごしていたような場面をとらえて、保育者の意図について思いを巡らしたり、その方法について考えたり学んだりしていくことができるようになっていきます。

　以下は、3歳児クラス（7月）に短大の2年生が観察に入ったときの記録と考察です。

事例 2-8　〜　「入れて」「だ〜めだよ」

　保育室内のスポンジ積み木のところで、ゆうきと保育者が「救急車」を作り始めた。周りにいた子どもたちも集まってくる。保育者は少しして「夜でも乗れるようにライトつけないと……」と言いながら製作コーナーの方へ行った。その間、ゆうきは一人で積み木を並べて救急車を作っていく。かほたちが、「入れて」と言っても、ゆうきは「だ〜めだよ」と言い、一人でずっと作っていた。保育者はその様子を製作コーナーで作業しながら見ていたが、手作りの携帯電話を手にして戻ってきて、「もしもし、救急隊員ですか？」とゆうきに向かって言うと、ゆうきは「うん」と言う。保育者は「あみちゃんの犬が病気です。乗せてくれますか？」と言うと、ゆうきは「うん、わかりました」と答える。そして、あみが救急車の中に入った。

　すると、かほも手作りしたらしい犬を抱きながら、携帯電話を持って同じように、「うちのわんちゃんも血が出ています」と言い始める。ゆうきは「わかりました。チャッピーですか？」と返す。かほ「チャッピーです」。このやり取りで救急車の中にかほが入った。そしてまなみも入り、まなみは手作りの聴診器を片手に診察を始める。

　そして、かほは、また携帯電話を持って、犬を抱いている子がいるとその子に「わんちゃん、大丈夫ですか？」と話しかける。そして、犬を救急車に連れて行き、「〇〇ちゃんのわんちゃんが大変です」とまなみとゆうきに言う。まなみはそれを見て「ゆうちゃん、このわんちゃん、血、いっぱい出てます」と言い、ゆうきは絆創膏を貼って治療するまねをしていた。いつしか救急車が病院に変わっていった。

　この場面について、以下のように考察しています。

　ゆうきは、生まれも早く、いろいろな面での力も持っているので、遊びにおいてもいつも中心で、自己主張も強い。また、遊びを自分の思い通りに進めたくて独占して全部自分でやろうとしてしまうところも多い。この場面でも、他の子どももその遊びに入りたいのだが、入れずにいた。それで保育者は携帯電話で具合の悪い人を乗せるというやり取りをしていくことで、誰もその救急車に入れなかったゆうきに、他の子どもが自然に受け入れられるようにしたのだと思った。

　そして、保育者自身が携帯電話でのやり取りをして遊ぶことで、それに刺激を受けてかほも、保育者をまねて自然と遊びの中に入っていくことにつながったと思う。かほにとっては、この場

合保育者は遊びに入っていくモデルになっているといえると思う。

　そして、自然な遊びの流れの中で、ゆうきは一人で遊ぶだけではなく、みんなといっしょに遊ぶ楽しさを経験することにつながったと思うし、周りの子どもたちも遊びに入っていけて、遊びがふくらんでいったように思う。

　そして、同じ遊びの場にいても子ども一人ひとり遊びの楽しさや興味が違っていたように思う。かおりはけがをした犬を見つけてきては、救急車に連れて行き、それをゆうきやまなみに伝えることが楽しいようだった。まなみは診察することを楽しんでいて、ゆうきは傷の手当てをすることが楽しいようだった。

　この場面での保育者は、最初は子ども同士の「入れて」「だめだよ」のやり取りをしばらく見守っていました。そして子ども同士でこの状況を乗り越えていくにはまだ難しいと判断して入っていったように見えました。その際この保育者は、たとえば、「入れてあげて」とか「入れてって言っている人がいるんだから入れてあげなさい」などといったような、いわゆる保育者としての立場を前面に押し出したかかわりはしませんでした。遊びに入ろうとする子どもに近い立場から携帯電話で「救急隊員ですか？」と問いかけ、それに対して相手の子どもの答えがあったことで、「○○ちゃんの犬が病気です。乗せてくれますか？」と、その先の遊びの流れを作り出して、遊びに入っていきたい子どもの思いを実現できるか試しています。遊びの楽しさを維持しつつ、むしろ他の子どもが参加することで楽しさをふくらませ、それぞれにとっての楽しいかかわりになっていくような提案を行っているといえるでしょう。このようにすれば、どの場面でも同じように上手くいくかといえばそうではありません。そのときの状況に応じて、その実際は千差万別といえるでしょう。ただ、このように遊びの中で、どのようにその葛藤状況を乗り越えていくか、子どもが実際に同じように動いてみることのできるモデルとなるような提案のあり方を、方法として意識しておくことも大切です。この事例では、早速かほが保育者のまねをして、遊びの場に参加しています。

　葛藤の体験をすることも大切です。友だちと意見が異なり主張したり拒否されたりする中で、自分や相手に気づいていくという体験となるからです。同時にその葛藤を共に乗り越えていく体験や、乗り越えた先に広がる共に遊ぶ楽しさの体験をすることができるよう手探りしていくことも大切にしていきたいものです。

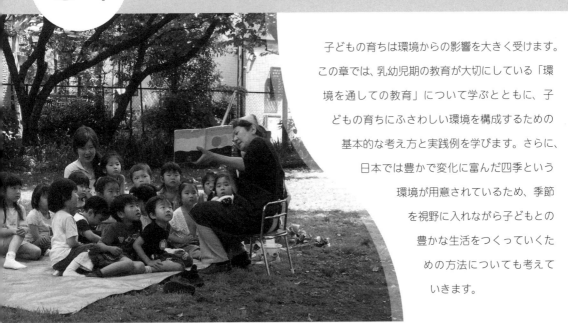

3章　子どもが育つ環境をつくる方法を探る

子どもの育ちは環境からの影響を大きく受けます。この章では、乳幼児期の教育が大切にしている「環境を通しての教育」について学ぶとともに、子どもの育ちにふさわしい環境を構成するための基本的な考え方と実践例を学びます。さらに、日本では豊かで変化に富んだ四季という環境が用意されているため、季節を視野に入れながら子どもとの豊かな生活をつくっていくための方法についても考えていきます。

§1　幼稚園教育要領が示していること

1. 保育の基本である「環境を通しての教育」

　幼稚園教育要領の総則において、「（前略）幼稚園教育は、学校教育法に規定する目的及び目標を達成するため、幼児期の特性を踏まえ、環境を通して行うものであることを基本とする。」と記されています。このように乳幼児期の教育である保育の方法を一言で述べれば、「環境を通しての教育」を実践するということになります。ここで述べられている環境という言葉には、社会環境、自然環境、地球環境という人間の生活全体を包み込んでいる非常に大きなものから、子どもが直接かかわる遊具や道具、動物などの身近な物的環境、あるいは友だち、保育者、親、きょうだい、地域の人などの人的環境、さらには視覚的にはとらえられない倫理観や雰囲気なども含まれています。

　乳幼児期の教育では、子どもがさまざまな環境からの刺激や影響を受け止め、自分から興味を持って環境にかかわる体験を通して、一人の人間として健やかに育っていくことを大切にしていこうとしています。それは、乳幼児期が、知識や技術を習得することよりも、人が人として生きていくための基礎となる「豊かな心情」「物事に自分からかかわろうとする意欲」「健全な生活を営もうとする態度」などを培うことが重要であると考えているからです。

　そのため、「環境を通しての教育」では、保育者が一方的に何かを教えたり指示をしたりすることをできるだけ避けて、子ども自身が「やってみたい」「知りたい」と思えるような状況

づくり、子どもが自分で「やることができる」「知ることができる」環境づくりに気を配ります。たとえば、5歳くらいになると文字や数に興味を持ち始める子どもが出てきます。だからといって、小学校のようなワークブックを使った一斉指導で文字を習得させることは、あまりふさわしくありません。その理由は、幼児期の子どもたちが自分たちの生活から離れて知識や技能を習得することは難しいことであるとともに、そうした生活から離れた知識は一時的な習得で終わってしまうことが多いからです。むしろ、この時期の子どもたちにとっては、お店屋さんごっこを通して看板やお金などを作ることで文字や数と自分たちの生活とのかかわりを体験したり、お手紙ごっこを通して絵や形や文字を自分で書いてみることで記号やシンボルが持つ役割や意味を知ること、保育者や友だちと絵本や紙芝居を楽しみながら豊かな言葉に出会うことが大切です。そうした遊びや活動の中で、子どもが「やってみたい」「知りたい」という気持ちが高まったときに、保育者は子どもが「やりたがっていること」や「知りたがっていること」ができるような適切な援助をしていきます。

　「やってみたい」「知りたい」という気持ちが芽生える時期やその対象は、子どもたち一人ひとりによって違いがありますから、援助や指導も一人ひとりの子どもによって異なることは自明のことになります。そして、乳幼児期の教育では、学んだ知識や技能の結果だけでなく、学びのプロセスで得られた「感じたこと」「考えたこと」「試したこと」「失敗したこと」などの体験こそが大切であるとも考えられています。なぜなら、そのような体験は、これから先のさまざまな場面において困難を乗り越える力の源になり、新しい課題に挑戦していくための意欲につながっていく可能性が高いと考えられているからです。

　子どもはもともと自分で成長していく力と、周囲の環境に自分から能動的に働きかけようとする力の両方を持っています。子どもが周囲の環境に能動的にかかわりながら、自分たちの生活に必要な能力や態度を獲得していくことが子どもの発達といえるでしょう。能力や態度を獲得するためには、繰り返し子どもが自分から興味を持って環境とかかわることや、環境からの刺激を子どもが豊かな感性で受け止めることが必要になります。それは、子どもが活動の中で充実感や達成感を味わうということが土台となるのです。また、とくに乳幼児期は心身の発達が著しく、環境からの影響を大きく受ける時期であるため、この時期にどのような環境で生活したのか、環境にどのようにかかわったのかということが、生涯にわたる発達や人間としての生き方に重要な意味を持ってくるのです。

2．「環境を通しての教育」における指導

　子どもたちの「やってみたい」「知りたい」という気持ちを大切に育みながら、子ども自らがその環境とかかわっていくことを大切にしている「環境を通しての教育」は、「間接的教育」ともいわれています。「間接的教育」とは、大人が過度に子どもを指導せず子どもの自然な育ちを保証することを重視したルソー[注1]が提唱した「消極的教育」や、指示や命令を与えて大人の思うままに子どもを動かす教育を批判し、子どもが「さながら（ありのまま）の生活」を

していく中で、保育者が教育的な意図を盛り込んだ環境に、自然に誘われて遊ぶことを通して
成長していくことを重視した倉橋惣三[注2]の「誘導保育」と非常に近い考え方です。「環境に
よる教育」は、子どもに指示を与える方法は取らないからといって、子どもをただ放っておく
ことではありません。保育者の子どもに対する願い、たとえば「～という気持ちを持ってほし
い」「～という経験をしてほしい」というような「教育的な意図」を、子どもを取り巻いてい
る環境の中にしっかりと滑り込ませていくことを大切にしている教育です。そして、子どもが
自然な流れの中で保育者が意図的に用意した環境とかかわり、その子らしく成長していくこと
を願っている教育なのです。

　幼稚園教育要領の中では、さまざまなところに「指導」という言葉が使われています。しか
し、ここでいわれている「指導」というのは、「環境による教育」という特性からもわかるよ
うに、保育者から子どもへの一方的な働きかけである指示や命令ではありません。ここでいう
「指導」とは、保育者は、子ども一人ひとりが「今どのような状態なのか」「どのような思いを
持っているのか」「何に興味を示しているのか」「何につまずいているのか」などを理解しよう
と努め、子どもたち一人ひとりが望ましい方向で育つために「何が必要なのか」「どのような
経験が大切なのか」を模索しながら、子どもとかかわったり環境をふさわしく整えたりしてい
くことを示している言葉です。したがって、ここで使われている「指導」という言葉は、「援
助」という言葉と非常に近い意味です。そのため、保育のテキストなどでは「指導」という
言葉よりも「援助」という言葉を多く用いたり、両方を並列して用いたりもします（本書でも、
前述した中にも「指導や援助」と並列して使っているところが多くあると思われます）。

　小川博久は「保育における『指導』とは、原則的に『援助』でなければならない。そし
て、ここでいう『援助』とは、幼児に対し、どうかかわることが可能なのかを見極めた上で子
どもが望ましい状態に達してほしいという大人の願いをもって子どもに関わることである。」
と、著書『保育援助論』[注3]で述べています。そして、この「援助」を可能にするために模索
するための行為として、保育者が子ども一人ひとりの状態を理解する子ども理解が重要になり、
「指導」とはそこから子どもが持つ潜在的自己教育力を引き出すことである「援助」であると
も述べています。具体的な子ども理解については、第4章で詳しく述べたいと思います。

注1）ルソー（Rousseau, Jean-Jacques）1712‐1778　フランスの思想家、新教育運動の先駆者。代表作『エミール』
　　の中に彼の教育観が込められている。「自然に従え」を教育の根本原理とし、教育の目的も方法も自然でなければなら
　　ないとする自然主義の教育を提唱した。彼の理論は、ペスタロッチ、フレーベルへと受け継がれている。
　2）倉橋惣三『幼稚園真諦』フレーベル新書10、1976、p.42
　3）小川博久『保育援助論』生活ジャーナル、2000

§2　環境が子どもをつくるということ

1．今という環境で生活する子ども

「子ども達は周囲のモノとヒトに触れ、見つめ、耳を傾け、味わい、そして発見し、考え、工夫し、発展させ……実に良く遊ぶものである。最近の子どもは遊べないとか、自分を表現できなくなっていると言われるが、私は決してそうは思わない。もし子ども達にそうした力が弱くなっているとすれば、それは大人が適切な環境や機会を子どもの生活から奪っているからではないだろうか。」

これは、幼稚園の園長である井口佳子が子どもたちの一瞬一瞬を精一杯生きる姿を自ら写し、解説を加えてまとめた『幼児期を考える ─ ある園の生活より ─ 』という著書[注4]に書かれている一説です。「最近の子どもは昔と違う」「今の子どもはおかしい」というような言説が、マスコミを中心に流行しているようですが、子どもと園生活を共にしている井口氏は子どもそのものが変わったのではなく、もしも変わったというようなことがいわれるとしたら、大人が子どもから適切な環境を奪っていることを問題にすべきだと述べているのです。この写真集の中に出てくる全身で「生きていること」を語ってくれている子どもたちを見ると、筆者も子どもは本質的にはちっとも変わっていないのだと改めて確信することができます。同じように、発達心理学者の浜田寿美男は、長い人間の歴史を考えると、たかが数十年で人間の本質など変わりようがないこと、変わったのは子どもを取り巻く環境であることを述べています[注5]。

確かにここ数年の間でも社会の中でいろいろなことが変わりました。とくに目立つのはIT関連のことでしょうか。スマートフォン、パソコンなどの普及は、便利であると同時に新しい形のトラブルを発生させています。そして、そうしたトラブルは大人の世界だけでなく直接的・間接的に子どもたちの世界にもお構いなしに進入してきています。また、トラブルとはいえないまでも、そうした社会の変化や新しく生まれたものが、気がつかないうちに子どもたちの生活に影響を与えていることは間違いないでしょう。

たとえば、先日、「こどもセンター」という親子の遊び場に行ってきました。子どもといっしょに遊びに来たお母さんの中で、子どものそばにいながらもかなり長い時間スマートフォンでやり取りをしているお母さんがいました。子どもにしてみれば、そのような母親の姿にはもう慣れているのかもしれません。母親を呼んだり、いっしょに遊んでほしいとせがむわけでもなく、子どもは黙々と一人で遊具で遊び、お母さんの方は黙々とSNSを楽しむという感じでした。こうした親の姿を否定することは簡単ですが、それよりも親子の関係にIT機器というものが与える影響や、目の前にいる子どもとのかかわりよりもSNS等に没頭する親を取り巻いている社会の問題について考えることが必要になるでしょう。

注4）井口佳子『幼児期を考える－ある園の生活より－』相川書房、2004
　5）浜田寿美男『子どものリアリティと学校のバーチャリティ』岩波書店、2005

　新しいものが開発され便利になるということは、同時に大切な何かを失う危険性があるということを、私たちはもっと自覚する必要があるのかもしれません。また、大人にとって便利で快適なことが、必ずしも子どもにとってもよいとは限らないということも頭に入れておく必要があるでしょう。ときには、子どもが子どもらしく生活したり健やかに成長したりしていくために、大人が意志や意図を持って子どもを取り巻いている環境を守っていくことが必要なのです。大人の都合や一時の利便さで、子どもにとって大切な環境を私たち大人がなくしてしまわないようにしていくことを心がけていく必要があるでしょう。

2．環境によって異なる子どもの育ち

　子どもの育ちは環境によって、さまざまな違いも見せています。それを示す例の一つとして、保育所の3歳児と幼稚園の3歳児の生活ぶりを比べてみることができます。保育所の3歳児は、保育所では中間の年齢に当たります。乳児クラスから幼児クラスに進級した子どもも多く、保育経験がこの時点ですでに3年あるという子どももいます。そして保育所での集団生活の中でクラスの友だちや年長児や年少の子どもからも刺激を受け、「自分も年長さんみたいになりたい」とか「自分はもう赤ちゃんじゃないんだ」というような思いが自然に湧いてくる環境にいます。また、集団生活の中で、保育者からもさまざまなことが自分でできるように指導や援助を受けてきます。そうした結果、たとえば靴を履くこと、着替えること、箸を使うことなどがほぼ一人でできるようになっています。しかし、幼稚園の3歳児は、園の中では最年少の末っ子です。今まで家庭を中心として生活している子どもも多く、カバンをかけたり靴を履いたり

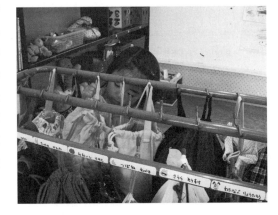

することも含め、自分のことを自分で行わなければならない幼稚園生活に初めて入る子どもたちです。そのため、自分で自分の生活をつくるためのさまざまなことを一つひとつ覚えていく必要があり、まだまだそうしたことに時間がかかる子どももたくさんいます。両者の違いは、まさに過ごしてきた環境が異なること、経験してきたことが異なることによって生じた違いです。

　他にも例をあげたらきりがありません。階段の上り下りが生活の中で身についている2階以上の集団住宅に住んでいる子どもたちは、1階で生活している子どもよりも階段の上り下りが早くに上手になるでしょう（ただし、あまり高層だとエレベーターを使うので変わりがないでしょう）。また、身近な遊び場として野原や林がある子どもたちは、人工的な都市で暮らす子どもたちよりも草花や虫の扱い方が上手になることでしょう（ただし、野原や林が「あるだけ」で、そこでの遊び経験がなければ両者には違いがないでしょう）。つまり、子ども一人ひとりの個性や資質の違いもありますが、それに加えて子ど

もたちがどのような環境の中で生活してきたの
か、何を経験してきたのかという方が、子ども
たちの育ちに与える影響が大きいということに
もなるのです。「今の子どもたちは……」など
といって昔の子どもと比較して、あれもできな
い、これもできないと子どもを批判するのでは
なく、子どもを取り巻く環境の変化による結果
であると受け止め、子どもが健やかに育つため
に何が必要なのかを私たち大人が見いだしてい
くことが重要になるのです。

３．環境の重要な一つである子どもの周囲にいる大人

　既製の玩具や遊具が豊富に作られ、そのようなものを手軽に買うことができるという時代
になったからこそ、子どもたちができるだけ自然なものと触れ合うことや、自分たちで作り出
す喜び、修理したり工夫したりして使うことの大切さを伝えようとしている園も増えてきてい
ます。手軽に既製のものを買うことや新しいものに買い換えることの方が簡単かもしれません
が、あえて人の手を使い、作り上げたり直したりすることを子どもの生活の中に自然な形で取
り入れていこうということです。そのための一つの方法が、大人がモデルとなってそうした姿
や気持ちを見せるということです。子どもは正直ですから、いくら大人が口でえらそうなこと
を言っても、姿で示されなければ、本当には伝わりません。反対に、口で言わなくても大人が
取り組んでいることや一生懸命に向き合っていることには、自然に気持ちを向かわせ、模倣し
ながら自分たちの生活にも取り組んでいくものです。「今の子どもたちは……」と嘆くことは
誰にでもできますが、それによって子どもの育ちが大きく変わるという効果はまったく期待で
きません。言葉よりも、むしろ自分たち大人が子どものモデルとして生活していくということ
が大切なのです。

> **事例 3-1　でこぼこの園庭とお父さんの手作りの遊具**
>
> 　A幼稚園では、園庭がそれほど広くないため、既製の大型の遊具は置いていない。大型遊具を
> 置くよりも、子どもたちが自由に遊びを展開できるスペースをできるだけ確保したいからであ
> る。園庭は、土で、ところどころ子どもたちが掘った穴などがあいていてデコボコしている。気
> をつけて歩かなければ転んでしまいそうだが、子どもたちはバランスよく穴を避けながら園庭を
> 駆け回っているし、転んでも土なのでたいしたけがにはならない。でこぼこの園庭は、運動会を
> するにはふさわしくないが、園長先生は年１回の運動会よりも、毎日の子どもの遊びの充実の方
> が大切と考えている。砂場にはきれいな色のシャベルやスコップの代わりに、園芸で使うシャベ
> ルやスコップ、プラスチックの空容器、使わなくなったアルミの鍋などが置いてある。この方が

子どもは道具の制約を受けないで活動をダイナミックに広げられるということと、使えるものは工夫して使うということを伝えたいからである。晴れた日にはたくさん散歩に行くので、子どもたちは歩くことが大好きだ。遠足なども決してバスで現地に直接向かうことをせず、公共の交通手段を利用し、自分たちの足と頭を使って行動することを大切にする。さらに、園庭の片隅にあるアスレチックや滑り台は歴代のお父さんたちの手作りである。修理が必要なところは、こまめに保育者やお父さんが修理をし、修理ではどうにもならないときには、再度お父さんたちの力を借りて手作りの遊具を作り直す。子どもたちには修理や遊具作りの過程も無理のない範囲で見せていくようにしている。

　この事例から、でこぼこの園庭は、放りっぱなしにしていたのでこうなったのではなく、この状態が子どもにはふさわしいと園が考えているからだということがわかります。遠足のやり方や砂場の道具にも、園全体が子どもに伝えていこうとしていることが感じられます。大型遊具をあえて手作りや修理することにこだわることも、自分たちに必要なものは自分で生み出し、自分で手を入れて守るということを大人が実際にやって見せることで伝えていこうとしているのです。最近の高性能な既製の遊具には、子どもたちが「遊ぶ」のではなく「遊ばされている」という印象さえも感じられますし、どぎつい色やキャラクターのイラストは、一時の楽しさを与えてはくれますが、素朴でじっくりかかわって遊べるような環境的要素は感じられません。幼児期の遊びが大切にされているのは、子どもが自分の手・足・頭などを使って活動できるからです。そうした環境をあえてつくり出していこうとすることが、今の時代であるからこそさらに大切にしていくべきではないでしょうか。

§3　環境を構成すること

1．環境を「計画的に」構成すること

　既存の環境は、必ずしも子どもの育ちにとって望ましい環境であるとは限りません。たとえば家庭内の多くの環境は、大人の生活や都合を中心に考えられているため、洗面所にしてもトイレにしても子どもには使いにくい構造になっていますし、先ほど例にあげた携帯電話やどこの家にでもあるテレビなど、大人にとって便利で楽しいものであっても、それらが子どもの育ちに良い影響を与えているかわからない環境も存在しています。その点、幼稚園や保育所というのは、子どもたちを中心とした環境を目指して作られています。子ども用のトイレや洗面所、テーブルや椅子、運動場や遊具など子どもの生活や遊びが展開することが可能な環境は、幼稚

園設置基準や児童福祉施設の設備及び運営に関する基準などでも保障されています。しかし、それらを守るだけでは、最低の基準だということです。そのため、そうしたものがあるだけでは、子どもが健やかに育つ良い環境になっているとも限りませんし、子どもの遊びが展開しやすい環境になっているとも限らないでしょう。

保育者は子どもの要求や発達などに合わせて、環境を変えていくということを十分に考えていく必要があるのです。

　そのため、幼稚園教育要領の総則では、「（前略）幼児の主体的な活動が確保されるよう幼児一人一人の行動の理解と予想に基づき、計画的に環境を構成しなければならない。」と記しています。「計画的に環境を構成する」ということは、保育者が子どもたちの何を育てたいのかということを明確にしながら、それぞれの時期に必要な体験や遊びを考えて環境をつくっていくことです。日々の保育の中では、今、子どもたちがどのような状況にあるのか、何を望んでいるのか、何が足りないのかなどを理解し、どうすれば子どもたちの育ちが健やかに育まれるのかを予想しながら、環境を構成することです。「計画」という言葉の中には、保育者の子ども理解に基づいた教育的配慮や意図を環境に入れ込んでいくという意味が込められています。

「環境を通しての教育」では、子どもの主体的な遊びを大切にしています。しかし、それは何でも子どもたちに任せて自由気ままにダラダラと一日を過ごさせたり、やりたいようにただ放任しておくことではありません。子ども一人ひとりのおかれている状況や興味・関心を向けているものは、それぞれ異なります。そうした一人ひとり違う子どもたちすべてに幼稚園教育のねらいがきちんと実現されていくためには、それぞれの子どもたちに必要な経験がしっかりと積み重ねられていく必要があります。つまり、子どもたち一人ひとりはスタートやプロセスは異なるかもしれませんが、最終的には幼稚園教育のねらいである「育みたい資質・能力」が育つように、子どもの育ちを見通しながら、教育的価値のある環境を保育者が計画していく必要があるのです。もちろん、そこで立てた「計画」とは、保育者が立案した通りに子どもの育ちが期待されるとは限りませんから、修正したり再考したりすることが大切です。

事例
3-2　〜　砂場で（年長児－5月）〜

　　暖かい日が続き、子どもたちの遊びは活動的になっている。ここ数日、砂場で遊ぶ子どもが多くなり、ゆうとたちは砂山やトンネルを作り、水をトンネルに流して楽しんでいる。気温の上昇に誘われて、子どもたちは砂と水とを合わせた遊びをダイナミックに展開している。保育者は、砂場の遊び道具に、プラスチックのトイをいくつか加えておく。早速、トイを見つけたゆうとが、「おい、これに水を流してみようと」砂山のトンネルにつなげてみる。「もっと深く掘らないと上手く入らない」「誰か、そっちもって」など、子どもたちは声をかけ合い、協力し合っている。「この工事は難しいんだよ」と言いながらも、友だちとトイをつなげてトンネルから水が流れる道を作ろうとがんばっている。長い時間をかけて、水が上手く通ったときには「やった！」と歓声が上がる。周りで遊んでいた子どもたちも自分たちの遊びを続けながら、ゆうとたちが完成させた水路を目を輝かせながら見つめている。

　保育者は子どもたちが砂場で遊ぶ姿から「新しい道具が入ることで砂場での活動がもっとおもしろくなるかもしれない」と予想をして、プラスチックのトイを出しました。保育者の予想は当たり、子どもたちはトイを使いながら友だちと協力してさらにダイナミックな遊びを深めていくことができました。そして、やっと完成した水路に子どもたちはとても満足した気持ちを味わうことができました。砂と水のように子どもたちの身近にあり、自分たちの思いでさまざまに姿を変えることができる素材は、子どもの遊びを限りなく広げる可能性のある環境です。このような環境に子どもたちがかかわりながら、イメージを広げたり、友だちと協力したり、試行錯誤したりすることが、子どもの育ちを支えているものになっているのです。

　子どもたちにふさわしい環境を計画的につくっていくということは、それぞれの園が抱えている既存の環境にどれだけ保育者の思いを入れ込み、工夫をしていくことができるかということが問われると思われます。自然環境が豊かで園庭や保育室にゆとりのある園に比べれば、都市の中心地で園庭や保育室も狭い園を子どもにふさわしい環境にするためには、かなりの工夫や計画性が求められるでしょう。しかし、たとえ園庭がラバー張りで子どもたちが土と出会う

体験はほとんどないような園であっても、花壇を利用したきゅうりやプチトマトの栽培、大きな麻袋に土を入れての大根作りなど、土と触れ合う経験や自分で育てたものを食べてみる体験ができる環境を工夫していくことは可能です。不恰好な野菜でも子どもたちに自分たちが育てたものを食べるという経験をさせていきたいという保育者の思いがあればこそ、わずかなスペースを有効利用して、子どもにふさわしい環境へと変化させていくことができるのです。

２．子どもたちの生活環境を整える

　朝の登園、身支度、遊び、片づけ、手洗い、昼食など、保育者は子どもたちの生活の流れに沿いながら、子どもたちが生活しやすい環境をつくっていくことが必要になります。そのため、何をどこに配置するか、どのようにスペースを区切るか、この場面ではどのような材料や道具が必要になるかなど、子どもたちの状態や人数に合った環境づくりをする必要があります（共有のスペースである園庭やホールなどは、自分のクラスだけでなく、ほかのクラスの動きとの調整も配慮する必要があるでしょう）。そうした子どもたちの生活の場である保育室や園の環境を子どもたちの動きに合わせて変えていくことは、スーパーや小売店が客のニーズや動線に合わせて店内を改装したり、混雑する時間帯などに合わせて、商品の配置を変えたりするという発想と同じようなものだと思います。子どもたちの生活の場が、動きやすく、したいことができる環境になれば、子どもたちは自然な流れの中で、落ち着いて自分たちのやりたいことに没頭できるようになります。子どもたちの動線や興味や関心などに注目しながら、子どもたちが生活しやすい環境を工夫することは、保育者が保育しやすい環境にもなるということですから、保育者自身が自分のためにも楽しんで生活環境の工夫をしてみることをすすめます。

　トイレなども、子どもたちが気持ちよく楽しく使えるように、清掃はもちろんのこと、壁面やコーナーを飾るなど、雰囲気を明るくすることが大切です。手洗い場の周辺も子どもたちが使った後はどうしても水浸しになりがちですが、手拭きタオルの置き場を変えてみたり下にマットを敷くなどの工夫をしてみましょう。

３．子どもたちの遊びの始まりを視野に入れた環境構成

　子どもたちの園生活の中心は遊びです。子どもたちが遊ぶのは、楽しいから遊ぶのであって、何かのために遊ぶというようなことはありません。それでありながら、遊びには子どもの成長発達のための重要な体験がたくさん含まれています。保育者は、子どもたちの園での遊びが充実するような環境を構成する必要があります。もちろん、子どもたちは自分たちで遊びを見つけ、つくり上げていく力を持っています。しかし、そうした力が常に発揮されるとは限りません。とくに入園や進級したばかりで環境に慣れていない時期や、友だち関係が不安定になってしまったときなどは、保育者がかなり意図的に遊びの環境を用意しなければ子どもの充実した遊びが成り立たない場合があります。

事例
3-3

子どもに語りかける保育環境

　入園したばかりの保育室は、期待と不安な気持ちを持った子どもたちがたくさんいる。保育者は、子どもたちになじみのある遊具を出し、子どもたちが家と同じような遊びができるということで不安な気持ちを軽減できればと思っている。ままごとコーナーでは、わざと数枚お皿を出し、その上におもちゃの果物やケーキをのせておく。その方が、遊具がきちんとしまわれているより

> も、遊び始めのきっかけになりやすいからである。男の子たちにはミニカーやプラレールを用意
> しておく。これも、少し線路をつなげて遊びかけの状態にしておき、「誰か、この続きを作って
> くれない？」と遊具が語りかけているようにしておく。

　この時期、登園してきた子どもたちは、自分から遊具に近寄って行ったり、保育者に「いっ
しょにごちそうつくる？」と誘われて遊び始めたりします。しかし、保育者がその場にいなく
なると保育者の姿を目で追ったり、いろいろな遊具をつまみ食いしながら園の環境を確かめて
いる子どもも多く、遊びに集中できるほど気持ちが安定していない様子がうかがわれます。そ
のようなときには、できるだけ子どもの遊びが始まりやすいような環境構成をしていくことが
大切です。

　先ほど紹介した『保育援助論』[注6]の中で、小川は環境構成について、次のように述べてい
ます。

　「（前略）幼児の遊びや遊びの群の様態は、保育者の言語的指示や強制によって形成すること
はできない。そういう状況を保育者は自己の直接的な働きかけでつくることはできない。でき
るのは、環境構成によってである。とはいえ、環境構成がそうした状況を必ず生み出すとは
いえない。保育者が設定した環境を幼児が利用しないこともしばしばある。しかし少なくとも、
環境構成はきわめて重要な条件であることは断言できる。」

　小川が述べているように、私たち大人が「さあ、
遊びなさい」とか「こうやって遊びなさい」とい
うように言語的な指示をしたところで、子どもの
遊びは成立しません。遊びは、子どもの自由で自
発的な活動であって命令されたり強制されたりす
るものではないため、大人の指示のもとで展開す
ることは不可能だからです。私たちができること
は、小川が強調しているように、子どもたちが自
分たちで遊びが始められるような環境構成をする

ことです。子どもの目の前にある環境が子どもの遊びに対する欲求と結びつけば、遊びは成立
します。しかし、子どもの欲求と環境との間にズレがある場合には、遊びは成立しない可能性
が高くなります。私たちは、子どもたちの遊びの欲求にこたえられるような環境を構成する必
要があり、そのためには一人ひとりの子どもの欲求を推測すること、および、多様な子どもに
とって魅力的な環境のあり方を知っておく必要があるのです。

　また、環境構成において、遊具や教材そのものに子どもを惹きつける魅力がある場合もあり
ますが、加えて人的環境である保育者がその場にいることがその環境をさらに魅力的にするこ

とが多くあります。そのため、保育者が意図的に「今日はこの遊びに誘ってみよう」とか「今日からこの遊びを子どもたちに提案してみよう」と考えたときには、保育者自身がその環境の中で遊ぶという身体的な行為を位置づけることも重要になります。

4．子どもたちの遊びの発展を視野に入れた環境構成

　子どもたちの遊びは、一日で終わる遊びもありますが、数日間続いていく遊びもあります。保育者は、どちらかといえば子どもたちが継続的に遊びを続けていくことを望みます。なぜならば、その方が保育者にとって子どもの遊びが予想しやすいからです。予想をしやすいということは、保育者が個々の子どもへの必要な援助を考えることができやすいということです。数日間続く遊びの場合には、テーマがあるのが普通です。たとえば、水族館ごっこ、わんちゃんごっこ、基地ごっこなどです。多くの子どもたちは、自分たちが見たり聞いたりしたことを遊びの中で再現しようとしたり、身近なものを何かに見立てながら遊びのイメージを生み、そこから遊びをつくり出します。さまざまな遊びの経験が豊富な子どもは、どこで、誰と、どのようなものを使えば自分たちの遊びが楽しくなるのかということをある程度知っています。そのような場合には、子どもの方から「先生、ここに看板作りたいからダンボールちょうだい」「絵の具で色水作ってジュース屋さんしたいの」などというように材料を要求したり、「このキップ持って、お客さんになってね」などと保育者に役割を提案してきたりします。

　しかし、遊びの経験がそれほど多くなかったり、友だちとの結びつきもそれほど強くない時期、あるいは遊びがマンネリ化したり、遊び仲間とイメージの共有ができていないときなどは、保育者の適切な援助がなければ遊びが消滅してしまうことも多くあります。そのようなときには、保育者が何らかの提案を持ち込んで遊びに入ってみたり、新たな活動が生まれる材料を用意したりすることも一つのアイディアです。

> **事例 3-4**　〜 いらっしゃい！ たこやき屋さんです！ 〜
>
> 　5歳児のふみかが発泡スチロールの白いトレーに四角いブロックを整然と並べ、「ほら」と保育者に見せる。ふみかは、絵を描いたりきれいなものを製作したりするのが好きであるが、どちらかというと好きな遊びを1人で黙々と楽しむタイプの子どもであったために、その様子を見守りながらも友だちとのかかわりも深めてほしいと保育者は考えていた。「なんだか、たこやきみたいね」と言うと、「そう、たこやき」とふみかも答える。「たこやき屋さん、たこやきください。いくらですか」と言うと、ふみかはにこにこと「100円です」と答える。近くで聞いていたなおこも「私も、たこやき屋さんしたい」と言うので、「じゃあ、ふみかちゃんといっしょにやったら？」と提案すると、2人ともうれしそうにしている。保育者が発泡スチロールを出し、「お店ができたら、教えてね。買いに行くから」と言うと、2人は大型積み木で囲いを作ったり、台にしたりして、たこやき屋さんを始めた。「たこやき屋さんできたよ」というふみかの声に、保育者は近くにいたまきやたまよを誘い、たこやきを買いに行く。「いらっしゃい、たこやき屋さんです！」という元気なふみかとなおこの声に子どもたちが誘われて、たこやきを買いに行く。

「うーん、ここのたこやきは、たこが大きくておいしい！」と保育者が大げさに表現すると、その場に笑いが起こり、たこやき屋さんはますます繁盛していった。
　翌日、ブロックではなく、本物のたこやきみたいなものが作れるように、保育者が新聞紙や絵の具、プラスチックのケースなどを用意しておくと、男の子たちも参加して、たこやき屋さんごっこはさらに盛り上がっていき、その中でふみかもいろいろな友だちとかかわる姿が見られていた。

　保育者は、子ども一人ひとりの状態や望ましい育ちの方向を見通しながら、どのような働きかけをしていけばよいのかを模索し、そのチャンスをうかがうことが大切です。この事例では、ふみかの作ったものを「たこやきみたいね」と保育者が応じたことをきっかけになおこが遊びに加わり、さらに翌日にはたこやき屋ができる材料を用意したことでたくさんの子どもたちが遊びに加わるなどして、遊びが広がると同時にふみかはいろいろな子どもたちとかかわることができました。保育者の適切な言葉かけや材料の準備が、こうした遊びの発展、人間関係の広がりの土台となっていることがわかります。

§4　季節を視野に入れた環境構成
― 子どもたちの春夏秋冬 ―

　日本は、地域的な差こそあれ、四季の変化が見られる位置に属している国です。そのため、この節では、季節とそれぞれの子どもの園生活の時期を視野に入れた環境構成の様子を紹介してみたいと思います。その際、筆者は東京の郊外に住んでいるために、どうしても東京近辺で見られるさまざまな四季の様子について語ってしまうことになります。そのため、その部分に関しては、是非みなさんの地域に特徴的な四季折々のものを加えていただけることを願います。

１．春

　春といえば、入園や進級の季節です。入園してくる子どもたちは、どの子どもも不安と期待とが混ざり合った複雑な気持ちを抱いていることでしょう。中には、不安だけでいっぱいという子どももいるはずです。そのような子どもたちの気持ちを十分に受け止め、園生活が楽しいものだという実感を子どもたちが持てるように適切に環境を整える必要があります。

（1）園を自分から行きたいと思える場所に

　この季節になると筆者は思い出すことがあります。お母さんと離れるのが嫌で泣いている子どもが、「なんで、幼稚園に行かなくちゃいけないの？」と涙をいっぱいためてお母さんに尋ね、お母さんが困った様子をしていました。その姿を見て「そうだよね。幼稚園は義務教育でもないのだから、強制的に行かされる理由なんかない。そうか、だからこそ、幼稚園は子どもたちが自分から行きたい！って思える場所でなくちゃいけないんだ」と心の底から実感したという

体験です。そのような子どもが、幼稚園での生活を経ていくことによって、多少体調が悪くても「幼稚園を休みたくない！」と逆にお母さんを困らせるようになることを願いながら、今のそうした子どもの気持ちに寄り添っていくことが必要になるでしょう。進級した子どもも、新しい保育室や担任が変わったことに戸惑うなど、大きくなった喜びとともに不安を持っています。「年長になった！」とうれしそうに頑張っている子どもが、頑張りすぎて疲れてしまわないような配慮も必要になります。保育者が「年長さんになったのだから」と子どもたちにプレッシャーをかけ過ぎないようにして、「一年間をかけて年長になっていくプロセスを見守ろう」くらいの余裕を持つことが大事だと思います。

（2）簡単に遊びが始められるように

　入園したばかりの子どもの保育室では、子どもたちが簡単に遊び始められるようにままごとやブロック、ミニカーや粘土などを用意しておくことが大切になります。幼い年齢で入園してきた子どもたちは、まだ譲り合うことや順番に使うことなどを経験しないまま入園していることが多いので、ものの取り合いなどのトラブルは仕方がないことですが、そのトラブルで感じた嫌な思いを残したまま降園させないような配慮が、この時期には必要になります。

　絵本や紙芝居などは、『おおきなかぶ』[注7]などの繰り返しの多いものや、『ぐりとぐら』[注8]などのあまり難しくないストーリーを選び、どの子どもたちでも楽しめるようにするとよいでしょう。紙芝居の中には『ごきげんのわるいコックさん』[注9]など子どもたちが参加しながら読み進められるものもあり、「みんなと同じことをやってみて、そうしたら楽しかった」ということを体験していくこともこの時期には大切であると思います。

（3）戸外で遊ぶ

　また、春は自然が美しい季節です。桜が咲き桜の花びらを追いかけたり、花びら笛を楽しむこともできますし、れんげで首飾りを作ったり、ぺんぺん草やその他の草花で遊ぶこともできます。園庭の石をひっくり返せばだんご虫やアリも出てきます。あたたかい日差しをたくさん浴びて子どもたちがたくさんの春の恵みとかかわれるように、子どもたちの様子を見ながら、戸

注7）A.トルストイ再話　内田莉莎子訳　佐藤忠良画『おおきなかぶ』福音館書店、1966
　8）中川李枝子文　大村百合子絵『ぐりとぐら』福音館書店、1967
　9）松井紀子作絵『ごきげんのわるいコックさん』童心社、1985

外で遊んだり散歩を楽しんだりするとよいでしょう。

2．夏

（1）梅雨の時期は室内での遊びの工夫と気分転換を

　6月後半になると、子どもたちの園での生活もずいぶんと落ち着いたものになり、担任の保育者との関係もでき始め、同じクラスで生活している子どもたちが友だち・仲間になり始めてくることです。ただし、夏を迎える前にある梅雨の時期は、外で遊べない日が続くなど、子どもが開放感や気分の発散ができなくなり、そのことによって子どものトラブルやけがが多くなるために、室内での遊びの工夫や気分転換ができる環境をつくることが必要になるでしょう。同時にこの時期は、湿度と温度が高くなるため、食中毒などの衛生面の注意と伝染病などの流行しやすい時期であることも覚えておく必要があるでしょう。

（2）夏ならではの活動を計画する

　本格的な夏を迎え始めると子どもたちは自然と水や砂などの自然に誘われていきます。自然は子どもにとって絶好の遊び道具です。子どもたちが自分のからだを使って自然の中で思いっきり遊べるように、着替え、水着、タオルなどを用意してもらうとともに、木やプラスチックの廃材や廃品などの環境を整えたり、プール遊び、色水遊び、フィンガーペインティング、ボディー

ペインティングなど、夏ならではの思い切った活動の計画をしていきましょう。

（3）生き物との出会いを楽しむ

　この時期は、たくさんの生き物たちと出会える季節でもあります。カタツムリ、カエル、アリ、セミ、カブトムシ、クワガタ、チョウ、バッタなど、身近な生き物と子どもとの出会いを大切にしましょう。生き物は遊具や道具と異なり、子どもの思うようにはならない相手です。捕まえたくても捕まえられなかったり、噛まれたり、死なせてしまったりということもあるでしょう。そうした体験を経て、子どもたちはどうしたら上手く生き物とつきあうことができるかを知っていくことになるため、子どもたち一人ひとりの生き物とのかかわり方を見守っていきましょう。さらに、こうした生き物との出会いは、子どもの科学的な目や思考を養う絶好の機会です。子どもが疑問に思ったことを保育者が共に考えたり、わからないことを図鑑でいっしょに調べるなどの援助とともに、子どもの手の届くところに科学絵本などをさりげなく用意しておくことが大切です。

3．秋

（1）子どもの何気ない気づきに耳を傾ける

夏休みが終わった頃は、まだまだ残暑が厳しいのですが、秋は確実に近づいてきます。日が短くなること、太陽の軌道が低くなるので影が長くなることなど、生活の中でのちょっとした変化に気づく子どももいるかもしれません。子どもの何気ない気づきに、保育者が耳を傾けることを大切にしましょう。また、長期の休み明けは子どもの園生活のペースがなかなか戻りに

くいこともありますので、子どもへの負担が少ない保育を心がける必要があるでしょう。

（2）行事は教育的価値を見届けて

秋は子どもたちが大きく変わる時期です。それは、広葉樹が緑の葉を赤や黄色に変えるというように自然の摂理にかなったものであると同時に、いくつかの大きな園行事を子どもたちが経験するということが大きく影響していると思われます。運動会、遠足、お楽しみ会、発表会、造形展など、園独自の行事が用意されていることでしょう。こうした行事はとくに私立の幼稚園では園児獲得の広報活動の一面を担っているようなところがあるかと思われますが、大人からみて「すごい」「素晴らしい」というところばかりを強調するのではなく、これらの行事を通して子どもたちにどのようなことを育てたいのかを明確にするとともに、そこでの子どもの育ちのプロセスをしっかり見届け、そのことを保護者や地域の方に伝えられるようにしたいものです。幼稚園教育要領では「行事の指導に当たっては、幼稚園生活の自然の流れの中で生活

に変化や潤いを与え、幼児が主体的に楽しく活動できるようにすること。なお、それぞれの行事についてはその教育的価値を十分に検討し、適切なものを精選し、幼児の負担にならないようにすること。」と記されています。出来栄えの善し悪しよりも一つひとつの行事に子どもたちが主体的に取り組めているのか、教育的な価値は何かということを保育者が見届けていくことが重要です（第7章参照）。

（3）自然とのかかわりを楽しむ活動を

秋も自然とのかかわりが楽しめる活動がたくさんあります。サツマイモ掘り、どんぐり・まつぼっくりなどの木の実を使った遊び、さまざまな色の落ち葉を使った遊び、トンボやコオロギなどの虫たちとの出会いなどを楽しめるようにしていきたいものです。

4．冬

（1）友だちとの関係も深まって

　子どもは多少寒くても外で遊ぶことが大好き
です。遊べばからだも温かくなります。秋に大
きな行事を経験してきた子どもたちは、この時
期には友だち同士の関係をぐっと強く結びます。
年齢にもよりますが、トラブルが起きても保育
者なしで解決したり、自分のことだけでなく友
だちのことを考えて行動できるようにもなりま
す。保育者が子どもが遊ぶ姿を一歩離れて安心

して見ていることができる機会が最も多いのがこの頃ともいえるでしょう。ドッジボールや
サッカー、手つなぎ鬼、開戦ドンなど少し人数の多い集団での遊びが楽しめる時期でもありま
す。また、卒園や進級に向けて、今のこの時期に子どもたちの中にどのようなものを育ててい
くことが大切なのかを保育者はしっかりと理解しておく必要があります。

（2）伝統的な行事の意味を知る

　また、この時期は、冬至、歳末、大晦日、正月、節分（節分以降は暦の上では春）など日本の
伝統的な行事が目白押しの時期でもあります。加えて、キリスト教の大きな行事でもあるクリ
スマスもあります。日本人は、比較的どの宗教の行事でも楽しめるものは楽しんでしまうとい
う場合が多いようですが、自分たちの信仰を大切にしている日本人の家庭や近年増加している
在日外国人の家庭では、自分たちの宗教をとても大切にしている場合もありますので、宗教行

事を園で行うときには配慮をする必要があ
ります。逆に、正月でもおせち料理や雑煮
は食べない、豆まきは家が汚れるのでしな
いなど、伝統行事とは縁のない家庭も増え
てきているので、可能な範囲で行事の意味
や楽しみ方を子どもたちが経験できるよう
にしていくことは重要だと思います。その
前段階として、保育者がそうした行事の意
味や楽しみ方を知るという必要があること
は言うまでもないでしょう[注10]。

注10）萌文書林編集『子どもに伝えたい年中行事・記念日』萌文書林、1998

（3）冬ならではの経験や気づきも大切にする

　この時期の自然は日本でも南北で大きな違いがあります。豪雪の中で暮らす雪国と冬でも海の水温が20度を下回らない沖縄では、大きな違いがあります。東京では、雪が降るのは年によっても差がありますが大体1、2回でしょうか。めったに降らない雪が降ったときには子どもたちといっしょに雪と戯れたいものです。また、氷作りの遊びなどを通して、日向と日陰では温度に差があることに気がつけるように遊びの工夫をしてみることもよいでしょう。

5．季節を楽しめる保育者

　子どもに四季の移り変りの素晴らしさを伝えるためには、保育者自身がその季節のことを知っていること、そこでの楽しみ方をたくさん経験していることが重要です。私たち大人の暮らしも、スイッチひとつで快適な温度になったり、夏でもきゅうりやトマトが食べられるなど季節感のないものに変化しつつあります。そのような生活の中にいるからこそ、より気をつけて小さな四季の変化に気がつけるよう感覚を研ぎ澄ませていくことが重要になると思われます。

子どもにとっての遊びや活動は、体験を通してさまざまなことを学んでいる場でもあります。保育者は子どもとともにより充実した遊びや活動をつくり上げていくことを通して、子どもの育ちを支えていくことが求められます。

この章では、子どもの自発的な活動としての遊びをより豊かにするような環境構成や援助のあり方を考えてみましょう。また、あわせて、保育の形態や教材研究などについても触れていきます。

§1　遊びを通して育つということ

　子どもたちは環境にかかわって遊ぶ中で、さまざまな体験をして育っていきます。子どもにとっての遊びは、学びの場でもあるのです。たとえば、見立てたり何かになりきったりするごっこ遊びの中で、子どもは想像力を働かせていきます。砂場での遊びの中では、砂や水などその対象について理解することも出てきます。また遊びの場を共にすることをきっかけに友だちとのかかわりが始まり、イメージを共有したりして遊びがよりおもしろくなっていくことも体験していきます。その過程では、お互いのイメージや思いが上手く伝わらずもどかしい思いをしたり、ときには主張がぶつかったりすることもあるでしょう。そうした体験をすることも学びの一つです。そして、もしいっしょに遊び続けたいと思えば、お互いの思いを調整するなどの手探りをすることにもなるでしょう。そうした中で、共に遊ぶ仲間に自分にはない発見をしたり、話し合うことで新しい工夫が生まれる充実感や達成感も経験を通して学んでいきます。

　幼稚園教育要領においても「幼児の自発的な活動としての遊びは、心身の調和のとれた発達の基礎を培う重要な学習であること」を考慮して、遊びを通しての総合的な指導を中心とすることが明示されています。一人ひとりの子どものよりよい発達を願って遊びを通して援助していく保育者には、遊びの中で発揮されつつあるその子どもの力や課題を、さまざまな側面から総合的にみとり、発達にとって必要な経験が得られるような状況をつくることを大切にしていくことが求められます。事例を通して見てみましょう。

§2　保育の見通しを持ち、
　　　子どもたちを迎える準備をする

1．遊びや活動の流れを予想し環境を構成する

　子どもにとっての自発的な活動としての遊びを大切にしていくための方法としてまずあげられるのは、子どもたちが登園してくる前に保育室内や園庭の環境を構成することです。なぜなら、朝の環境がどのように構成されているかが、子どもが遊び始めるきっかけに影響するからです。そこで保育者は、その前日までの子どもたちの様子から遊びや活動を予想し、そこに保育者の願いもそっと重ねて環境を構成しているのです。

　次の事例は、ある３歳児クラス２月の子どもたちの登園前の保育者の様子です。

> **事例 4-1**　　**朝の準備**（遊戯室および保育室の環境構成）
>
> 　担任保育者は、保育室にあったセロハンテープ台や新聞紙を遊戯室のステージ上へ持っていく。また新聞紙の釣り竿を入れた容器も持ってきてステージの端に寄せておく。ここ最近、男児たちが遊戯室で、積み木を使って池を作り、魚釣りをする遊びが続いており、そこで作ってきているものだからである。また積み木のそばに、池の水に見立てることに使っているブルーシートが出ていることも確認する。
>
> 　次に、少し前から出始めた"がらがらどんごっこ"の遊びの手がかりになるように、ステージを利用して巧技台を組み合わせ、お話の大事な場面として出てくるはしごの状態を作り、その下にマットを敷いておく。
>
>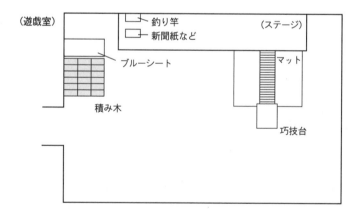
>
> 　次に保育室で、ままごとコーナーの道具類やスカート等がいつもの棚や引き出しの決まった場所に十分あることを確認する。このコーナーを使って女児たちのごっこ遊びが続いているので、今日もおそらくこの場を使って遊び始めるのではないかと予想しているからである。
>
> 　製作のコーナーでは、遊びに必要となったものが作れるように、"ごちそう"のもとになるような色の折り紙や、使いやすい大きさに切り分けた色画用紙などを準備した。

　もしみなさんが、自分で何かに取り組んでみて楽しかったり、手応えがある活動だったら、次の日にも続けてやってみたいとか、もっとできるようになりたいなどと思うのではありませんか？ そこに遊びや活動の連続性が生まれます。幼い子どもたちにとっても同じです。もちろん大人と同じように明確ではない場合もありますが、その年齢なりに同じような心の動きがあることを感じることができます。ですから、子どもたちが取り組み始めたばかりだったり、手応えを感じていたりする遊びでしたら、その続きに取り組むだろうとの見通しを保育者は持つのです。

　同時に、保育者もその遊びを大切にしていきたいとの思いがあるからこそ、その遊びがしやすいような環境を構成しているともいえます。子どもたちの遊びとして出ていても、積極的にその遊びを支えたいと保育者が判断しなければ、そうした遊びをしやすいような環境を構成するということはあまりないからです。たとえば、あとに出てきますが、この保育者は今現在はテレビ番組をもとにしたごっこ遊びを育てていきたいとは考えていませんでした。したがって、この朝の環境構成においてもそうした遊びを支えるような環境の準備はあまりされていないのです。環境の構成そのものに、保育者の願いがすでに込められているととらえることができるでしょう。

2．これまでの子どもたちの経験や育ちについて考える（子ども理解）

　事例4-1における保育者の環境構成の仕方は、その遊びの場によってずいぶんと差があるように感じられませんか。遊戯室の"がらがらどんごっこ"の環境については、保育者の手ではしごを作るなど、ずいぶんと手をかけているように見えます。それに対して魚釣りの遊びの環境については、積み木はきれいに片づけた状態で、あまり手を加えていません。なぜなのでしょうか。そこでは、これまでの子どもの育ちや遊びの経験についての保育者の子ども理解が関係しているのです。

　保育者は、がらがらどんの遊びは始まったばかりであり、はしごがあることによってその遊びが想起され、やってみたい、続けてみたいとの子どもたちの思いが出てくるのではないかと考えて環境を準備しています。

　それに対して魚釣りの遊びはしばらく前から続いており、そこにかかわる子どもの育ちを以下のように考えていたからです。少し長くなりますが、この魚釣りの遊びについて保育者が書いているものを紹介します。

担任保育者の日案から（抜粋）

　男の子たちの多くは、テレビ番組をもとにしたごっこ遊びが好きで、積み木を使ってバイクを作って乗ったり、「○○が現れた」と、敵が現れたつもりになって出かけて行っては戻ってくるということを繰り返して遊んできた。子どもたちの様子を見ていると本当に好きなことが伝わってくる。他の遊びをしていても、「○○が現れた」という言葉は、魔法のように子どもたちの気

持ちを引き付けて、あっという間に変身して出かけて行ってしまう。好きなものになりきって遊ぶことを十分に楽しんでほしいと思い、これまでは見守ったり、いっしょになって遊んだりしてきたが、それだけでいいのだろうかという思いがある。好きなことを否定していくのではなく、保育者として子どもたちの中に積極的にかかわり、そこから好きな遊びを広げていくということを考えていきたいのだ。

　遊戯室に積み木を移して始まった今回の魚釣りの男児たちの遊びは、たくみ、しゅうと、けいすけなどが、マルチパネルを使って橋を作り、その下をくぐって遊んでいたことをきっかけに始まった。海になったり、積み木で船を作ったり、サメやワニをやっつけたりして遊んできている。船を作るための積み木がきっかけとなり、男の子のほとんどがそこにかかわってきている。これまでのテレビ番組をもとにしたごっこ遊びとは違い、すぐに思いが共通になるわけではなく、かなり保育者が中に立つことも必要ではあるし、子どもたちにとっても上手く伝わらずトラブルになることや切ない思いをすることもあった。しかし、必要なものをどうやって作ろうかやってみたり、どうやって伝えようか考えたりしながら、なりきって遊ぶ楽しさを感じてきているように思う。

　しかし、昨日、魚釣りをしたいからその場で遊びたい子どもたちと、積み木があるからと積み木そのものにひかれてやってくる子どもたちと、イメージが重ならず、大きなトラブルになった。それで積み木をいったん全部片づけてしまった。先週からの遊びの展開として一区切りついたようにも思ったが、昨日はあえて積み木を保育室に戻さなかった。遊戯室というこの場で、子どもたちも私もどうやって遊んでいこうか、考えながら遊んでいく時間を大切にしたいと思っているからである。昨日の遊びの様子から、作りながら遊んでいく方が、それぞれのしたいことの方向が見つかりやすいのではないかと思っている。

　どういうごっこ遊びの展開になるかはわからないが、自分のしたいことを見つけたり、3歳児なりに相手に伝えたり、相手の動きを見て自分で考えたりする時間を大事にしていきたいと思っている。また、まさとやりょうなど自分なりに発想していく子どもたちの遊びを支えながら、だいき、しゅう、せいやらにも、なりきる楽しさや、自分なりに遊ぶということの心地よさを伝えていきたいと思っている。

　これらの記述から、魚釣りにかかわる子どもたちが、その遊びのイメージをだんだん共通に持てるようになってきていること、積み木という遊具にも馴染み、自分たちなりにその場を作り上げていくことができる力を持っているとの子ども理解が保育者の中にあること、さらに子どもが自分たちでその遊びの場をつくり上げていくことで、その子どもたちが進めていきたい方向が見えてくるのではないかとの願いが重なっていた故の、あまり手を加えない環境構成であったことが見えてきます。

　子どもたちについての保育者の理解が、環境構成や援助の方向性を見いだすための基礎となるのです。

3. 子どもたちにとっての遊びの楽しさについて考える（遊び理解）

　先の記述の中で、保育者は子どもたちの遊びについても理解しようとしていることがわかります。もちろん個々の子どもの育ちと切り離して考えることができるものではありませんが、その遊びのどこに楽しさや喜びを感じているのか、その中で子どもが何を体験しているのかなどを考えようとしています。

　たとえば、テレビ番組をもとにしたごっこ遊びについて、この保育者は子どもが自分たちのイメージを言葉で伝え合うことが難しい時期には、いっしょになって遊んできています。子どもたちが見ているテレビ番組のヒーローの動きをすることなどが子ども同士をつなぎ、そのごっこ遊びの中で、なりきって遊ぶことの楽しさや、共に遊んでいるような感覚を経験していたと考えていたからです。でも、そろそろ自分たちでイメージを共有し合ってつくり上げていくごっこ遊びもできる時期なのではないかとの見通しや、また、そうしていきたいとの願いがあることが伝わってきます。

　そこで、そのテレビ番組のごっこ遊びの際にも使われ、このクラスの男児たちにとっては春から大きな魅力を持ち続けていた積み木を、遊戯室へ移動することを提案して運ぶ作業をいっしょにする中で、保育者は男児たちの仲間に加わるきっかけをつくりました。その中で共に動きながら、子どもたち自身がイメージをつくり出していくような動きを逃さずに支え、船を作ったりサメやワニをやっつけたりといった遊びをいっしょに育ててきました。こうした中で、「これまでのテレビ番組をもとにしたごっこ遊びとは違い、すぐに思いが共通になるわけではなく、かなり保育者が中に立つことも必要ではあるし、子どもたちにとっても上手く伝わらずトラブルになることや切ない思いをすることもあった。しかし、必要なものをどうやって作ろうかやってみたり、どうやって伝えようか考えたりしながら、なりきって遊ぶ楽しさを感じてきているように思う」と、子どもにとってのこの遊びの楽しさや、経験の意味を考察しています。これらをもとにして、保育者は環境構成や援助を考えているのです。

　さらに、今後の遊びとしてどういう展開になるかは今の保育者には見えないけれど、"自分たちでつくり上げていこうとする積み木を核にしたごっこ遊びが続くだろう"と予想しています。「子どもの遊びを予想する」といっても、「○○遊び」と固定的に予想しているのではないことが見えてきます。その遊びの楽しさはどこにあるのか、そこで子どもたちは何を体験しつつあり、子どもなりにどこに手応えや喜び、あるいは課題を感じているのかについて、考察し予想することが求められます。

4. 長期的な見通しを持つ

　3歳児の保育室と隣り合っている遊戯室に積み木を移したのは、男児たちが行動半径を広げて遊ぶようになってきている姿を保育者がとらえていたこともあったからのようです。この園では、4歳児になると保育室の位置が遊戯室から少し遠ざかります。そこで、保育室と遊戯室

が隣り合っていて子どもたちにとっては移動が容易で、保育者にも状況がとらえやすい今の時期のうちに、遊戯室という環境への親しみや遊具類を使っていく力の素地を育てておきたいとの思いがあったことも影響しています。それによって、4歳児になって遊戯室から距離ができても、遊戯室への親しみやその遊具類の使い方を熟知していることで、子どもたちは遊戯室へ出て自分たちなりに遊んでいく姿へとつながっていくことが、その前年の試みで見えてきていたからだそうです。

　このように保育者は、そのときの遊びの充実だけではなく、その先を見据えながら援助を行っていることが見えてきます。その子どもたちの園生活全体についての長期的展望も持ちながら、隣に座っていっしょに遊ぶといった一面が保育者にはあるのです。この点については、第7章で詳しく考えたいと思います。

§3　子どもたちの遊びを援助する
── 子どもの自発性と保育者の願い ──

　保育者は子どもの遊びの流れを予想し、そこに保育者の願いを込めて環境構成を行って子どもたちを迎えます。ですが、環境にかかわって遊びを展開するのは子どもたちですから、保育者の予想通りなどということはありえません。ですから、子どもたちとの実際の生活が始まったら、その動きに合わせて環境の再構成を行ったり、遊びが充実していくような援助を柔軟に展開していくことが求められます。

　先の事例の保育者は、実際に子どもたちを迎えてどのような生活を送ったのでしょうか。

　この日の朝、保育者は登園してくる子どもたちを迎えて、身支度の手伝いをしながら会話を楽しみ、一人ひとりが安定して園生活をスタートできるように心を配っていました。こうした生活面での落ち着きや充実は、子どもが遊びを展開していく基礎となる大切なところです。この点については、第5章で詳しく触れてありますので、ここでは遊びへの援助に焦点をあてて見ていくことにします。

　子どもたちの登園が一息ついたところで、担任保育者はまず「がらがらどん」の遊びの場に入り、その後「魚釣り」の遊びの場へと移りました。以下のように思ったからだそうです。

保育者の保育後の話から（抜粋）

　ゆう、ゆうか、なな（担任がいるところに拠り所を求める子どもたち）など、「がらがらどんしようよ」と言ってくる子どもと、魚釣りをしたい子どもがいた。どちらの方に深く入っていこうかなと迷いながらも、「がらがらどん」の方は、私がいないと遊び自体が成立しないと思ったので、そっちの方にかかわりながら、魚釣りの様子を見守ることにした。

　がらがらどんは、前の週の土曜日に遊戯室のマットで横になり、そこで偶然その絵本を読んだ。そして巧技台についているはしごを見て「がらがらどんみたい」と子どもの中から声が出て遊びが始まった。遊びとしてはまだ新しいので、保育者が支えなければ遊びとしては続かないだろうと思ったのである。

　　魚釣りの方は、池を作る作業など、何回か保育者がいっしょに作り上げてきていたこともあり、まずその再現からでも自分たちなりにやっていくだろう、まかせておいても大丈夫かと判断した。今日の様子を見ていて、確かに遊び出しには時間がかかったが、自分たちなりに展開していったようにも思う。

　この保育者の思いや実際の援助の中から、子どもたちとの充実した遊びや活動を組み立てていく幾つかの大切なことが考えられます。以下に整理してみましょう。

1．援助の必要性（優先順位）を判断する

　3歳児2月のこの時期、子どもたちなりに環境にも慣れ、登園してくると遊びが各々始まります。保育者はどの子どもや遊びにかかわるのが適切か判断する必要が出てきます。その際、どのように判断するのでしょうか？　この保育者は、2つの遊びに誘われていますが、単純に誘われたからというだけの理由や、誘われた順番でということで、かかわる遊びの場を決めているわけではありません。この場合は、がらがらどんの遊びが、子どもたちと楽しみ始めたばかりで、自分が積極的に役割を担うことで成立している遊びであること、だからこそ子どもたちは自分を誘ってくるのだろうとの判断がありました。そして実際に遊びそのものを支えていることが次の事例から感じられるでしょう。

事例 4-2 ～ 「がらがらどん」のトロルの役割をしながら……

　　保育者は子どもたちからトロル役になるように言われた。「俺様の橋を渡るのは誰だー」とトロルになりきって言うと、はしごを渡ってきた子どもがそれに答えるように「大きい山羊です」と名乗る。保育者は「では食べてしまえ！」とはしごを降りた子どもに襲いかかるような振りをすると、山羊の子どもが反撃して、トロルは逃げる振りをする。次々と渡ってくる子どもたちにも、同じように繰り返し、「誰だー？　俺様の橋を揺らすのは？」と問いかける。しばらくすると、「トロルだー」と答える子どもも出てくる。すると、「トロルだったら、（私の）仲間に入ってー」とはしごの下の自分のいるところへ招く。

　　次の子どもがやってきて、保育者が「誰だー？　食べてしまうぞー」と言うと、「おいしいけど、食べるとおなか壊すー」と答えが返ってくる。保育者は、トロル役になったばかりの近くの子どもに「どうする？　おいしいけど、食べるとおなか壊すんだって」と相談する。そのそばで、山羊役の子どもが「2番目の（次に来る）山羊がおいしい山羊だよー」と言うと、トロル役の子どもが「食べなーい」と答える。担任は「じゃあ、1人で食べていい？」と仲間のトロル役に了解を取り、保育者だけで山羊の子どもを食べるまねをする。

　　楽しそうに見えるのか、次々と子どもたちが入ってくる。「誰だー？　俺様の橋を揺らすのは？」という問いかけに、ある男児が「ビーファイターだー」と答える。保育者は「そんな堅いものはとっとと行ってしまえー」と、それまでの山羊役の子どもに対しては食べるまねをしていたが、違った対応をした。その子は、「柔らかいビーファイターだ」と答えてくるが、担任「もっともっと柔らかいものが食べたい」と答えた。

２．遊びの流れや楽しさを子どもとともにつくり出していく

　この遊びにおいては、保育者自身がトロルの役になりきって動く中で、絵本のストーリーを再現しつつ、子どもの動きに合わせて遊びを進めていっています。「俺様の橋を渡るのは誰だ？」は絵本の再現ですが、大きい山羊でなくても１回１回食べるまねをするのは、子どもたちと担任保育者がつくり出してきた動きです。山羊役の子どもたちはトロル役に食べられるそのやり取りが楽しいのです。

３．子ども同士のかかわりのきっかけをつくる

　また、保育者といっしょにトロル役になる子どもが出てくると、トロル同士の相談のような場面をつくっていっています。山羊役の子どもの言葉を伝え、子ども同士をつなぐような援助をさりげなく行っています。こうした積み重ねの中で、子ども同士で遊びを進めていく力が子どもたちに育つこととなります。様子を見て、保育者は徐々に遊びの担い手としての役割をひいていくようになります。

４．子どもの挑戦をさりげなく支える

　この遊びの子どもにとっての楽しさはトロル役とのやり取りをすることと、もう一つには、３歳児の子どもの肩の高さくらいの位置となる少し高いはしごを渡ることにもあるように思われました。挑戦してみたいとの思いもある一方、その一歩が踏み出せずにいる様子が見られた場合には、少し手をとって挑戦しようとする心や動きを支えていました。また、危なっかしい動きの子どもも見受けられ、保育者はその子どもがバランスを崩したときにとっさに支えることもできるよう身構えつつ様子を見守ったり、はしごを渡り終えたあたりの下にいる子どもたちへ「上から降りてくるから危ないよ」と声をかけたりする援助も行っていました。

５．子どもに体験してほしい内容をかかわりの中で意識していく

　しばらくすると楽しそうな雰囲気に誘われてか、初めて参加する子どもも出てきました。その中で「ビーファイターだー」とテレビ番組のキャラクターになって参加してくる子どもには、違った対応でした。保育者はあくまでもトロル役としての役割を続けながら、テレビ番組のキャラクターとしてやってきた子どもには、この遊びの中核をなす食べるまねなどのやり取りはあえて行わないというかかわりをしていました。担任はそのことについて、「がらがらどんの楽しさ、子どもたちにとってのおもしろさは、トロルがやっつけられるところなのだと思うのです。けれど、それは山羊がやっつけるのと、ビーファイターになってやっつけるのでは、少し違うように思っています。イメージが違ってきてしまい、それをも認めてしまうと、どの

子どもにも（ビーファイターは）魅力があって、そっちに流れていってしまうように思ったのです。この子を含む男児の傾向なので、ここではそうしたかかわりをしていました」と話しています。保育者の「テレビ番組のごっこだけじゃない楽しさを伝えたいと思っている」との願いが意識されていたことからなされた援助であったといえるでしょう。それによって、そのあともがらがらどんの遊びとしてこの場が続いていきました。保育者は子どもから出てきた動きを無条件に受け入れていっているわけではなく、その遊びの場（その遊びのおもしろさや、体験している内容）を守ろうとしている援助を行っていることがわかります。この場合、保育者として、自分は何を優先させた援助だったのかについての自覚を持つことが必要です。

　なぜなら、一方でビーファイターになってやってきた子どもにとって、そうした保育者のかかわりがどのような意味をもったのかを考えてみると、その子にとって適切であったかどうかは、また違った課題として立ち上がってくるからです。ですから他の場面で、その子どもと再度かかわりをもつことが必要となってくる可能性もあるでしょう。保育者は、自分がその場面の援助で何を優先させたのかを自覚しておくこと、あるいは振り返って自覚しておくことが大切です。それが方法として適切かどうかの検討へもつながっていくからです。

6．遊びに必要な道具作りを支える・手伝う

　その後、保育者は魚釣りの遊びの場へと移動します。そこでのかかわりからも、子どもたちの遊びを支えていく方法が見えてきます。

事例 4-3　〜「釣具屋さん」になって〜

　魚釣りの子どもたちは、がらがらどんをやっている隣で（事例4-1の環境図を参照）、壁際に積み上げてあった積み木を自分たちでステージのそばまで運んできて形作り、今までも使ってきた青いビニールシートを積み木の中に敷いていく。そして、ステージに準備してあった自分用の釣り竿を取り出し、紙で作ってあった魚をビニールシートの上において、魚を釣るまねを始めた。

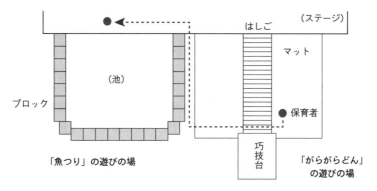

　がらがらとんの遊びから抜けてきた保育者は、自分の釣り竿を持ち、池のへりにあたるステージに腰を下ろして、糸を垂らしながら「私、イカを釣りたいんです」と楽しそうに入っていく。
　しかしすぐに、保育者は周囲の様子を見回すと走って保育室へ行く。新聞紙とビニールテープ

を手にしながら再びホールへ戻ってくる。担任を遊戯室から追ってきた女児と廊下で出会い、「いま釣り竿が足りなくなったから……（取りに行ってきたの）」と新聞紙などを差し出し示して話しながら、共にホールへ戻る。ステージ上のセロハンテープのあるあたりに座りながら「釣具屋さんで〜す」（開店しましたという感じで）と言い、新聞紙を丸め始める。

　保育者が持ってきた新聞紙で釣り竿を作り始め、何度も自分で丸めようとして上手くいかないしゅうとが担任のもとにやってくると、保育者が最初のところだけを丸め、「しゅうちゃん、どうぞー」と渡し、しゅうと自身で続きをやれるように手を添える。保育者は手を休めずに釣り竿を作りながら、「釣れたー」などと言ってくる子どもには、「よかったね」「おなかを切ると卵が出てくるかもよー」などと対応する。

　　魚釣りの場における援助は、各々の子どもの釣り竿を作る手伝いでした。子どもたちが作り上げた池は魅力的な場に映りましたし、ちょうどできあがったところで保育者が参加したこともあり、次々と他の子どもたちがその場にやってきていました。魚釣りの場に参加するには、自分の釣り竿が必要です。その遊びの世界に興味を示し、入ろうとする子どもの動きを支えたいとの保育者の思いが、それぞれの釣り竿作りを支える援助へとつながったのだと思います。その際、まずは遊びの場に必要なもの作りのための環境の再構成を行っています。朝のうちの準備では足りなくなった新聞紙等を保育室から持ってくること、魚釣りのすぐ傍らで釣具屋さんとして設定することで、興味を持った子どもがすっと製作に入れるようにしています。また釣具屋が池のすぐそばにあることで、製作をしながらも池のあたりの子どもたちの気配が感じられたり会話が聞こえてきます。それは保育者にとっても、両方の場が視野に入るということです。釣具屋さんとして製作を支える一方で、釣りの場での子どもの動きや楽しさを見聞きし、遊びの楽しさをとらえたり、それをもとにしてかかわることができる方法になっているともいえるでしょう。

7．仲間の一員になって、子どもたちにとっての遊びの楽しさを共に味わう

事例 4-4　〜　「釣り客」になって

　　しばらくして保育者も自分の竿を池にたらす。少しすると、かいとが自分の作ったイカをつけてくれる。保育者が「イカが釣れました」と嬉しそうにすると、かいとは「でもそれ食べれないよ」と笑いながら言う。保育者の「どうして？」に、かいとは「毒が入っているからー」と答えながら笑って行ってしまう。保育者が苦笑していると、女児がやってきて保育者の前に立つものの、言葉にならない様子に、保育者は「ゆなちゃん、何か釣れた？」と問いかけて話の糸口をつくる。ゆながさらに何も言わないでいるので、保育者の方から「じゃあ、船の上でお料理する？」と問うと、うなずき動き始める。そこへ魚が釣れたそらがやってくる。そらに向かって「じゃあ、ゆなちゃんが、いっしょにお料理してくれるかもよ」と話す。ゆなの「できたよ」に、保育者は「そらちゃん、お料理できたって」と声をかける。

　釣り竿作りが一段落した後、保育者は子どもと同じように自分の釣り竿をたらし、他の子どもが魚などをつけてくれるのを楽しみます。魚を釣る側の子どもたちは、魚を友だちにつけてもらえるうれしさ、"釣ったつもり"になって魚を引き揚げる楽しさなどがあり、魚をつける側の子どもは、自分たちが作り上げた池で魚をつける誇らしさや、友だちの喜ぶ姿に触れるうれしさがあったようでした。保育者も、かいととのやり取りがとくにうれしかったそうです。かいとはしばらく病気で休んでいたこともあり、休み明けに何となく心をつなぎきれていないような感じをもっていたのだそうです。この日、かいとの方から自分にイカをつけてくれたこと、その際の目と目を見合わせたほんの少しのやり取りだったけれど、休み前のかいとと自分の関係に戻りつつあるような感触を持てたのだそうです。

　保育者が、遊びの中に入り込んで、子どもたちの楽しさをいっしょになって味わっていくことは、子どもたちの遊びを支えていくことになります。さらに、かいとの例のように子どもたちからのかかわりも出てきて、親しさや信頼関係もできていくことになるでしょう。

　その後保育者は、各々の子どもの中から湧いてくるイメージや動きを大切にしながらも、子ども同士を交流させるような援助をここでも試みています。保育者の「すぐに思いが共通になるわけではなく、かなり保育者が中に立つことも必要ではあります。しかし、必要なものをどうやって作ろうかやってみたり、どうやって伝えようか考えたりしながら、なりきって遊ぶ楽しさを感じて」ほしいとの願いから出てきている援助の一つととらえることができるでしょう。

8．クラスの子どもたちの遊びの様子をとらえようとする意識を持つ

　この保育者は、午前中のほとんどを遊戯室で過ごしていました。保育室の子どもたちのことについては、どのように考えていたのでしょうか？

保育者の保育後の話から（抜粋）

> 　保育室では、女の子が中心で、この女の子たちは、自分たちで遊べるようになってきました。それ故にいざこざのようになってしまい、飛び出してくる子どもがなかにはいます。でも、自分たちなりに遊びたい相手があって、お互いに声をかけ合って遊んでいる様子がみられます。「おうちごっこ」が大筋ですが、学校に行くなどと自分たちなりにお話を作って、ひととき遊んでいる様子があり、保育者がそこにいなくても大丈夫かなとの思いがあります。男の子たちのことが気になっていながら、なかなかかかわれていなかったので、最近はなるべく男の子たちの遊びにかかわるようにしています。

　保育者は、1日単位で子どもたちの遊びの様子をとらえているというよりは、ここしばらくの様子を手がかりとしながら子どもたちの遊びとそこでの経験内容を推察していることが感じられます。ここでも、単に「おうちごっこをしている」というとらえではなく、その子どもたちがどのように楽しもうとしているのか、どのようなところが育ちつつあり、どのような状況や課題が生まれやすいのかなども考えています。そのうえで、現在の女児たちの展開している

遊びの内容や経験の方向での蓄積に任せてみても大丈夫との保育者なりの見通しがあることが見えてきます。それによって、男児たちとかかわる時間を生み出しているのです。

　保育者の身は一つですから、一日のうちにはかかわれない遊びも出てきます。この保育者は、新聞紙を保育室に取りに戻ったときもそうでしたが、何かの用事で保育室に来ることがあると、そこで遊んでいる子どもたちの様子に視線を注ぎ、子ども同士の会話にも耳を傾けていました。そうして、その遊びがどのように行われているか、何をしようとしているのかについて理解しようとアンテナをはっているように見えました。また、片づけのために戻ってきたときなどにも、女児たちが身につけているものや、できていたものを手がかりとしながら、会話を交わしていました。子どもたちも、ただ片づけを急かされるというのではなく、保育者が楽しそうに耳を傾けてくれることで、自分たちのことを喜んで伝えようとしています。さりげない行為のように思えますが、子どもを理解していきたいとの意識があることが、やはりそのかかわりの方法に影響を及ぼしているといえそうです。

§4　保育の場において形態を考えることとは

1．“自由保育”“一斉保育”“設定保育”って？

　これまで、子どもが自ら環境にかかわる中で生まれる遊びを大切にし、その中でそれぞれの子どもたちがよりよく育っていくために、保育者としてどのように考えどのように援助を組み立てたらよいかを考えてきました。このような保育を指して“自由保育”とよばれることがあります。そしてそれに対比するものとして“一斉保育”（場合によっては“設定保育”）という言葉が用いられ、これらは保育の形態を表すものとして使われてきた側面があります。しかし、これらの言葉の意味するところは実際にはあいまいさがつきまとってきました。

　森上[注1]は、「自由保育という言葉は、保育現場で子どもの自由性を大幅に許容する保育を意味する用語として慣用的に用いられてきた。しかし明確な概念規定があるわけではなく、この言葉を使用する人によってその意味する内容は異なっている」としています。そして、「自由保育という本来の意味は、単に特定の保育形態や保育方法だけを意味しているのではなく、保育の考え方、すなわち保育思想または保育哲学を意味している。すなわち、子どもが主体的に環境にかかわって活動を生み出し、それを自分の力で展開し、自己充実を図ることのできる態

注1）森上史朗『現代保育用語辞典』フレーベル館、1997、p.213

度や能力を育てることを重視する保育の考え方である。しかし、それは子どもを自由にするだけでは育つわけではなく、子どもの発達の過程や状況に応じたきめ細かい教育的配慮が必要とされる」としています。

　田代[注2]も“自由保育”と“一斉保育”についての用語解説の中で、それぞれ「理念」と「形態」が混同して使われてきたと指摘しています。「自由保育ということばは、子どもの自由な活動を尊重するという保育理念に基づく保育である。しかし自由な活動、すなわち自由遊びという活動形態に混同されることによって、一斉保育との対比で用いられてきた経緯がある。子どもたちが自分の好きな遊びをしているという形態が、放任と混同されることからくる対比である。しかし子どもの自由な活動を尊重することは、子どもを放っておくことではない」と述べています。そして、“一斉保育”についても「同年齢の子どもたちが同じことを、同じ方法で行うことによって、保育者が身につけて欲しいと願うことを子どもたちが効率よく身につけ、また指導の平等にもつながるという保育者の指導上の利点から発想される保育が一斉保育である。ここには、一人ひとりの子どもに応じた育ちを支えるという視点が欠如している。しかし指導の効率という保育者中心の保育観からではなく、活動形態という側面からとらえると、一斉保育はいっしょに行う活動形態ということになる。保育理念としての一斉保育ということばと保育形態としての一斉保育ということばが混同されることによって、自由保育との対比で用いられてきた経緯がある。しかし活動形態としての一斉保育は、かならずしも保育

者中心とはいい切れない。いっしょに歌ったり、同じ活動をすることが子どもにとって楽しい時間であることも当然であり、一斉の活動がかならずしも子どもの自由感を損なうとは限らない。しかし子どもの育ちを支えるうえでいっしょに行うことが必要であるか否かの検討は当然必要である」としています。そして、設定保育とは、「一般的には、保育者が一定の指導目標を持っ

て子どもの活動を計画し、設定して行う保育の方法である。幼児の興味や関心に基づく自発的な活動だけでは、活動にかたよりができたり、質的に発展していく可能性が阻まれるために、保育者が一定の指導意図をもって、さまざまな活動を幼児に経験させる必要があるという考えに基づいている」としています。そして「設定保育は一斉保育と同じような意味合いで用いられることが多い。それは、幼児の活動が、保育者の指示によって行われることが多い点で共通するためである。しかし設定保育の場合は、保育者が意図的に活動を計画、設定することに重点が置かれ、一斉に活動を行うことに重点が置かれていないため、定義上は、一人の子どもの活動における設定保育というものも存在することになる」と解説しています。つまり、保育者

注2）田代和美『保育用語辞典』第3版　ミネルヴァ書房、2004、p.107

によって設定される活動であっても、必ずしもクラス一斉で取り組む活動とは限らないということです。

　このように見てくると、"自由保育"も"一斉保育"そして"設定保育"も、自分自身がどのような言葉として使っているかを自覚することが大切となります。実際の保育を思い浮かべていくと、そこにはさまざまな状況（形態）があるからです。

　たとえば、前節（§3）まで事例として取り上げてきた幼稚園は、子どもが主体的に活動することを目指した保育を積み重ねていこうとしている園です。ではこうした幼稚園の一日で、クラス一斉で何かをする場面（形態）がないかといえば、そうではありません。たとえば、お昼の前にクラスみんなが集まって一斉に同じ絵本を保育者に読んでもらうことを楽しむ時間もあります。これは、"形態"としてみれば、保育者によって設定された活動であり、一斉に同じ活動をする形態ということになるでしょう。この時間もまた子どもたちは楽しみにしている時間であり、保育者も大切な時間と位置づけています。

　また、遊びの場面においても、たとえば年長児クラスになってくると、大勢でルールのある遊びに取り組むことが楽しい時期に入ってくることがあります。こうしたルールのある遊びに興味が出てきたときには、大勢で取り組むことでその楽しさが経験されやすいとの考えや、それぞれの子どもの育ちを考えても一斉に取り組める時期との判断から、クラス全体で一斉に助け鬼をするといった活動を設定していくこともあります。そうしたことがもとになって、自由な遊びの場面でも子ども同士が誘い合って助け鬼をし始め、その楽しさにひかれて結果としてクラス全員の子どもが助け鬼をしていたというようなことが出てくることもあります。前者は、保育者によって設定された一斉の活動形態、後者は自由遊びの中での結果としての一斉形態ということになるでしょうか。

　また、運動会が近いある日、朝から保育者の呼びかけで、保育室の中でグループに分かれて何か工夫を凝らして作っています。聞くと、運動会で年長組として取り組むものの一つとして障害物レースをすることにみんなで決めたので、グループに分かれてどんな障害物にするか考え合って作っているのだということでした。これは、保育者によって設定されたグループ活動の形態ということになるでしょうか。また、運動会や遠足といった行事の一日も、園や学年で、一斉に行われる形態ということになるものでしょう。"形態"としてみれば、どの園においてもさまざまな形態が複合して存在しているといえるのではないでしょうか。

2．形態を考えることとは？

　"○○保育"と名づけられて、形態を表す言葉のようにしていつのまにか一人歩きしてきたものは、実は、保育の上で大切にしていきたいことがあって、それを実現する方法の一つとして実践されてきたものであり、その中で"形"として"外側"からある種の特徴をとらえてその言葉が使われていたことが見えてきたように思います。それは便利さがあって使われていたのかも知れませんが、そうした"外側からの形"だけでは、実際の保育の状況や、そ

の状況が一人ひとりの子どもにとっての育ちにどのような意味を持っているかなどといったことは見えてこないことは明らかです。

　それでは、形態を考えるということはどういうことなのでしょうか？

　森上[注3]によって行われた保育方法・形態の分類が『保育学大辞典』に以下のように掲載され、これらは相互に関連があるとしています。

　① 活動の人数の構成から

　　・個の活動　・グループの活動　・クラス一斉の活動　・園全体の活動　など

　② 活動の自由度から

　　・自由な活動　・設定活動　・課題活動　など

　③ 保育者の働きかけから

　　・自発的　・誘導的　・教導的

　④ クラス編成の上から

　　・年齢別　・縦割り　・オープン

　実践者にとって形態を考えるという場合、活動形態を分類することが目的ではありません。形態をとらえる上記のような視点を活用して、具体的にどのような活動形態で生活していることが多いのか（どのような活動形態で保育者は子どもにかかわっていることが多いのか）など、自分たちの実践の特徴を見つめ、それが自分たちの願いを実現していく方法となっているかを見直してみることが大切なことなのだと思います。

　秋山[注4]は「子どもの活動の実態、あるいは保育者の保育指導の実態を説明するために、あえて保育形態の名称をつけていくのだともいえるのである」と指摘していますが、さらにいえば、そうした形態を説明することで、実態を話した気分になってはいないかを問い直すことがより重要になってくると考えます。たとえば、縦割り形態というのは、異年齢同士の子どもの交流を大切にしていきたいとの思い（理念）が基本にあると考えられます。ですから「縦割りの形態をとっています」ということで、話した方は説明したような気分に、また聞いた方もわかった気分になってしまうことが起こりえます。しかし、個々の子どもがそこで何を経験しているかは一人ひとりをよく見ていかないとわからないことでしょう。本当に子どもたちに異年齢の交流があるのか、それはどのような交流で、それは各々の子どもたちにとってどのような経験となっているのか、などがきちんととらえられていくことが大切でしょう。"名付け"が行われてしまったことで、むしろ見えにくくなっていないだろうか、あるいは形骸化していないかを問い直していくことを心にとどめておきたいと思います。

注3）森上史朗『保育学大辞典2』第一法規、1983、p.230
　4）秋山和夫・森上史朗『保育方法と形態』医歯薬出版、1984、p.6

§5　実習体験から考える ── 活動を提案する場合 ──

　実習生としての責任実習では、クラス全員の子どもたちに活動を提案して楽しむタイプのものが多いように見受けられます。次にあげる事例は、短大の2年生が実習に出かけたときの様子です。実習期間の中で、クラスの子どもたちについて少しは見えてきているものの、本格的に指導案を書くことも初めてです。担任の先生に相談しながら部分責任実習の日を迎えました。

事例4-5　〜　**子どもたちとゲームを楽しみたい**　〜

　5歳児クラス全員でホールに移動し、実習生が話を始める。「今日は2つもゲームをしたいと思っています。一つは"猛獣狩り"というゲームで、もう一つは陣取りゲームだよ」。猛獣狩りのゲームというのは、「猛獣狩りに行こうよ、猛獣狩りに行こうよ」との歌詞で始まる歌に合わせて、振りをしながら進めていき、歌の最後に実習生が叩く拍手の数と同じ人数のグループを子どもたちが作るというものだった。

　「始めるよ」と実習生自らとても楽しそうに振りをつけながら歌い始めると、子どもたちもそれをまねて動き始める。歌のあとに2回手を叩くと、子どもは2人組のグループをつくる。楽しそうに2人で手をつないでいる姿が多い。拍手の数が増えていき、6回の拍手で6人のグループをつくることになる。子どもたちは拍手の数を数え、覚えて、6人の人数を数えながらグループをつくらなければならないので、右往左往する場面も出てきた。「難しくなってきた?」と実習生が問うと、「うん」や「たいへんなの、やだ〜」という声が出てき始めるが、「もうちょっとがんばって」と実習生は進めていく。9人のグループが2つできたところで、猛獣狩りのゲームをやめる。

　そのできあがった9人のグループを1チームとして、陣取りのゲームをすることを話し、それぞれのチームの名前を自分たちで考えて付けるように伝える。子どもたちはどうするか話し合うが、そんなにすぐにはまとまらない。実習生はときどき「決まった?」などの声をかけながらも、その間に陣取りゲームのスタート地点の目印となるフープや、ゴールした数だけ玉を入れていく玉入れ用のネットなど、自分が計画していた位置（図を参照）に並べていく。

　女児の多いチーム（女児8人、男児1人）から「ピンクチーム」（かぶっているクラス帽子がピンク）と声が上がったので、それを機に、男児の多いチームの方へ行き、女児のチーム名を伝えて「白チームでどう?」（帽子の反対側の色）と実習生の方から同意を求める。子どもたちがうなずいたので、陣取りゲームの進め方について、事前に書いてきた図を使って話し始める。図を示しながら、「ここを走って行って、ジャンケンします。ジャンケンに負けた人は同じチームの人に負けたよって伝えてください。そうしたら、次の人が走り始めます。勝った方の人はどんどん進んで行って、このフープの中に入った方が勝ちです」。そのあとで、「わからない人?」と問いかけるが、子どもたちは黙っている。

　「じゃあ、それぞれのチームさん、並んでください」と声をかける。子どもたちは、自然に列をつくって並ぶ。実習生は子どものからだの向きや、並び方を変えていき、子どもたちは促される方向に動く。

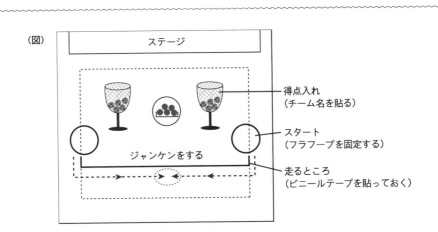

（図）

ゲームが始まると、実習生は中央あたりに立って「ピンクチーム負けたよ。次の人」などの声をかけている。白チームではジャンケンの結果が上手く伝わらず、スタートが遅くなりがちで、後半は白チームへの「（ジャンケン負けたよ）次の人走って！」との声を多くかけていた。ゲームが終わると、それぞれのチームのゴールの数だけ入れておいた玉入れのかごの中の玉を数える。1回目はピンクチームが勝ち、女児たちは跳び上がって喜ぶ。合計3回のゲームを行い、「3－0でピンクチームの勝ち！　白チームさんだった人たちは次がんばってね」で終わった。男児たちの中からは「負けてよかった」などの負け惜しみの声や、「もう1回」の声も出ていたが、お昼の時間となり保育室へ戻ることになった。

全体としては実習生が子どもたちとの時間を楽しく過ごしたいと懸命に動いていることが伝わってきました。午後から反省会が持たれ、いくつかのことが話題になりました。どれも、子どもたちとともによりよい活動をつくり上げていく方法を考えていく機会となりました。いくつか取り上げてみたいと思います。

1. 教材研究を十分に行う

猛獣狩りの歌に合わせて動く実習生の姿はとても楽しそうで、その様子に子どもたちも引き込まれて、いっしょに動き出したように見受けられました。実習生は「私、本当に猛獣狩りの歌が大好きなんです。子どもたちといっしょに楽しめてうれしかった」と話していました。大好きなものを子どもたちといっしょに楽しみたいと思う大人側の気持ちは大切ですし、その楽しさを知っている伝え手から受け取るものは大きいと思います。大人の方から活動を提案するときには、その活動のおもしろさはどこにあるのか、それは子どもたちの興味や育ちのありように適切かどうかを吟味してみることが大切になってきます。このような事前の作業を"教材研究"とよびます。

安[注5]は「教材とは、幼児の心身の発達を促すうえで必要とされる、保育内容に即して意図

注5）安典子『最新保育用語辞典』第2版　ミネルヴァ書房、1992、p.98

的に用意される素材である。教材は、ものである場合とものでない場合（たとえば話や歌などのような場合）とがある。教具とは、教材を効果的に使用するために工夫された物や道具である。しかし、実際にはあまり明確に区分されないで用いられている。教材・教具は保育者と幼児の媒介をして、保育活動を展開させる材料としての役割を果たしており、あらゆる文化的素材が教材・教具となる。教材・教具を構成するうえで重要なことは、幼児の興味、関心、発達の実情などに応じること、幼児の発達する様をある程度長期的な見通しを持つことなどである」としています。

　たとえば何かを製作するような活動を提案する場合だったら、使用する素材のおもしろさはどこにあるのか、その素材の扱いやすさや扱いにくさはどこにあるのかなど、その素材について自分なりに研究しておくことが必要です。また同じ素材でも、その大きさによって受ける印象や、扱いやすさも違ってきます。事前に自分で、その素材に触れて試してみたり、製作してみることも必要になってくることです。

　事例4-5の場合は一つめの教材として“猛獣狩り”という振りのついた歌のゲームがあげられるでしょう。実習後の話し合いで、園の先生から「猛獣狩りのゲームは、子どもたちがとても喜んでやっていたし、からだを動かしながらグループをつくるのも楽しかった。そしてこれで、みんなで一つのことをやって楽しんでいくというような雰囲気をつくっていったのはよかったように思う」との見方が出されました。このクラスのこの時期の子どもたちにとっては適した“教材”だったということでしょう。そしてその先生は続けて、「6人のグループづくりのあたりから少し子どもたちには難しくなってきており、実習生の拍手が終わったあとに『何人？』と聞いてくるような姿も見られたので、再度同じ数を叩くなどの支えがあってもよかったのではないか」との話をされました。

　実習生は、猛獣狩りのゲームで遊びながらグループをつくっていき、そのグループで陣取りゲームをやるというように、それぞれのゲームを楽しみながらも、両方のゲームがつながっていくように考えていたようです。ですから、どうしてもクラスの子どもたちを2つのグループに分かれるようにしたかったのでしょう。そして、実際にその通りに進めていきました。この点については、実習生自身も計画を立てたときに、人数が多くなるとグループをつくれずにいる子どもも出てくるのではないかと予想し、そういう子どもたちには“励ましていく”ことを留意点として計画案に記述していました。それが実際の場面では「がんばろう」という言葉をかける援助へつながっているものと思われました。しかし、そうした精神的な支えということのみならず、子どもたちの戸惑いがどこにあるかをきちんと見極め、そのグループづくりの動きを具体的に支えたり助けたりする方法（たとえば、園の先生から話のあったように再度拍手するなど）を事前に考えておく必要性があったことが見えてきます。

　加えて、かなり子どもたちが右往左往しだした6人以上のグループをつくるという活動が適切であったかどうかも問い直してみることが必要になってくるでしょう。多勢の人数（ここでは9人）のグループを2つつくるというのは、子どもたちにとっての体験を考えてというよりは、実習生の思い、つまり2つのゲームのつながりをつけていこうとする思いの方が強い活動

だったといえそうだからです。塩[注6] は教材研究について「教師が教育を行うために意図的に使うすべての環境、即ち、事実、事象、園具・遊具、用具、素材等についての研究で、教材そのもののもつ機能や幼児とのかかわり、指導方法等が研究の主な内容となる」としています。教材研究というときには、教材そのものについてだけでなく、「何のために」、「何を」、「どのように」ということを、子どもたちにとっての体験として一体的に考えていくことが求められているということなのです。

　後半に行った陣取りゲームについては、園の先生から「子どもたちはとても楽しそうに取り組んでおり、かつ手応えのある新しい内容も入っていて、全体としてはこの時期の子どもたちにとっておもしろいものだったと思う。けれど、走るコースについては無理があったのではないか、というのは、走り始めてすぐに曲がるようになっており、これは子どもたちのからだの動きとして難しかったのではないか」との見方が出されました。実習生は、計画したときに直角の曲がり角をつくることで、「あえて"おっとっと"という感じの動きをつくっておもしろくしたかった」との自分なりの思いを話したあと、「でもやってみたら、子どもたちは曲線で走っていたので、あまり意味がなかったようだった」と話しました。実習中の短い期間では、十分に子どもたちを理解するのは難しいでしょうから、その育ちに合った状況を見通せない場合もあります。事前にその点について担任の先生に自分の考えを話して相談してみることができるとよかったのではないかと思います。

　ただ、どんなに教材研究をしたうえで保育を行っても、自分の予想と実際の子どもたちの姿との間にはずれが生じます。それは、ベテランの保育者になってもなくなるわけではありません。その際には、そのずれを受け止め、できればその場に応じて臨機応変にその方法を変えていくことが求められます。ですが、経験の少ない実習生では、その場ではあせってしまって具体的にどうしたらよいか思いつけずにいることも多いようです。その場では適切な対応ができなかったことでも、どのようにずれたのかをきちんと見直しておくこと、同じような場面に次に出会ったらどうしたらよいか、を具体的に考えてみることを積み重ねておくことが、より適切な見通しを立てたり、具体的な方法を身につけていくことにつながります。

2．子どもたちがやってみたいと思う状況をつくり出す工夫をする

　実習生は、子どもたちがチームの名前を話し合っている間に、陣取りゲームで使用する用具類を準備し、陣取りゲームのやり方については図を準備して話すという援助の方法をとっています。そうした準備を実習生がやることで、楽しいゲームの場面を子どもたちに精一杯味わってほしいとの思いがあったからだったとのことでした。実習生はこのことについて、「チーム名を決めている間に、私がささっとフラフープの設定とかしてしまったけれど、今から思うと、話しながら設置していったら、もっと子どもたちにとってわかりやすかったのではないかと思

注6）塩美佐枝『現代保育用語辞典』フレーベル館、1997、p.118

います。とくにフラフープはスタートの地点に置いて、次の子どもが待っている場所を示すもので、このゲームでは大事にしたいと思っていたところなので、よけいにそう思います」との振り返りがなされました。それを受けて園の先生からも、「ゲームのやり方も実際に実習生が動いてやって見せる方（方法）が子どもたちにはわかりやすかったと思うので、そうした準備を兼ねながらやっていくとよかったかも」との見方が出されました。

　この中で、準備はつまらないことや余計なことではなく、活動の準備を通して子どもたちが理解していくこともあることに気づいていくことになりました。さらにいえば、子どもたちといっしょに準備をすることで、子どもたちがスタートの位置を話し合って決めたり、その先の走るコースを考えたりする機会を持つことができたかもしれません。同じゲームをするのでも、子どもたちが自分たちでゲームの内容やルールを考えていくことになれば、自分たちでつくり上げていく感覚の強い取り組みになっていく可能性があります。また、自分たちで考えた内容やルールであれば、よりわかりやすく、共通理解しやすいものであったかもしれません。「年長でもあるし、子どもたちが自分たちで考えられる場を持つことが大切であること、"先生にさせられた"という感覚ではなく、保育者とともに自分たちでつくり上げていくことの大切さ」として出された意見です。

　保育者の方で事前にしておく準備と、子どもといっしょにする準備、それぞれについての子どもたちにとっての意味がどのようにふまえられているかで、その場での"方法"も変わってくることになります。

3．活動を支える援助と各々の子どもたちへの援助の両立を手探りする

　実習生はこのゲームの最中、どちらのチームからも中立でいることを体現するために中央あたりに立って、両方のチームへの声かけを行っていたとのことでした。しかし、それによってそれぞれのグループからは距離があり、「子どもたちの"行動"はとらえられたけど、つぶやきとかは聞こえてこなかった。ジャンケンしている結果を見て、早く次の人がスタートできるようになれば……と思っていたけど、それもあまり言葉にならなかった」と話しています。実習生の中に、自分は審判役を務めるといった思いが強かったのかもしれません。それには中立でいることが大切といった思いにつながったのでしょう。

　しかし、子どもたちにとって大切なのは、そうした役割をとる保育者だったのでしょうか？「必要に応じては、チームの近くへ行って子どもたちのつぶやきを聞き、どうやったら次の人が早くスタートできるかを考えてみたり、チームで話し合うきっかけや作戦タイム等もとってみると、子どもたちにとっても自分たちで考えたり試してみたりして、もっと楽しくなったのではないか」との見方が出されました。つまり、中央に立つのではなく、各々のチームの近くで、その子どもたちの楽しさや課題に添った援助が行われることこそが、子どもたちが求めていたかかわりであったのではないかということです。

　実習においてクラスみんなでの活動をするとき、一人ひとりの子どもの動きをとらえる余裕

がなく、つい全体としてまとめてしまいがちになります。しかしながら一人ひとりがどのような動きをしているか、どのように楽しみ、あるいはどこでつまずいているか、そのためにはどのような方法でかかわるとよいか、といった一人ひとりの動きに添いながらの援助を行うことが、そこで得られる子どもにとっての体験を確かなものにし、充実した活動となっていくのだということに気づくことが、まず第一歩となるでしょう。

　そうはいっても、全体の動きをつくり出し支えていく援助と、一人ひとりの子どもに添う援助とで、具体的にはどのようにバランスをとるか迷いが出てくるようです。とくに、クラスみんなで活動している場面で子ども同士のトラブルが起こった場合にその困惑が大きくなるようです。次の事例を通して考えてみましょう。

事例 4-6 　〜　クラスみんなで手遊びを楽しもうとして……（5歳児クラス）〜

　「お姉さん先生には、月組さんがすごいな、うれしいなと思うことがあります。畑にいっぱいいろいろなものができてきたよね」と話し始める。

　しかし、子どもたちの中でざわつきがおさまらず、実習生は子どもの声が聞こえる方へ視線を向ける。列の最後尾に座っているはるとが「（ゆいちゃん）殴ってなんかいないのに、（こうすけくんが）殴ったって（言っている）」と近くの子どもに言っている。その隣でゆいが泣いている。ゆいのすぐ前にいるこうすけは「殴った」と怒って言っている。ゆいの思いをはるとが代弁しているらしい。実習生は少しその場から様子を見ていたが、後ろの方に回り2人のそばに腰をおろす。泣いているゆいの背中をなでながら、ゆいとこうすけの言っていることを各々うなずきながら聞く。2人が自分の思いを言い終わったと思われるところで立って前に戻り、「みんながわくわくするようなこと、考えてきたんだけどな」と全体に向けて話し始める。

　後ろの方では、「ゆいちゃん、大丈夫？」など泣いているゆいに他の女児がかける声もまだ聞こえている。また、「殴った」「殴ってない」との男児の声も聞こえてくる。

　担任の先生は「ちょっと難しい場面なので、私が入っていいですか？」と小さな声で断り、子どもたちの中に入っていく。2人のそばに行き、担任はゆいに向かい「ゆいちゃん、殴ったというより、手が当たっちゃったのかな？」と問うと、ゆいがうなずく。「そっか」と答えると、今度は男児に向かい、「ゆいちゃんはわざとやったわけじゃないけど、こうすけくんは、手が当たって痛かったりびっくりしたりしたんだよね？」と言うと、こうすけもうなずく。担任の言葉を聞いたゆいが、「ごめんね」と小さい声で言う。担任はその言葉を受けて「ゆいちゃんがごめんねだって」とこうすけに言うと、こうすけもうなずく。「こうすけくんもいいって」と、ゆいの方へ向かって言う。そのあと、周囲を中心としながらもクラス全体（担任の先生がかかわりはじめたところから、全体のおしゃべりがなくなり、担任を含めたやり取りを見守っている様子が感じられる）へ、「そっか、みんな、ゆいちゃんはわざとじゃないけど、ゆいちゃんの手がこうすけくんに当たって、こうすけくんはあんまり痛くて、びっくりしたんだって」と今のことを説明し、「2人とも大丈夫かな？　ね？」と再度問うと2人ともうなずく。周囲も一段落ついたような雰囲気になる。

　担任の先生は実習生にうなずきかけ、実習生はみんなに向かって話し始める。

　実習生は、この場面について「前の方にいて状況がよくわからなかったのだけれど、男の子が「殴られた」と、周りもびっくりするような強い言葉で表現して、そのことで周囲の子ども

たちからもいろいろ言われていたようでした。子どもたちの表情から、軽いやり取りではない
ように思ってそばに行って話を聞いたのですが、自分自身がどう言葉をかけたらよいかわかり
ませんでした。子どもの気持ちを聞く機会を持ったことで、少しは落ち着いたようにも思えた
ので、活動の流れを重視した方がよいのではないかと思い、戻って進めようとした」と話して
います。しかし、「担任の先生には、あの場はきちんと対応した方がよかったとアドバイスを
受けました。楽しいことを始めるのに、子どもの中にもやもやとした気持ちがあるまま始める
ことになってしまったら楽しむ気持ちになれないと思ったし、他の子どもも含めて子どもたち
の気持ちがけんかの方に向いてしまっていたので、それをキチンとしてからの方がいいと思っ
たので、私も介入したのよ」とのお話があったそうです。この場面を通して、個々の子どもの
状況をきちんと受け止めることが、集団（クラス）全体の落ち着きを取り戻すことになること
を学ぶことができるでしょう。

　この事例においては、担任の先生が話されていたように、実習生が戻ってゲームを始めよ
うとしたときにも、子どもたちのざわつきは収まってはいませんでした。それは、やはり子ど
もたちの気持ちが落ち着いてはいないというサインのように思えました。自分なりに判断して
とってみた行為が子どもにとってはどのような意味をもったのかを、その後の姿からとらえて
いくこと、ずれていると感じたならば、あきらめずに手探りすることの積み重ねが大切となる
でしょう。

5章　子どもとの充実した生活をつくるための方法を探る

　保育では、生活するという人間が生きていく
うえでは当たり前のことを大切にしています。
それは、この時期の子どもたちはあらゆる事
柄を、すべて生活を通して身につけていくか
らです。

　この章では、子どもの育ちの基礎を
支えている一日一日の生活のあり
方を見つめ、保育者が子どもと
ともに豊かな生活をつくり上
げていくうえで重要となる
ことを考えていきます。

 ## §1　一日という単位

1．今を生きる子ども

　私たち大人は、今この現実を生きることを楽しみながらも、「明日はテストがあるから今日
は勉強しておこう」「来週から実習が始まるから今から体調を整えておこう」「来年からは社
会人だから教養を身につけたい」というように、未来の準備のために今という時を使いながら
生きざるを得ないところがあります。もちろん、子どもたちも自分たちの近い未来を想像して、
「今度、誕生日が来たら5歳になる」「もうすぐ、1年生だから」と意識した行動をすることは
あります。しかし、そのようなときも子どもたちが抱いている思いの多くは、大きくなること
への喜びや期待であり、今を未来のための準備期間として費やそうということは、ほとんどし
ないと思われます。子どもたちにとって大切なのは「今」を楽しく充実して生きるということ
です。子どもたちはそうした生き生きした時間を過ごしながら、生きていくための力を育んで
いるのでしょう。

2．子どもにとっての一日

　そうした今を生きる子どもたちにとって、一日という単位は非常に重要な役割を持っていま
す。なぜならば、子どもたちにとって一日は、自分の生活の流れを見通せる最も身近な単位だ

からです。子どもたちが朝目を覚ますことは、新しい一日がやってきたことを意味します。子どもたちはその新しい世界を自分で受け入れたり、受け入れられたりしながら、その世界の中で生きていきます。そして、夜寝ることは、自分たちが過ごしてきた世界に別れを告げるということを意味します。子どもの中には目覚めたときに泣いたり不機嫌になり不安を訴える子ども、あるいは就寝時に大人の介助（トントンしてもらう、添い寝をしてもらうなど）を求める子どもがいます。それは、子どもたちが新しい世界との出会いや別れ、つまり、一日の節目に対して戸惑いを感じている姿といえるのかもしれません。いずれにせよ、子どもたちが一日の始まりと終わりとを一つの節目として実感していること、そしてそれを繰り返すことが、昨日という過去や明日という未来を考えていかれるための土台になっているのです。

3.　一日を家庭と園との連続で考える

　園生活というのは、子どもの一日の生活の中にある「部分」ということになります。保育所の長時間保育を受けている子どものように、保育時間が10時間を越える子どもたちが今ではめずらしくなくなりました。しかし、そのような子どもたちにとっても園生活は一日の生活の「部分」であることには変わりがありません。子どもが家庭から園に来て、そして園から家庭に帰っていくという繰り返しの中に、園生活は位置づいているのです。

> **事例 5-1　〜　朝から嫌な思いを引きずって**
>
> 　4歳児のりゅうせいが母親に手を引かれ、泣きながら登園する。「りゅうせいくん、おはよう。どうしたの？」と保育者が尋ねると、りゅうせいの母親が「昨日家で作った剣を幼稚園に持っていくと言ってたんですけれど、今朝、それを下の子が壊しちゃって。それから、もう機嫌が直らなくてこの始末なんです」と話してくれる。「そうか、それは、悲しかったよね」と言いながら、保育者は、朝から嫌な思いを体験してきたりゅうせいの気持ちを受け止めて今日の保育をしていこうと思った。

　登園してくるときに、子どもたちはすでに家庭で起こった出来事を抱えてきています。朝からうれしいことがあってウキウキした気分になっている子どもや、いつもと同じような安定した朝を過ごした子どももいれば、きょうだいとけんかをしたり親から怒られたり、あるいは親同士のもめごとを感じて不安定な気持ちを抱えながら園生活に向かわざるをえなかった子どももいます。保育者はそうした個々の子どもたちの気持ちや状態を受け止めたり推察しながら、今日の園での生活がどの子どもにとっても充実した生活が送れるように援助する必要があります。そして、朝、嫌な体験をしてきた子どもであっても、園で充実した経験ができれば、帰宅した後の家庭での生活も気持ちよく過ごすことができることを願います。子どもにとって大切な一日の生活というのは、家庭と園との両方の生活であり、その両方の生活の充実が互いの生活に影響を与え合っているということです。

　子どもたちは園と家庭との両方にまたがる生活を繰り返す中で、心とからだを成長させてい

きます。日々の子どもたちの生活の中にある出来事は、取るに足らないことや何気ないことの方が多いのですが、実はそうしたことの積み重ねの中にこそ、子どもたちの育ちを支える大切なものがあるともいえます。寝て、起きて、食べて、遊んでという何気ない一日の生活の安定を支えられることにより、子どもたちは自分自身を存分に発揮し、自己を大きく成長させることができるのです。

§2　朝の出会いと一日の終わり

1．朝の出会い

事例 5-2　　朝の受け入れ

　朝、保育者は保育室の前で子どもたちの登園を迎える。一人ひとりの子どもと握手をして「おはよう」と声をかけている。4歳児のゆうだいは、走って来て、他の子どもと握手をしている保育者の背中をぼーんと叩いて、保育室に入っていく。「あれ、ゆうだいくん、おはよう！」と保育者は声をかけるが、ゆうだいはニヤっと笑いながらカバンかけの方に行ってしまう。入園したばかりの頃は泣いて登園していた4歳児のみうは、いまだに緊張しながら登園してきている。保育室の前にいる保育者に、みうはこわばった表情で手を差し出す。保育者が「みうちゃん、おはよう」と握手をしながら言うと、みうは黙ったままうなずく。

　朝は、子どもたちが保育者と出会う大切なひと時です。事例では、子どもたちがさまざまなかたちで保育者に朝のあいさつをしている様子がわかります。言葉で「おはよう！」と伝える代わりにゆうだいやみうのように、動きや表情で「おはよう」を伝える子どももいます。保育者はそうした子どもたち一人ひとりのメッセージを受け止め、子どもたちの園での一日が気持ちよく始まるように心を配る必要があります。

　保育者は、朝のあいさつ以外にも子どもたちの一日の生活が快適に始められるように園環境を整える必要があります。寒い朝であればストーブをつけ、雨の日であれば傘の置き場やレインコートをかけるフックなどを用意しなけ

ればならないでしょう。また、季節の花や行事に関係のあるもの（雛人形やこいのぼりなど）を飾り、生活空間に潤いを持たせることも大切なことです。さらに、子どもたちが昨日の遊びの続きを始めることができたり、新しい遊びが生み出せるために、必要な遊具や教材を用意しておくことも必要になります。子どもたちの朝の園でのスタートは、保育者という人的環境と園全体の遊具や教材などの物的環境、それらがかもし出す全体の雰囲気に受け入れられることによって、気持ちよく始められるということを忘れてはならないでしょう。

2．友だちと出会う生活

事例
5-3

目当ての友だちを待つ（年長5歳児）

　朝の身支度を済ませたしょうは、テラスのところに立ったまま、室内で遊んでいる子どもたちの様子を見たり園庭の門の方を見たりしている。保育者が「しょうくん、遊ばないの？」と言うとうなずく。しばらくして、ゆいとが登園してくるとしょうは顔を輝かせ、靴箱のところに駆け寄る。「ゆっくん、昨日の続きやろうよ」としょうが言うと、「いいよ！」とゆいともうれしそうに答える。ゆいとの身支度が終わるまでしょうは近くで待っており、ゆいとの支度が終わると、2人は「行こう！」とホールの方に駆けていく。

　保育者は手持ち無沙汰な様子で立っているしょうのことを遊びが見つからずにいるのかなと思い、「遊ばないの？」と声をかけました。そのときにしょうはうなずいていましたが、本当は昨日の遊びの続きをゆいとといっしょにやりたくて、ゆいとの登園を待っていたということがわかります。年長くらいになると、しょうのように「〜くんと遊びたい」とか「〜して遊びたい」とかなり目的をはっきり持って登園してくることが多くあります。朝のひと時は、そうした子どもたちのさまざまな出会いや思いをのぞくことができる時間にもなっています。また、ゆいとにとっても自分の登園を待ってくれている友だちがいたことは、大きな喜びだったことでしょう。幼稚園や保育所という場所は、子どもたちにとって大好きな友だちと出会える大切な場所です。

事例
5-4

小動物とのかかわりを通して（年少3歳児）

　りょうすけは、ウサギがいるゲージの前に行くと家から持ってきた野菜をウサギに差し出し、食べる様子を一生懸命見ている。登園してきたかんなもりょうすけの隣にしゃがみこみ、りょうすけや、ウサギの食べる様子を見ている。「ちょうだい」とかんなはりょうすけに言うが、りょうすけは黙っている。「これ、ちょうだい」とりょうすけが手にしていた野菜をかんなが取る。りょうすけは、あぜんとした顔をするが、すぐに別の野菜を袋から取り出し、ウサギに差し出す。ウサギは2人の差し出す野菜を忙しそうに食べる。かんなは「ふたりとも（2匹とも）食べてるね」とうれしそうに言う。りょうすけも、かんなの顔を見てにこっと笑う。

　園生活にまだ十分に慣れていない子どもたちは、しばしば小動物との出会いを心の拠り所にすることがあります。まだ、他の子どもたちが十分に自分を受け入れてくれていないとき、子どもたちは小動物に受け入れてもらうことで心の安定を図ろうとする場合があります。この事例のりょうすけもそうだったのかもしれません。しかし、小動物との出会いはこの事例のように他児との新たな出会いにつながることもあります。はじめは、知らない子、自分のおもちゃ

を奪いにくる子というように、他児のことをマイナスのイメージでとらえる子どももいるでしょう。しかし、同じ遊びや活動をいっしょに楽しんだ経験の積み重ねが、見知らぬ他者を「仲間」「友だち」として受け入れていくことにつながるのではないでしょうか。そのためにも、園全体を多くの出会いや体験ができる場所として工夫していくことが大切です。

3．終わりの会 ── 今日の区切りと明日につながるための別れ

　どこの園でも、一日たっぷりと遊んだ最後に、みんなで帰りの支度をして集まります。それまで個々に遊んでいた子どもたちが、自分たちの遊んだものを片づけて一つの場に集まることは、今日の園での生活が終わりに近づいてきたことを意味します。そして、みんなで集まって歌をうたう、紙芝居や絵本を見るなどして過ごすひと時は、今日の園生活を締めくくるための大事な役割を持っています。この集まりのときに、今日一日、十分に自分を出し切って遊んだ子どもは充実感を持って集えていることでしょう。しかし、友だちとのトラブルが納得しないままに終わってしまったり、今日の遊びが充実しなかった子どもなどは、気持ちよく終わりの会を過ごせずにいるかもしれません。そのような意味でも、終わりの会では形式的な挨拶や明日の連絡だけをするのではなく、一人ひとりの子どもたちの様子を保育者が把握することが大切です。そして、子どもたちが明日も（あ

るいは来週も）園に来たいという気持ちを持ちながら、家庭に戻っていかれるような配慮をしていく必要があります。

　保育者によっては、全体で「さよなら」をしたあとに、一人ひとりの子どもと握手をしたりジャンケンをしたり抱っこしたりして、別れの挨拶をしていることがあります。子どもたちは自分の番が来るのを待ち

ながら、子どもたちが先生と一対一で別れの挨拶をしているのを観察しています。こうしたことは、保育者が一人ひとりの子どもと向き合うことで、一日の園生活の終わりをしたいという気持ちを持ったかかわりとして位置づけているのであれば、明日につながる効果的な儀式になっていく可能性が高いでしょう。

§3　場をつくること・片づけること

1．生活の場としての保育室

　現代の家庭の間取りは、くつろぐ場所はリビング、食べる場所は食堂、寝る場所は寝室というように用途に合わせて場所が決められているようになってきましたが、以前の日本の多くの

家庭は、1つの部屋（多くが畳の部屋）をさまざまな用途に合わせて変化させながら生活をしていました。朝起きたら布団を片づけてスペースをつくり、そこに足が折りたためるテーブル（ちゃぶ台）を持ってきてご飯を食べたりお茶を飲んだりしました。そのテーブルは子どもたちが絵を描いたり勉強をしたりするときにも使われました。そして、就寝時にはそのテーブルを片づけて広い空間をつくり、そこに布団を敷いて寝ていました。保育室は、子どもたちが園生活の中で多くの時間を過ごすところであり、かつての日本の家庭のように子どもの活動に合わせてその場をふさわしい形に変えていく必要があります。保育者の仕事がしばしば体力的に厳しいといわれるのは、そうした用途に合わせた空間づくりのために机や椅子を出したり片づけたりという労働が多いこともその一因かもしれません。

【図5-1】机やいすの配置 ①

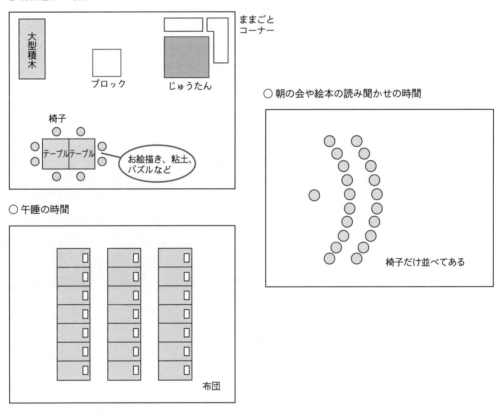

また、食事をするからといって無造作にテーブルと椅子だけが出されていればよいというのではなく、子どもの人数や発達の時期に合わせてテーブルの数や配置を工夫することができます。クラス全員の顔が見えるように食べる方がよいというのであれば、テーブルをいくつか並べて大きく広い場所をつくり、そこに全員が集う形をとります。しかし、グループという意識を持たせていきたいという時期であれば、1つのテーブルにグループごとで集うというような

形をとることができます。同じように朝や帰りの集まりも、椅子に座るのか床に座るのか、椅子を列で並べるのかサークルに並べるのかによって、その意味は変わります。

【図5-2】机やいすの配置 ②

○ グループごとの食事

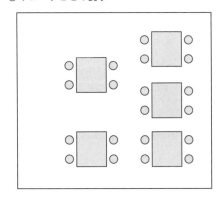

○ みんなで1つの輪になっての食事

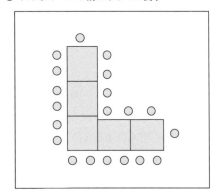

2．自分たちの生活を自分たちで営む

　子どもたちが家庭の中で営んでいる生活の多くの部分は、大人の庇護のもとで行われています。「新聞をとってくる」とか「お風呂の掃除をする」など家事の一部を任されている子どもたちもいますが、そうしたことはほとんど「お手伝い」という範疇の中で行われているものであり、子どもたちが自分たちの力で生活をつくっている実感が強いとはいえません。ところが、園生活というのは倉橋惣三が「生活を生活で生活へ」[注1]と繰り返し述べてきたように、子ども自身が生活の主体者となってその生活をつくっていくところです。登園したらタオルかけにタオルをかけること、食事をする前にテーブルを拭くこと、遊んだ遊具を片づけることなどは、「自分たちの生活を自分たちでつくっていくために必要なこと」として子どもたちが理解し実行できることが大切なのです。「お約束だから」「やらないと先生に怒られるから」等という理由で、こうしたことが行われているのであれば、それは根本的なところから見直していくことが必要になるでしょう。

　では、子どもたちが自分たちで生活をつくっていくためにはどうしたらよいのでしょうか。園での生活を全面的に子どもに任せて、「さあ、みんなで自分たちの生活をつくりなさい」と言っても、子どもたちは自分たちで生活をつくっていけるようにはならないでしょう。保育者は、子どもたちが自分たちの生活を自分たちで営めるようになる

注1）倉橋惣三『幼稚園真諦』フレーベル新書、1976、p.23

ように環境を整え、子どもたちの生活への意識を高める援助をすることが必要になります。また、子どもたちの生活の様子や育ちをていねいに観察し、子どもたちがどういうやり方であれば生活の一部を担えるようになるかなどを検討していくこと、さらには、子どもたちが自分たちの力で生活できることに喜びを感じられるような援助をしていくことも大切になります。

たとえば、乳幼児期の子どもたちは、文字が読めないということを前提にしているので、幼稚園や保育所では自分の持ち物や自分の場所には記名とともに決められたマークのシールが貼ってあることが一般的です。

子どもにとってマークは、自分の名前と同じくらい自分の存在を表すものです。一人ひとりの子どもが納得するマークを選んであげましょう。

事例 5-5　新しいマーク

進級式（1学期の始業式を兼ねた進級を祝うための式）を迎えた4歳児クラスの子どもたちは、新しい教室、新しい持ち物や遊具に興奮気味である。保育者は「今度は、えみちゃんはひまわりのマークだよ」「さとしくんは、車のマークです」と一人ひとりに伝えている。「わかった。明日からここにカバンをかければいいんでしょ!？　タオルもひまわりのところにかければいいんだよね」とえみが言えば、さとしも「さとしは車のマーク。お道具箱もうわばきも車のところ」とうれしそうに答えている。

また、市販のものや既製のもので子どもたちにちょうどよい生活用品がない場合には、保育者が身の回りにあるものを工夫して、子どもたちや保育者が使いやすいものを作っていくこともできます。

事例 5-6　牛乳パックの靴箱

1歳児のクラスでは、牛乳パックを使った靴箱を利用している。この靴箱は、軽いので移動が可能であり、子どもたちが園庭に行くために靴を履くときは、テラスに出しておく。お散歩のときには、玄関に持っていく。

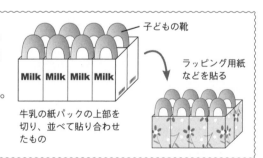

子どもの靴

ラッピング用紙などを貼る

牛乳の紙パックの上部を切り、並べて貼り合わせたもの

保育室には、さまざまなものが置かれています。また遊びの内容や生活の仕方によって子どもたちはいろいろなものや場所を使います。ときには、クラス全員の子どもたちが一定の場所に殺到することもありますし、子どもたちの遊びの場所が重なってしまうということもあります。物の配置が原因で子どものトラブルになることがあります。保育者は子どもたちの動きや活動に合わせて物の配置を変えていくとよいでしょう。

事例
5-7 〜　パズル置き場の変更

　3歳児クラスの保育室では、絵本の棚のすぐ横に子どもたちの大好きなパズルを置いてあった。ところが、パズルをやろうと思って取り出した子どもたちが絵本棚の前を占領して遊び始めるかたちになってしまい、絵本を見たい子どもたちとの小競り合いが絶えず起こっていた。保育者は、パズルをしまう位置を変更し、その前にテーブルと椅子を用意しておくことにした。パズルをやりたい子どもたちは、パズルを手にしてスムーズにテーブルについて遊ぶようになり、小競り合いはなくなった。

　心地よい生活をつくるためには、子どもの動きや活動にあった場が用意されている、工夫されているということを忘れてはならないでしょう。生活の場をどのように構成するかは、保育者の腕の見せ所の一つともいえるでしょう。

3．片づけること

　「片づけ」ということに対してみなさんはどのような印象を持っているのでしょうか。先に述べたように少し前の日本の家庭では、1つの場をさまざまな用途に合わせて使うために一日の中で何度も出したものを片づけるということが必要でした。しかし、現在のように、それぞれが独立した用途を持つ部屋では、布団やテーブルを片づけたりということがほとんどなくなりました。いわば、常に出しておく状態が当たり前になり、片づけが身近なものでなくなりつつあるようにも思われます。みなさんは、家で片づけをしていますか。不要なものをしまったり、必要なものを出したり、所定のものを所定の場所に置いたりすることをしていますか？

　子どもたちにとって遊具を取り出すことは簡単なことですが、出した遊具を元の場所に片づけるということは、子どもにまかせておくだけではなかなか身につきません。子どもたちは一日の中でいくつかの種類の遊びを展開することも多く、それだけさまざま遊具を取り出しているともいえます。次の遊びに移る場合に、最初に遊んでいたものをきちんと片づけることができないわけではありませんが、まだそこで遊びを続けたい子どもがいるときや、次の遊びに飛びついてしまったときなどは、遊具や遊んだ場所をそのままにしておいてしまうことも多いものです。また、片づけばかりを強調しすぎると「片づけるのが面倒だから遊ばない」というような子どもたちが出てきてしまうかもしれません。いくら保育室がきれいになっていても、片づけの負担が大きすぎるために子どもが遊べなくなるような状況をつくることは本末転倒です。

　多くの園では、遊具の種類によって、しまう場所が一目でわかるように、かごや箱などを用意して、そこにイラストや文字で何をしまう場所かがわかるようにしています。

　また、幼い子どもであれば、ぽーんと放り込むだけで片づけが終わるようなものを用意し、片づけとも遊びともいえないような活動からしだいに片づけを身につけるようにすることも必要でしょう。また、新しい遊具を出す前に、片づけることで一度遊びの空間を元に戻すことにより次の遊びが展開しやすくなることもあります。他のクラスがまだ遊んでいるときの共有の

　場所の片づけでは、散らばっているもの（遊んでないもの）だけを片づけて、あとは残っているクラスにお願いするなど、クラス間の連携をとることも大切になるでしょう。いずれにせよ、大切なのは片づけるという行為が自分たちの生活を豊かにするために必要なことであるということを子どもたちが認識できるような援助を積み重ねていくことです。

　また、保育における片づけは、次に遊ぶときのための準備であるともいわれています。遊び道具が決められた場所に納まっているということは、子どもがすぐに遊びが始められる状態であることを示し、前の遊びのときに片づけをした子どもは何がどこに置かれていたのかを把握しているといえるからです。片づけを、しなければいけないものとして子どもに伝えるのか、次に自分たちが遊ぶための準備という意識を持たせるのかによって、保育者の働きかけや子どもへの促しの言葉かけは異なってくるに違いありません。

　片づけを通して、子どもたちに育てたい基本的なことを考えてみましょう。

　１．　片づけたあとの心地よさを感じる。

　２．　場所が整っているからこそ、遊びやすいことを感じる。

　３．　決められたものが決められた場所にあるから生活がしやすいことを知る。

　このような感覚や経験の積み重ねを育てず、ただ片づけることを強調しても、子どもは負担感ばかりを抱くでしょうし、大人の監視の目や強制がなくなれば、片づけはしなくなると思われます。

> **事例 5-8**　～　お片づけしましょう！！　～
>
> 　４歳児クラス（３歳児クラスからの進級児と４歳児からの入園児の混合クラス）の担任保育者は、今年１年目の新人保育者である。一生懸命に子どもとかかわってはいるが、さまざまなことが中途半端になってしまい子どもたちを振り回してしまうことが多い。例年であれば、入園してきた子どもたちも園生活に慣れてきて、とりあえずのクラスのまとまった雰囲気が生まれる６月の頃ではあるが、クラスはいつもざわついていて落ち着かない。３歳から進級してきた子どもたちは、以前できていたこともやろうとしない、遊びが見つからずにうろうろと歩くなど、園生活に充実感を得ている様子が見られない。片づけについても同様である。
>
> ＜ある日の昼食前＞
>
> 　保育者「みんな、集まってください。ほら、集まりましょう」（数人の子どもたちが保育者の前に座るが、多くの子どもたちは、保育者から離れたところで勝手なことをしている）。保育者は、「かなちゃんたち、お話してもいいですか？」「さとしくん、座りましょう」と声をかける。かなは隣にいるみくとポケットから絵のついたティッシュペーパーを取り出して見せ合いをしている。かなは担任保育者の呼びかけにうなずくが、保育者が再び全体に向けて話し始めるとティッシュペーパーを出してみくと小声で話し始める。

保育者：「みんな、今日いっぱい遊んだから、おなかすいたでしょう」

ゆかり：「すいてなーい」

保育者：（困った様子で）「でも、先生はおなかぺこぺこなんだ。だから、みんなでお部屋を片づけ
　　　　て、ご飯にしたいと思います」

さ　ち：「エー、もう？」

保育者：「そう、だからみんなでパワー出してお片づけしましょう！　がんばりましょう。いい、
　　　　じゃあ、長い針が８まで。がんばれますか？」

数人の子どもが「はい」と言うが他の子どもたちは、それぞれ別のことをしている。

保育者：「あれ、聞こえなかったかな」と手を耳に添える。

子どもたち：（大きな声で）「はーい」

保育者：「いいお返事でした。じゃあ、エイエイオーでがんばりましょう。３、ハイ、エイエイ
　　　　オー！」

　子どもたちは一斉に散らばるが片づけをする子は数人で、他の子どもたちはうろうろしている
だけである。

保育者：「ほら、さっちゃん、片づけですよ。ちゃんとやらないとお昼が食べられませんよ」

さ　ち：「まだ、おなかすいてないもん」

　結局、保育者と数人の子どもだけで片づけをしている状態であり、一度片づけたブロックを取
り出して遊び始める子どももいる。

　この事例を読むと、「片づけよう」という気持ちを持っているのが、保育者とほんの数人の
子どもだけだということがわかります。ここでは、事例が長くなってしまうので片づけが始ま
るまでの子どもの遊びの様子を記すことはしませんでしたが、登園から２時間くらいある遊び
の時間、子どもたちは何となく友だちと集まったり遊具を手にしていましたが、夢中になって
遊んでいるという様子があまり見られませんでした。それは、保育者の「おなかすいたでしょ
う」という問いかけに、「すいてない」と答える姿からも想像できるように思われます。子ど
もたちが自分たちのやりたい遊びを充実できないで過ごしているということは、園生活のすべ
てが充実しないことと同じことです。遊びが充実していない子どもが、片づけという活動だけ
に充実するなどということはありえないでしょう。

　また、子どもたちを集めて保育者が話すときには、子どもたちが集中できる環境を整えるこ
とが必要です。この保育者の場合、子どもが話を集中して聞ける環境をつくるところが、不十
分に思われます。ティッシュペーパーなどで遊んでいる子どもたちがいたときには、それをし
まうように促し、子どもが本当にしまえているかどうかの確認をすることまでがこの場合では
必要でしょう。なぜならば、子どもたちが集まることよりも他のことに気持ちが動きやすい状
況を引きずっているからです。ティッシュペーパーだから、１人や２人だからと見逃してい
ると、そこから全体の流れが変わってしまいます。そのため、やはり全員が話を聞ける状態に
なったのを確認してから、話をすることが大切です。また、保育者は「おなかがすいたから、

お弁当にしよう」「時計の8までに片づけよう」と子どもたちに提案をしていますが、子どもたちの様子から、子どもたちがその提案を受け入れていないことがわかります。つまり、子どもたちはお弁当を食べる気持ちも片づける必要性も感じていないのです。「片づけて弁当の時間にしたい」保育者と、「片づけも弁当も必要としない」子どもとの気持ちに大きなずれがあるのです。事例にも見られるように、保育者は何とか子どもたちの気持ちを誘導しようと努力はしているのですが、実際に保育者が子どもに強調したのは「ハイ」という返事や「エイエイオー」と掛け声を出すことだけで、肝心の子どもの気持ちを片づけに向けることはできませんでした。厳しい言い方かもしれませんが、このような状況では、子どもが片づけをしないのは当たり前といえるでしょう。

　前述したように、片づけるという行為もそのことだけ切り離して考えるのではなく、子どもの遊びや生活の充実と密接した関係になっているため、園生活全体の見直しから考えていくことが大切です。園生活全体に、満足感を得られていない子どもの現状があるのであれば、保育者はその問題点を探ることから始めるべきです。そうした問題点の解決がすぐにできない場合には、せめて一日に一度でも子どもたちが楽しかったと思える活動を保育者が提案してみることも必要になるでしょう。子どもたちは、充足感を持ったあとには、意外と苦手な活動にも積極的に取り組むものです。みなさんも、思いっきり好きなことができて満足感を味わったあとであれば、苦手な勉強や手伝いもしようかなと思えるのではないでしょうか。

§4　食　　事

1. みんなといっしょに食べること

　自分たちの生活を整えるための活動として、食べるという活動はとても重要なことです。幼稚園では、通常は昼食だけをとる場合が多いのですが、保育時間の長い保育所では、昼食、おやつ（低年齢児の子どもの場合は午前と午後の2回の場合も多い）に加え、延長保育の子どもには夕方の軽食など、数回にわたって食べる活動が行われています。

　子どもにとって食事は、健康なからだをつくるためのエネルギーの源となる大切なものですが、食事に無関心な家庭も多くなってきているようです[注2]。コンビニエンスストアなどの普及により食べるものがいつでも手に入ることによって、逆に食への関心がなくなり、好きなものを好きなときに食べればよいと考える人が増加してしまったのでしょう。子どもたちの中にも、朝食を食べてこないために午前中の活動が活発に行えない子どもも見られます。保護者から「子どもが食べたがらない」と言われますが、よくよく聞いてみると就寝時間が遅かったり、就寝前に食べる習慣があったりと、生活全体の中で子どもたちが朝食を食べられない状況がつくられている場合が見られます。あるいは、子どもが一人で食事をすることになり食事の時間が楽しくないと感じている子どももいるようです。そのような意味でも、園で友だちや先生と

注2）阿部和子『保育者のための家族援助論』萌文書林、2003

ともに食事をすることが栄養の面ではもちろんのこと、子どもが食事を楽しい時間として受け止められるような工夫をしていくことが必要になります。もちろん、好き嫌いなく何でも食べられるようになることを目指すことは必要かもしれませんが、嫌いなものや量が多いものを無理やり食べることで、子どもたちの食事に対する抵抗感を高めないように配

慮することも大切です。栄養面とともに、みんなといっしょに食べると楽しいという喜びを味わえる活動として、食事を大切にしていく必要があるでしょう。

　幼稚園教育要領では、領域「健康」の内容の取り扱いの中に「健康な心と体を育てるためには食育を通じた望ましい食習慣の形成が大切であることを踏まえ、（中略）進んで食べようとする気持ちが育つようにすること。」と記されています。また、保育所保育指針では、「第3章　健康及び安全」の中に「食育の推進」という節を設け「『食を営む力』の育成」として、意欲的に食にかかわる体験、自然の恵みとしての食材や調理する人への感謝の気持ちなど、食という営み全般に関する力の基礎をつけることの必要性を記しています。毎日の生活の中で繰り返し行われる食事という営みが、ただのルーティンとして行われるのではなく、子どもにとって大切な経験となるように、保育者は、和やかな雰囲気や食材への関心が持てる環境づくり、さらに、一人ひとりの子どもに合わせた援助を行うことが大切になります。

事例 5-9　〜　子どもの食べようとする気持ちを育てる

　3歳児クラスの給食の風景。給食室から運ばれた食器には、今日の献立のひじきと豚肉の甘辛煮とわかめと豆腐のスープが等分に盛られている。保育者は子どもたちに一通り配ったあとに、「減らしたい人教えてください」と声をかける。さくらは「減らしたい」と言う。保育者は「さくらちゃんはひじき苦手だもんね。でもこれくらいなら食べられる？」とひじきと豚肉の甘辛煮を半分別の皿に取り分ける。「もっと、減らす」とさくらが小声で言うと、保育者は「じゃあ、あとこれだけ」と少しだけ減らし、「これなら全部食べられる？」と声をかける。さくらは、うなずく。たいせいが「先生、わかめ、いらない」と言うが、保育者は「これ、髪の毛がつやつやになって元気も出るんだよ。少しだけ食べようね」と少量のわかめをスープ椀に残しておく。食事が始まり、さくらは苦手なものをがまんして一気に食べ、「食べたよ」と保育者に報告する。「さくらちゃん、かっこいい」と言われ、恥ずかしそうに笑う。たいせいは、なかなかわかめに手が出せずにいたが、最後に一口だけ保育者に介助されながら食べる。「ほら、食べられたね。もう一口がんばれる？」と保育者が言うとたいせいは首を振る。「じゃあ、一口がんばったから終わりにして、デザート食べよう」と保育者は声をかける。

　好き嫌いの問題は、さまざまです。食べたことがないから食べないという食わず嫌いから、アレルギーといえるほどではないけれども、何となく体質に合わずに食べられない場合もあります。また、にんじんやピーマンなどの決まった食品に嫌いなものがある場合もあれば、炒め

たものなら食べるけれどゆでたものは嫌いなど調理方法による場合、しょうゆ味は好きだけどケチャップはだめなど、味付けによる好き嫌いもあります。好き嫌いの状況は一人ひとり違いますので、その子の苦手なものをよく見ていく必要があるでしょう。

　入園したばかりや友だち関係などで不安定な子どもには、嫌いなものを食べるように強要すれば、子どもは園に来るのがますます負担になってしまいます。そのようなときには、一度か二度促して、無理そうであれば食べさせない方がよいと思います。なぜならば、精神的な緊張状態や不安定な状態は、外のものを自分に取り込むということができにくい状態になっているからです。みなさんも初めての場所、知らない人ばかりのところではなかなか思いっきり食べることはできないでしょう。心の安定が、外のものをいろいろと受け入れようという活力の基礎を築いているのです。

　しかし、園生活に安定し、自信や充実感を持って過ごしている子どもたちには、少しは嫌いなものもがんばって食べてみるように促してよいのではないでしょうか。一口だけとか半分など、子どもと相談しながら子ども自身の気持ちに添って決めていくとよいでしょう。嫌いなものは食べなくてもよいということだけを子どもに伝えていくことは、一見子どもにとってありがたいことのようですが、子どもがさまざまな食品や味に出会えるチャンスを奪い、栄養のバランスを欠くこともあるため、長い目で見れば子どもにとって不利益を与える可能性があります。そのため、「本当は食べてほしい」という思いを伝えながら、子どもの状態から押し加減、引き加減を見ていくことが必要でしょう。そして、嫌いなものが食べられたときには、新しい味を受け入れることができたことを認めてあげましょう。食事の基本は「がんばって食べる」ことではなく「楽しく食べる」ことであることは、忘れたくないものです。

　世界には飢えで死んでいく子どもたちが数え切れないほどいるにもかかわらず、好きなものだけを食べていても暮らしていくことができるというのが日本という国です。また、飢えで死ぬ子どもが多数いる反面、がんばって食べさせられている子どもたちもいるというおかしな現状です。この機会に好き嫌いの問題、生活と食事の問題について、世界的な広い視野で考えてみるのもよいのではないでしょうか注3）。

2．リズムをつくる

　最近では、朝ごはんを食べない子どもや就寝時間の遅い子どもの増加が問題になり、「早寝、早起き、朝ごはん」というスローガンがさまざまなところで聞かれます。起きてすぐには食べられない、朝にご飯を食べる習慣がないといわれる問題は、前述したようにその子どもの問題ではなく、家族や社会全体の問題であり、簡単には解決できない問題も含まれています。就寝時間や夕食時間が遅くなるのは、保護者の帰宅が遅く、せめて夜にはゆっくり子どもとコミュニケーションをとりたいからということもあるでしょうし、子どもを早く起こさないのは、子どもが起きてしまうと朝の家事が片づかないので、出社の準備ができないということもあるで

注3）たとえば、WFP 国連世界食糧計画公式サイトなど。

しょう。そうした、個々の家庭の状況や親子の絆を細かく見ていけば生活リズムが夜型になってしまったり、朝ごはんが食べられない状況を一方的には非難できないこともあります。しかし、やはり、早く寝て早く起きること、食事をしっかり取ることは大事なことです。最近では、朝食を出す保育所や学校もあるということですが、これは、「子どもが家で食べられないのであれば、園（学校）で何とかしよう」という発想から、子どもの健康を守りたいという考えに基づいた試みだと思います。しかし、一方で、そうした何でも園や学校がやってしまうことで、保護者の依存や不当な要求が増えていくという非難の声も聞こえてきそうです。モンスターペアレントという言葉が生まれ、教師が精神的な症状を起こすほどに不当な要求を投げかけてくる保護者が少なくないことを、こうした何でも助けてくれる社会の在り方が原因と指摘する人もいます。この問題は簡単に結論づけることは困難でしょう。しかし、子どもの食習慣や生活のリズムは、家庭や社会で整えていくものであることを認識しておくことは必要でしょう。

3．自分で食を意識する

　食事というと、子どもは食べるだけの役割のようにとらえられるかもしれませんが、自分たちの生活を自分たちでつくっていくことを大事にしている乳幼児期の教育では、子どもたちができることは、なるべく子どもたちでやれるようにしていくことが必要になります。たとえば、食事の時間の当番の役割です。テーブルを拭いたり、お茶を運んだり、食器を片づけたり、子どもたちが自分たちの生活の一端を担っているという意識を育むことは大事なことです。

事例 5-10　当番の活動

　昼食の時間になると、保育者はテーブルとビニールクロスを出す。子どもたちはグループごとにテーブルを整え、テーブルクロスを敷いて、各自お弁当の用意をする。当番の子どもたちは、自分たちの弁当の用意が済むと事務所に麦茶を取りにいく。年長組の麦茶はグループごとに用意されており、当番の子どもたちは事務所から取ってきた麦茶をグループの友だちに配る。「私は、少しでいい」「ぼくはいっぱい入れて。のど乾いたから」当番の子どもたちは友だちのリクエストにこたえながら麦茶を注いでいく。「そうたくん、お当番でしょ。麦茶取ってきてよ」弁当の用意が遅れがちなそうたも、グループの友だちに促されて、弁当の用意を急いで済ませ、事務所に麦茶を取りに走っていった。

　子どもたちの年齢や育ちに応じながら、生活のさまざまな部分に、子どもたちが自分でできることを増やしていくことは、生活への意識を高め、子どもにクラスやグループの中の役割を果たそうとする気持ちを育てることができます。この園では、年少組や年中組の麦茶は保育者が注ぐために、比較的大きめの容器が用意されていますが、年長

組のものは自分たちで扱える小ぶりのものが用意されています。麦茶の入れ物一つをとってみても、子どもたちの生活や活動の実態に合わせていくことが大切になります。

§5　休　　息

1．ほっとできる空間や時間の大切さ

　子どもたちにとって、たくさんの友だちと暮らすということは楽しくおもしろい反面、精神的にも肉体的にも疲れるものです。みなさんだって親しい友だちといつもいっしょにいたら「ちょっと、一人になりたい」と思いませんか。みんなと長い間わいわい騒いで盛り上がっていると、「ちょっと、疲れた」と感じませんか。

　幼稚園や保育所は、一人ひとりを大切にしていく保育を実践しながらも、多くの時間を集団で過ごさなければなりません。子どもたちはみんなといっしょにいることを楽しみながらも、精神的・肉体的疲労を感じています。そのため、子どもがほっとできるような空間や時間を設けることが大切になります。とくに保育時間の長い保育所、加えて年長の子どもよりも年少の子どもの方が、そうした時間や空間を取る必要が高くなります。

　園によっては、子どもたちがごろんと寝転がれるようにじゅうたんを敷いた空間をつくり、冬場にはこたつなどを用意して家庭的なくつろげる雰囲気をつくります。子どもたちが一人で隠れ家のようにのんびりできる狭い空間を残しておく工夫をしている園もあります。また、子どもたちにとって居心地のよい場所が、いつも自分のクラスであるとは限らないので、特別なとき（来客や会議、面談）を除いては職員室をほっとできる空間として用意している園も増えてきました。友だちとのトラブルなどで心が不安定になった子どもたちが職員室でしばらくの時間を過ごし、心が落ち着きクラスに戻れることは大切です。また、活動に支障がないかぎり、他のクラスの部屋にも自由に行くことができるようにしておくことも必要でしょう。子どもたちが、園の中でさまざまな人に受け止めてもらえることで、担任には見せなかった違う一面を見せることがあります。そうした子どもたちのさまざまな面を、保育者同士が情報交換することで、子どもたちへの理解もさらに深まることになります。

2．休　　息

　8時間以上の長時間の保育が行われる保育所等では、子どもの心身の疲労をとるために休息を位置づけています。寝ることにこだわらず、もうすぐ小学校に行く年長児の後半などには、「寝たい子は寝てもいい。寝なくてもよい子は静かな時間を過ごす」と考え、子どもたちの状態に合わせて、からだを休めるための時間と考えています。年齢が上がると昼寝のせいで就寝時間が遅れがちになるということもありますが、朝早くから夕方遅くまで保育を受ける子どもにとっては、やはり一度からだを横たえて眠ることで、家路までの道をしっかりした足取りで

帰ることができると思われます。

　ところが、睡眠を嫌う子どもたちも少なく

ありません。保育所に通っていて一番嫌だっ
たことを「昼寝の時間」と答える学生もいま
す。大人の「今、休んでおかないとあとがも
たない」という考えと、「おなかもいっぱい
になってせっかく友だちと遊べるのに何で寝
なくちゃいけないの？」という子どもの状態
とのずれなのでしょう。そのずれを少しでも埋めるためにも、午前中の遊びを活発にして充実
させたり、子どもたちが安心して眠りにつけるような雰囲気をつくることが必要になります。
カーテンを引いて部屋を暗くしたり、物音をなるべく立てないようにしたり、保育者自身も横
になったりというように。しかし、大人と同じように子どもに必要な睡眠時間や寝つきのよさ
には個人差があることも忘れてはならないでしょう。寝つきが良い子が「良い子」で、睡眠
を嫌がる子どもや寝る前の儀式（背中をトントンする、耳をこする、絵本を読んでもらう等）にこ
だわる子どもは、「手のかかる子」というような見方でとらえることのないようにしましょう。

§6　子どもとの共同生活をつくるための保育者の生活

1．子どもとの生活に向かうための準備としての保育者の生活

　子どもたちは、身近な人からの影響を受けて生活をしています。子どもの生活の仕方は身近
な大人の生活の映し鏡といえるのかもしれません。前述したように、朝食を食べてこない子ど
もや偏食の子どもたちが増えているといわれていますが、そうした子どもたちと保護者を含む
家庭での食事には、何らかの因果関係が見られることが確認されています。子どもの就寝時間
についても、親の就寝時間との相関が見られる場合が多く、早寝の親に遅寝の子どもがいるこ
とはあまり見られません。

　いっしょに暮らす保護者と同じように、子どもと園生活を共に営む保育者の生活にかかわる
さまざまな事柄が、子どもたちの生活に影響を与えているという自覚が保育者には必要です。
好き嫌いが激しい保育者が子どもたちに「何でも食べましょう」と伝えても表面的なきれいご
とのようにしか聞こえないでしょう。ご飯をおいしそうに食べている保育者が近くにいること
の方が、効果的に子どもたちに「食べてみようかな」という気を起こさせるのではないでしょ
うか。また、精神的にも身体的にも安定した生活をしている保育者は、子どもたちのさまざま
な要求や子どもの葛藤などを受け入れられる余裕があります。その余裕に支えられながら、子
どもたちと深いかかわりができることでしょう。逆に、保育者自身が疲れ果てているときは、
保育者は子どものちょっとした逸脱した行動や甘えに厳しくつめたい反応を返してしまいがち
です。保育者という子どもの生活を支える者は、自分の生活の管理が子どもたちの育ちに影響

するという意識を持って、自分の生活を見つめていく必要があるでしょう。

2．生活をしやすくするための整理整頓

　園では、多くの子どもたちが生活しているため、遊具や教材は子どもたちが使えばあっという間に散らかりますし、年数が経てば痛んでもきます。一日の中で何度も子どもたちと保育者は共に片づけなどを行い、自分たちの生活を整えますが、子どもたちの力には限界があるため、保育者が子どもたちのできないところや、やりきれないところに手を入れていく必要があります。ぬいぐるみの洗濯、壊れかけたおもちゃ箱の修理、一度使ったあとでも使えそうな紙の整理や分類、集めた空き箱の整理や分類など、子どもたちが過ごしやすい園生活を送ることができるための下準備は重要です。しばしば「子どもたちがとっておくといったので……」と、何週間も使われてない大きな遊具が保育室の真ん中に放って置かれたままになっていたり、最初はきれいに飾られていたのだと思われる作品がすでに埃まみれになり壊れているにもかかわらず、飾られ続けているようなことがあります。そのような、すでに生きていない環境（子どもの遊びや生活に意味をなさない環境）は、子どもの様子を見たり、意見を聞きながら、保育者が処分するか再生させるかの判断をしていくことが大切になるでしょう。子どもの自主性や自発性に任せるといっても、こうした生活の整え方については、子どもは周囲の大人にやり方を見習い、アドバイスを受けながら身につけていくのです。

　加えて、保育者には保育を行ううえで必要な書類、たとえば、出欠席の管理や身体計測の記録、児童票など、業務に必要な書類を分類や整理しておくということが求められます。必要なものがすぐに出せるように、必要度の高いものは手元に置き、過去の記録は保管庫にしまう、使ったら必ずその日のうちに戻す、要らないものは処分したりまとめたりするなど、保育者自身も自分たちが生活しやすく働きやすい環境を整えていくことも必要です。

　上手に片づけるというのは、多くの情報をどのように整理していくか、必要なものと必要でないものをどのような基準を持って取捨選択していくかという能力が問われるところでもあります。もちろん保育の環境にはモデルハウスのように、人の生活が感じられない整いすぎた環境ではなく、子どもがちょっと手に取ったものから自由な遊びが始まるといった余分や無駄があることも必要になります。しかし、物置小屋をひっくり返したような、ごちゃごちゃした、必要なものと必要でないものが混ざり合っている環境、使いたいもののありかがわからないような環境は、保育にはふさわしくありません。

　みなさんの日常生活をちょっと見直してみましょう。食事や睡眠はバランスよく取れていますか。授業ごとに配られた資料などは、科目ごとのファイルに整理されていますか。提出日が迫っている書類は、すでに記入済みですか。生活の仕方は、一朝一夕に身につくものではありませんから、少しずつ準備し、整えていきましょう。

　この章では、子どもの関係性の広がりを中心にしながら子どもの育ちを見ていこうと思います。子どもは生まれたばかりの頃は、周囲と一体となった状態ですが、さまざまな経験を通して、しだいに「わたし」を発見していきます。そして、親や保育者などの特定の大人との信頼関係に支えられながら周囲の大人や子どもたちへと関係を広げ、さらにその関係の広がりに支えられることによって、また新たな育ちが促されます。子どもの関係性の広がりを支える保育方法について考えてみましょう。

 ## §1　子どもが育つということ

1. 子どもの育ちと感動

　当たり前のことですが、子どもは日々成長しています。しばらくぶりに出会った大人は、子どもの目覚しい成長に驚き、ついつい「大きくなったね」と言葉をかけてしまうほどです。実習を経験した学生たちの感想の中には、しばしば子どもたちの成長の目覚しさに対する驚きが語られています。

＜実習生Aさん＞

　実習の中で、最初と最後に0歳児のクラスに入らせていただいたのですが、子どもの成長を目の当たりにして、もうびっくり！　はじめに見たときは、お座りしてもしばらくすると倒れてきちゃった子が、最後のときにはしっかりとお座りしてるんですよ。もう、本当に驚いた。当たり前のことだけど、子どもの成長ってすごいなって実感しました。

＜実習生Bさん＞

　去年、実習に行ったときに幼稚園の4歳児だった子どもたちが、今年は5歳児になっていました。みんな、なんだかお兄さん、お姉さんになっちゃっていて。前は、あれがほしいとか、誰かが何かを取ったとか言ってけんかばかりしていた印象があったんですけど、今回は、そういうの

> があまりなくて。「あとで貸してね」とか「今使ってないからいいよ」とか言ったりして、結構
> 上手く遊んでいるんですよ。けんかみたいなのになっても、誰かが「じゃあ、こうしたら」とか
> 言って、子どもたちで解決してみたり。なんか、すごいなあって。私たちより、絶対、成長して
> るって思いました。

　このような実習生の感想に、みなさんもうなずかれているのではないでしょうか。子ども
が成長するというのは、当たり前のことなのですが、それを実感したり、目の当たりにすると、
本当に感動するものです。保育者という仕事は、大変なことも多いのですが、子どもの育ちを
身近に感じることができ、そうした感動を多く体験できるので、やはり魅力的な仕事でもあり
ます。初めて自分から一歩を踏み出して歩く姿や、小さいクラスの子どものために献身的に働
く姿など、子どもの成長を保護者よりも先に見ることができる仕事です。「子どもが一番生き
生きと過ごしている時間を共に過ごして、子どもの成長を楽しめる仕事」、これが保育者とい
う仕事の最大の魅力なのではないでしょうか。

2.「育つ」ということ

　しかし、子どもたちの育ちは、毎日目覚しく変化して見えるわけではありません。逆に毎日
見ていることで変化に気がつけないときもあれば、長い期間じっと同じ状態が停滞しているよ
うに思える時期もあります。また、以前はできていたことができなくなるなど、一見すると後
退してしまったように思えるときもあります。育つということは、前述した実習生の話のよう
に「できなかったこと」が「できるようになる」ことばかりでありません。逆に、育つことに
よって「できなくなること」もあるのです。

　例をあげれば、おなじみの宮崎駿の『となりのトトロ』の中には、さつきとメイという2人
の少女が出てきます。最初に「まっくろくろすけ」や「トトロ」を見たのは、年下のメイだけ
です。メイは、さつきに「まっくろくろすけ」の存在を伝えますが、さつきがメイに教えられ
たところを見ても、そこには何もいません。さつきは、子どもといっても、大人の入り口にさ
しかかった年齢という設定がされています。そのため、年少のメイには見ることができたもの
を、すでに見ることができなくなりつつあるという状況が示されています（映画の後半には、さ
つきにも大人には見えないトトロやネコバスを見ることができました。これは、さつきがまだ完全な大
人ではない、片足くらいは子どもの世界に残しているということの象徴になっています）。宮崎は、子
どもだけに見えている世界というものがあり、大人はそうした世界に隣り合わせていながらも
その世界が見えなくなっているということを伝えようとしています。このように、子どもには
見えて大人には見えないもの、子どもにはあって大人にはないものが、実際にもいくつかあり
ます。

　そのひとつが反射です。私たち人間は生まれたときに多くの反射[注1]というものを持って生
まれてきます。その数は、大人と比べものにならないほど多く、種類もさまざまです。新生児

がお乳を吸うことや飲み込むことができるのは、こうした反射によるものです。多くの反射は、未熟である新生児が生きていくため、成長していくための大切な役割を果たしています。しかし、反射は、私たちが成長するに連れて消えていく傾向にあります（もちろん、いくつかの反射は大人である私たちにも残っています）。理由は、私たちのからだのさまざまな部分、たとえば神経や筋肉などの身体器官や、感情や認知などの神経器官が成熟していくことにともない、反射に頼らなくても生きていける能力を獲得することになるからです。このような現象は、身体器官や神経器官の側面から見れば「できるようになる」ととらえられますが、反射という側面から見れば「機能しなくなる」「なくなる」ということで、子どもの方が勝（まさ）っていることになります。

　このように、育ちを考えるときには、「できるようになる」ことだけでなく、できていたことが「できなくなる」という面が含まれていることに注意を払う必要があります。「できなくなる」「なくなること」などが、その子どもの全体的な育ちにどのような意味を持つのかという視点を考えていくことが大事であると思われます。

> **事例6-1**　〜　できていたことができなくなって……
>
> 　言葉に遅れがあり、自閉傾向が強いひろき（4歳児）は、あいうえおなどの五十音を読むことは得意だが、保育者や友だちとかかわることが苦手である。自由遊びのときは比較的保育室にいるが、一斉の活動の途中でふらっと保育室から出て行ってしまったり、この間まで食べていたものを急に一口も食べなくなるなどの偏食も見られている。担当の保育者は、ひろきの行動について理解できないことが多いことを悩んでいた。それでも保育者との関係は少しずつ築かれてきているようで、やってほしいことを保育者の手を引っ張って要求するようにもなってきている。しかし、最近は、以前まではできていた洋服を自分で脱ぎ着すること、洋服をたたんで衣類かごにしまうことなどを嫌がり、保育者に「できない」と言ってくることが増えてきた。保育者は「前にできていたことまでできなくなってしまった」とひろきのことをとても心配していた。
>
> 　ひろきのことについて、園全体で話し合いが行われた。さまざまな立場や経験を持つ園の保育者がひろきのことについて、自由に意見を述べ合った。その中で、ひろきが「できない」と言ってくるようになったのは、自分の中でやりたいものとやりたくないものがはっきりしてきているのではないだろうか。そして、そのことを「できない」という短い言葉で表現しようとしているのではないかという意見が出た。この意見に基づいて考えれば、今までは保育者に言われるままに行動していたひろきの中に自我が芽生え、周りの思いに引きずられて行動するのではなく自分の意志で行動したいという思いが育っていると考えることができる。また、「できない」と言うことで保育者がひろきにかかわってくれることをひろきは期待しているのではないだろうかという意見も出てきた。それは、今まであまり人に関心のなかったひろきの中に、大切な人として担当の保育者が位置づいているのではないかととらえることができる。担当の保育者は、さまざま

注1）反射とは、刺激によって求心神経に起こされた衝撃が遠心神経に移行し、奏効器に反応を引き起こすこと。新生児や乳児の反射は原始反射といわれている。モロー反射（何かにしがみつくような動作をする反射）、把握反射（手のひらに指などをのせると握る反射）、吸啜反射（唇に何かが触れると吸う反射）や嚥下反射（のどに入ったものを飲み込む反射）など、多くの原始反射がある。

なひろきのとらえ方を聞く中で、ひろきの「できない」行動の背後には、ひろきの気持ちの変化があったことに気がつくことができた。そして、「できなくなったこと」を「できるようにしなければ」とあせって、ひろきについつい強い口調で接していた自分の対応を反省し、しばらくはひろきの「できない」という訴えにこたえてみようと思えるようになった。

　この事例では、ひろきの「できない」という訴えを言葉通りにしか受け止められず、そのことにより「できるようにしなければ」とあせっていた保育者の気持ちが、園全体の話し合いをきっかけにしながら、「できない」というひろきの言葉の背後にあるひろきの気持ちの変化や育ちに気がつき始めた様子がうかがえます。このように、子どもが育つ過程では、さまざまな「できなくなること」が現れてきますが、その原因を探っていくと何らかの原因があったり、別な面の育ちが見えてくることがあります。子どものできなくなった面を単純にマイナスと判断するだけではなく、そのことの意味を見いだそうとすることが大切になります。

3.「育つ」ということ・「発達」ということ

　子どもが大人になっていくプロセスや、大人がさらに人間としての生涯を全うするためのプロセスを、「育ち」や「発達」、あるいは「成長」などという言葉で表します。これらの言葉の峻別は、発達心理学などの教科書に譲りますが、保育という営みの中ではこれらの言葉はそれほど意識されずに使われていると思われます。あえていえば、「成長」という言葉は、身長や体重が伸びたり増えたりというような量的な変化を表すときによく用いられ、「発達」や「育ち」という言葉は、量的な変化よりも、どちらかといえば質的な変化が見られたときに多く使われています。

　しかし、「発達」という言葉は、漢字の「発」と「達」という二字からできているため、どこか到達点を目指していく直線的なイメージがあります。しかし、発達という意味を持つ英語の development は「包んだものを開くこと」であり、同じく発達を表すドイツ語の entwicklung は「もつれた糸玉がほどける状態」という意味を持つ言葉です。このように発達という言葉には、目的に向かう直線的なイメージである「できるようになる」という意味だけでなく、「中から新しいものが出てくる」というようなことや、もっと紆余曲折しているような状態があることに目を向ける必要があるようです。

　また、保育者は、「発達」という言葉よりも「育ち」や「育つ」という言葉を好んで使うことが多いように思われます。それは、「育ち」「育つ」という言葉の方が柔らかいイメージがあるため、乳幼児期の子どもの変化の様子にぴったり合うからなのかもしれません。もしくは、「発達」という言葉がどうしても「できること」だけに目がいきがちになってしまうことに対する自分自身への警告として、「育ち」という言葉を使うようにしているのでしょう。

4．関係の広がりとして子どもの育ちを見ること

　幼稚園教育要領には、「幼児期における教育は、（中略）、幼児期の特性を踏まえ、環境を通して行うものであることを基本とする」と述べられています。幼児期は、両親やきょうだいなど家庭において営まれていた親しい人間関係を基盤にしながら、より広い世界に目を向け始める時期でもあります。園生活を通して、生活の場や他者との関係が広がることで、さらに興味や関心の対象も広がってきます。また、幼児期は、歩行を獲得し、それに続けて走ること、跳ぶことなどの身体的な運動能力が高まると同時に、言葉を獲得し、話す、考えるなど言語能力と思考能力も急速に育ってきます。つまり、生活空間や人とのかかわりの広がりは、子どもの興味や関心の対象を広げ、さらに、興味や関心が広がれば生活空間や人とのかかわりはますます広がっていくというように、両者は常に影響しあって作用します。保育所保育指針でも、「子どもが人と関わる力を育てていくため、子ども自らが周囲の子どもや大人と関わっていくことができる環境を整えること」（第1章　1(4) エ）と記されています。
　§2からは、子どもの関係性の広がりを中心に子どもの育ちを追っていこうと思います。

●　§2　子どもと周囲の大人との関係の広がり

1．周囲と一体になっている状態から私の発見へ

事例 6-2 〜 同じように悲しくなって

　生後3か月のるいは、最近、夕方になるとぐずぐず泣くようになる。おっぱいをあげても飲まないし、おむつもぬれている様子はない。眠そうにしているので抱いてあやして寝かそうとするが、ウトウトしてはぐずぐずと泣き出す。もう、1時間以上もるいを抱いている母親は、早く寝てくれないかと気持ちがあせるとともに、イライラもしてくる。ついに「もう、眠ってちょうだい！」と大きな声を出してしまうと、その声に驚いたるいは大きな声で泣き出す。その様子を見て母親も「私だって悲しくなっちゃう」と涙があふれだす。

　この事例は、寝つきが悪くぐずっているわが子に対して、ただあせりや苛立ち、悲しさを感じているおろかに見える母親の様子を紹介しているのではありません。夕方というのは、大人でも何となく一日の疲れが出てくる時間帯なのですが、赤ちゃんにとっても同じようです。夕方にぐずり始める赤ちゃんというのは少なくありません。もっとも、その原因が赤ちゃん自身にあるのではなく、大人が疲れてくるから赤ちゃんにもその様子が伝わり、ぐずり始めているのかもしれません。赤ちゃんがぐずり始めると大人はさらにそのことで疲れや苛立ちを感じ、同様に、その大人の苛立ちを赤ちゃんが感じ取るからよけいにぐずる、というように、こうした情緒的な事柄は相互的につくられていくことがあります。人とのかかわりは相互的なものが多く、とくに新生児や乳児期の母と子は、相手の感情が自分自身の感情であるかのように

感じてしまう関係性の中にあります。出産という出来事を経ることで、母と子どもは肉体的には分離をするのですが、感情や情動などのレベルにおいてはまだまだ一体感を残している状態であるといえます。そもそも、生まれたばかりの赤ちゃんというのは、自分の身体的なイメージも持っていませんから、自分がどのような形を持った存在なのか、どこからどこまでが自分でどこから先が自分以外のものなのかがわからない混沌とした状態です。そのため、ときには赤ちゃんが自分の髪の毛を引っ張って泣いていたり、自分の手や足を噛んで泣いてしまったりすることがあります。生まれたばかりの赤ちゃんとは自分と自分でないものの区別ができない、つまり、周囲と一体となって存在している状態であるのです。

　そうした、周囲と一体になっている状態から、子どもたちは少しずつ自分というものを知り始めます。ここに動いている手は自分のからだの一部であるということ、自分には顔というものがあり、目、口、鼻とよばれているものがついていることなど、自分の身体的なイメージも獲得します。自分を知るということは、同時に自分と自分以外のものが区別できるということなので、子どもは一体であった母親という存在が自分とは異なる存在であることを徐々に知っていきます。こうした自分というものを知っていくこと、自分を獲得していくことが「自我の芽生え」です。自我の芽生えは、反抗期とも密接に関係があります。2歳くらいの自我が芽生え始めた子どもはやたらと「イヤ！」という言葉を発します。ときには、嫌なことがあって「イヤ！」という言葉を発しているのではなく、「イヤ！」という言葉を言いたいがために「イヤ！」と言っているようなときもあります。子どもは「イヤ！」と言うことで、自分が意志のある存在であることを主張しながら、必死に自分を獲得しようとしているのでしょう。反抗期は、まさに子どもが一人の人間として巣立っていこうとする大きな一歩といえます。

　自分を獲得し始めた子どもは、何でも自分の力でやりたがります。どんなに時間がかかっても自分でやることがこの時期の子どもには意味があることなので、ついつい大人が手を出してしまうと火がついたように怒ることがあります。子どもの気持ちとは反対に、すべてのことが子ども一人の力でできるわけではありませんから、子どもはやりたいという気持ちとともにできないことを経験し、挫折や葛藤を知っていくことにもなります。そのような状態の子どもには、子どものやりたい気持ちとできない気持ちの両方を理解してくれる大人が必要になります。子どものやろうとしていることを見守り、できたことをいっしょに喜んでくれる大人、できなくて悔しい気持ちをわかってくれる大人の存在が必要になります。そのような、自分とは異なりながらも自分を見守ってくれる大人の存在が常にあることで、子どもは安定し、自分づくりにますます力を発揮していくことができるのです。

2．子どもと特定の保育者との関係

　幼稚園や保育所は、多くの子どもにとって第2の生活の場です。保育所で長時間保育を受けている子どもにしてみれば、目覚めている時間のほとんどの時間を保育所で過ごしているわけですから、家庭よりも生活の中心の場になっているのかもしれず、生活の場としての順位をつけることはすでに意味のないことかもしれません。いずれにせよ、そのような生活の中心となる場において、とくに幼いときには特定の保育者との信頼関係で結ばれていることが重要になります。幼稚園教育要領でも「このため、教師は幼児との信頼関係を十分に築き（中略）幼児と共によりよい教育環境を創造するように努めるものとする。」と子どもと保育者とが信頼関係で結ばれていることを大切に考えています。保育所保育指針　第1章　1(3) アにおいても、「一人一人の子どもの状況や家庭及び地域社会での生活の実態を把握するとともに、子どもが安心感と信頼感をもって活動できるよう、子どもの主体としての思いや願いを受け止めること。」と、保育者の子どもへのかかわりの重要性が述べられています。子どもにとって初めての特定の保育者は、共に過ごす時間の長い担任保育者であることが多いようです。そして、その存在は、母親や父親と同じような存在だと語られることがあります。もちろん、子どもにとって母親や父親という存在は非常に大きく、保育者が同じような存在に簡単になれるとは思いません。しかし、子どもにとって園の中では最も身近な存在であり、多くの時間や空間を共有するのは担任保育者ですから、母親や父親のように子どもにとって安心できる存在、本当の自分を出すことができる存在となることが重要だと思われます。

　多くの子どもにとって、保育者は家族以外の大人の中で、最初に子どもの生活や発達にかかわる存在です。中には、家族以外の大人に警戒を示し、なかなか心を開こうとしない子どももいることでしょう。しかし、毎日、毎日、同じように愛情を持ってかかわることを重ねることで、子どもは少しずつ保育者への信頼を持ち始めます。

> **事例 6-3　〜　お母さんがいいの　〜**
>
> 　この4月幼稚園の4歳児クラスに入園したあいりは、入園式の翌日から母親と離れると大泣きをし、一日中泣いている。「お母さんがいい！」「お母さんのところに帰る！」とほとんど泣いている。担任保育者はあいりを抱きながらあいりの気持ちを受け止め、「そうだよね。お母さんがいいよね」と言葉をかける。担任保育者は、あいりに遊びを提案してみたり、園にいるウサギを見せたりしているが、なかなか気分が変わらない。少し落ち着いたかと思い、担任保育者がそばを離れると園に響き渡るような声で泣き始める。担任保育者は「じゃあ、お母さんに電話をかけて迎えに来てもらおう」とあいりに言い、事務所で電話をかけるまねをしてみせる。「もしもし、田中さんのお宅ですか。あ、あいりちゃんのお母さんですか？　あいりちゃんがお家に帰りたくなっちゃったんです。お迎えに来てくれますか。今、お洗濯物干していたんですね。それが、終わってからで大丈夫ですよ……。では、失礼します」あいりはその様子をじっと見ている。保育者は、あいりの方を向いて「あいりちゃん、お母さん、お洗濯干し終わって、お掃除が終わったらお迎えに来ますって。それでいい？」と伝えるとあいりは無言でうなずく。

　　しばらくして「お母さん、まだこない」とあいりが泣き出すと、担任保育者は「たぶん、今、お家の玄関出たところだよ」とか「クリーニング屋さんのところ曲がったところじゃないかな？」などと、ていねいにこたえていく。お迎えの時間になり、母親が本当に迎えに来ると、あいりは喜んで飛びついていく。「ほら、お母さん、ちゃんと迎えに来てくれたでしょ？」と担任保育者が言うと、あいりは無言でうなずく。そのようなことが数日続き、あいりがお母さんに電話をしてほしいと言うときには、「じゃあ、長い針が12になったら電話しに行くね」など、あいりができる範囲で待つこともさせながら、あいりの要求にこたえていった。あいりは担任保育者を「お母さんに迎えに来てもらえるように電話をしてもらえる人」ということで少しずつ信頼を寄せていった。同時に、「幼稚園が終わったら、お母さんは必ず迎えに来る」ということを体験的に知っていくことができた。1か月も経つとあいりは幼稚園に来ることにすっかり慣れて、朝も笑顔で「バイバイ」とお母さんと別れられるようになった。

　この事例を読んで、どのように思われたでしょうか。「なるほど、家に電話をする振りをするというのは良いアイディアだな」と思われたでしょうか。それとも、「保育者が子どもにかけてもいない電話をしていると嘘をつくなんて！」と思われた人もいたかもしれません。担任保育者はあいりのお母さんに、本当は電話はかけていません。だから、保育者があいりに嘘をついているのは事実です。しかし、この事例の場合、その嘘は結果的にはあいりにとって安心の材料になりました。担任保育者は、あいりが母親と離れたという不安を解消するための方法として、自分がそばにいることや遊び・小動物に関心を向けてみましたが、それらは、あまり有効ではありませんでした。初めて母親と離れた子どもたちは、「本当にお母さんは迎えに来てくれるのだろうか」「お母さんはぼくが幼稚園にいる間にどこにいるのだろうか」というような不安を持っていることが多いものです。そして、いくら保育者が言葉で子どもに伝えたとしても、子どもたちは経験的に「自分が園にいる間にお母さんはどこへも行かないこと」「必ず自分のことを迎えに来てくれること」を知っていかなければ、心から納得しないものです。保育者はあいりに「園にあいりがいる間にお母さんは家にいてどこにもいっていない」「必ず、あいりのことを迎えに来る」という「事実」を伝えるために、電話をかけるという嘘をついたともいえるでしょう。このような方法が、どのような場合にも必ずしも成功するとは限りません。しかし、この事例の場合、見知らぬ大人であった担任保育者という存在が、あいりにとっては母親と自分とを引き離す存在だけでなく、母親とも結びついている存在（電話をかけられるような間柄であること）、自分と母親とを結びつけてくれている存在（母親に自分を迎えに来てくれるように伝えてくれる）であるということを知ることができました。それらは、幼稚園のすべてのことが不安であったあいりにとって、大きな安心の材料になったことでしょう。その安心に頼りながら母親が迎えに来ることを待つことができ、必ず母親が迎えに来てくれるということが理解できたことで、自分から園生活に向かう姿勢が生まれたといえるでしょう。

　子どもが園の中で最も信頼を寄せる相手は、担任保育者であることが多いのですが、ときには、最初の絆が担任保育者以外の人と結ばれることもあります。たとえば、園長やフリーの保

育者、バスの運転手さん、調理や用務の人というように。担任保育者は、前述したように一人
ひとりの子どもとの心の糸を結ぶ必要があるのですが、限られた時間の中で複数の子どもと接
することが多いために、どうしても一人の子どもだけに多くの時間を費やすことが困難であっ
たり、同じ時間に複数の子どもの不安を受け止めなければいけないことも多いものです。また、
担任保育者がクラス全体をまとめることにあせっているなど、保育者自身の気持ちが不安定
なときには、保育者の存在が不安定な子どもにとってあまり心地よくないときもあります。そ
のようなときには、園長やフリーの保育者と、１対１で過ごすことの方が子どもは安定します。
また、バスの運転手さんはお母さんのところに連れて行ってくれる人ですし、調理や用務の人
の近くにはあまり他の子どもたちがいないので安心できるという場合もあります。このように
子どもにも気の合う、あるいは居心地がよいと感じる大人を選べることを認め、子どもが自分
で選んだ園の大人とのつながりを大切にしてあげたいと思います（複数担任の場合にも、子ども
がどちらかの担任を選ぶというようなことが見られます。選ばれなかった方の担任はダメージを受ける
ものですが、ダメージだけでなく、なぜ子どもがその大人を選んだのかを考えてみることが大切です）。

3．子どもと園の保育者・職員との関係

　前述したように、子どもは園の中で特定の大人（多くの場合は担任保育者）に対して少しずつ
信頼を寄せるようになります。そして、いっしょに遊ぶことや生活する中で、その信頼を深め
ていき、しだいにいっしょにいなくても近くにいることや見えるところにいることだけで安心
して過ごせるようになり、最終的には何か困ったときなど、必要なときにだけその存在を必要
とするなど、落ち着いて園生活を過ごせるようになります。そして、その大人とつくり上げた
信頼関係をベースにしながら、園にいる他のクラスの保育者や職員の役割を理解していくとと
もに、そうした大人との関係をも広げていくことができます。

事例 6-4　ひよこの先生がやってくれた

　4歳児のたくとは、ボールで遊んでいて転んで、ひざ小僧をすりむいてしまった。近くにいた
3歳児のひよこ組の保育者が、すぐに気づいてくれ、職員室で傷を洗い流し、消毒して絆創膏を
貼ってくれた。「もう、大丈夫かな？」と言われ、たくとはうなずき、再び外へ出る。他の子ど
もと遊んでいた担任保育者がたくとに気づき、「どうしたの？」と声をかける。たくとは「ひよ
この先生がやってくれた」と答える。「転んじゃったんだ」と担任保育者が言うと、たくとはう
なずき「でも、ひよこの先生がやってくれた」と言う。担任保育者は「そうか、ひよこ組の吉田
先生が消毒してくれて絆創膏貼ってくれたのかな？」と尋ねるとたくとはうなずく。「よかったね。
たくちゃん」と担任保育者が言うと、たくとは笑顔でうなずき、再びボール遊びを始めるために
走っていく。

　子どもたちは、自分の担任の保育者の名前は知っていても、他のクラスの先生の名前まで覚
えることは少ないかもしれません。むしろ、たくとのように、初めは名前よりも「○○組の先

生」「2階の先生」というように、所属しているクラスや場所でその保育者のことを理解することが多いようです。そして、他のクラスの保育者に対しても、「たぶん、その先生も自分の先生みたいにやさしいのだろうな」とか、「たぶん、その先生も自分の先生みたいに遊んでくれるんだろうな」というような予想や安心感を持って、かかわることができるようになります。子どもが園の中の保育者と築いた最初の信頼関係は、次の関係づくりのときにすでに子どもの「足場」になるということです。

　また、関係性というのは、階段のように一段一段積み上げていくというよりも、網目のようにさまざまな方向に向かい、あるいは集まり構築されていくものです。

事例 6-5　たんぽぽ組の先生、喜んでいたよ

　5歳児のさとるとしょうたが園庭の隅の方でヒーローごっこをしていると、1歳児クラスのまいが小走りで走ってくる。ちょうどさとるたちの目の前で靴が脱げて、まいは転んでしまう。まいは、脱げた靴を履こうとしているがなかなか履けないでいる。さとるたちは、何気なくまいのところに行き、靴を履くのを手伝う。ちょうど、そこへまいの担任保育者が来て、その様子を黙って見守る。靴が履けたまいは、再びトコトコと走り出す。「さとるくんたち、やさしいね。ありがとう」と担任保育者がお礼を言う。2人は再び、遊びを続ける。まいの担任は昼寝の時間に、さとるたちのことをさとるの担任に「さとるたちが何気なく靴を履かせてくれているのがほほえましく、とてもうれしかった」と伝える。昼寝が終わり、おやつの時間のとき、担任はさとるとしょうたに「たんぽぽの先生（1歳児クラスの担任）が、とてもうれしかったって言ってたよ。先生もそのこと聞いてすごくうれしかった。頼もしいって思ったよ」と伝える。2人は照れ笑いをしながらも、満足げな様子であった。

　さとるたちは、まいの手伝いをしたことに対する感謝を、その時点でまいの担任から受けています。そして、時間を経て担任の保育者から同じことが伝えられるとともに、担任保育者自身もさとるたちの行動をうれしく思っていることが伝えられています。これは、表面的には同じことが別の人から行われているだけに思われますが、それだけではなく以下のようなことが含まれているのです。

1. 1歳児の保育者とさとるたちの5歳児の担任保育者とが、園の子どもの様子や出来事を伝え合える関係であるということ。

2. 全クラスの保育者が、子どもたちみんなの小さな行動をきちんと受け止めて認めようとしていること。

3. 同じことの繰り返しであっても、それが子どもが最も信頼している相手（担任保育者）からも伝えられることで子どもの受け止め方は異なるということ。

4. 担任保育者からさとるたちの行動が伝えられることで、他の5歳児クラスの子どもにもさとるたちの行動の意味が伝わるということ。

　このように一つの出来事であってもそこにさまざまな人がかかわることにより、二重、三重のかかわりができるということです。このような網目状の人間関係を子どもたちが構築できるような園環境にしていくことが必要だと思われます。

§3　子どもと子どもの関係の広がり

1．見知らぬ相手から知っている子へ

　園に入園してきたばかりの子どもたちは、見知らぬ大人だけでなく、多くの見知らぬ子どもたちと出会います。親たちは気軽に「お友だちがたくさんいる幼稚園（保育所）」と子どもに言ってしまいますが、子どもにしてみれば「知らない子ばかりがたくさんいる幼稚園（保育所）」という状態でしょう。初めは見知らぬ大人であっても園の保育者は、子どもの思いや要求をできるだけ受け止めようとしてくれる相手です。そのため、子どもたちには比較的かかわりやすい相手でもあり、信頼関係を結ぶためのさまざまな要素を提供してくれる相手でもあります。しかし、子ども同士の関係は違います。自分と同じように思いや要求をストレートにぶつけてくる相手ですから、トラブルやけんかなど嫌な思いを抱くことも多い相手です。まして、近年では少子化の影響できょうだい数も少なく、近隣に同年代の子どもがいないという環境の中で過ごす子どもも増えています。そのような子どもにとって幼稚園や保育所は、初めて同年代の子どもと出会う場所になります。

> **事例 6-6**　〜　**それ、ぼくの！**　〜
>
> 　入園したばかりの3歳児クラスの子どもたちには、園の広い廊下を走ることができる足こぎカーが人気である。3台ある足こぎカーは子どもたちが登園するとすぐに誰かが使い始める。ゆっくりめの時間で登園したまさきは、保育者に「車がない」と訴える。保育者が「みんなが使っているね。あとで貸してもらおう」と伝えるが、あきらめきれず立ったまま足こぎカーで遊んでいる子どもたちの様子を眺めている。ふうたがちょっと足こぎカーから離れた隙に、まさきはさっとまたがって足こぎカーを走らせる。ふうたがあわてて「それ、ぼくの！」とまさきを降ろそうとするが、まさきはがんばって降りようとしない。ついに、ふうたは「それ、ぼくの！」と言い、まさきを叩く。叩かれたまさきは、泣きながらふうたを叩き返す。2人は叩き合いを始め、保育者があわてて2人を引き離す。まさきは、ふうたが離れた隙に、足こぎカーを走らせていく。保育者は泣いているふうたを抱き上げ、悔しい気持ちを一生懸命に受け止めていく。

　このような光景は、入園直後の保育室では、よく見られるものです。まさきもふうたも悪気はないのですが、足こぎカーを使いたいという思いをそれぞれが持っているためにぶつかり合いが生じたのです。今のまさきとふうたの間には、友だち関係といえるようなものは、生じていません。むしろ、お互いのことを「自分のやりたいことを邪魔する嫌な相手」と思っているかもしれません。このようなことばかりが毎日続くと、園生活がつまらなくなってしまいますから、子ども同士のトラブルは当たり前のこととしながらも、入園当初の時期にはなるべくトラブルが起きないような配慮として、遊具を多めに用意したり、自分の好きな遊びができないときには保育者が遊び相手をするなどの配慮が必要です。

> ┌─────┐
> │事例 │　　みんな「あの子」
> │6-7 │
> └─────┘
> 　　　　入園したばかりの子どもたちは、友だちの名前がよくわからない。そのため、保育者に何か
> 　　を伝えてくるときは、すべて「あの子」である。「せんせい、あの子が私のぬいぐるみとった」
> 　　「せんせい、あの子が持っているものと同じものがほしい」「せんせい、赤い子（赤い洋服を着てい
> 　　る子）が、ぶった」などなど。そのたびごとに、保育者は、「あの子はまみちゃんね」「あの子は、
> 　　じゅんくん」「ひかるくんのことかな？」など、その場で相手の子どもの名前を伝えたり、「まみ
> 　　ちゃん、さおりちゃんがそのぬいぐるみ貸してって」「じゅんくん、よしきくんがいっしょに遊
> 　　びたいみたいよ」と子どもの名前を入れながら子どもの思いを代弁していく。そのようにして、
> 　　子どもたちは「あの子」の名前を知っていきながら、少しずつ「あの子」と自分とのかかわりを
> 　　つくっていき、あの子と自分は同じクラスの仲間であることを知っていく。

　　見知らぬ子ども同士が集う園での最初の生活では、保育者が子どもと子どもをつなげる仲介をしていくことが必要です。幼児期の子どもたちは、生活に必要な言葉については、ほぼ話ができるようにはなっていますが、語彙も少なく、表現の仕方もまだまだ未熟です。そのため、保育者は、子どもと子どもとがつながれるような言葉かけをしたり、子どもの気持ちを代弁したりしながら、子ども同士のかかわりが生まれるような援助をしていくことが大切です。

　　また、この時期には、保育者が中心になる遊びを取り入れることで、どの子どもも気軽に遊びに参加でき、楽しい経験ができるようにしていくとよいでしょう。たとえば保育者が鬼になり、子どもたちを追いかけるだけの鬼遊びや、反対に保育者だけが逃げて子どもたちみんなで保育者をつかまえる鬼遊び、保育者を中心とした砂場での遊びなどは、この時期にふさわしい遊びの一つではないでしょうか。

2．友だち関係の芽生え

　　子どもたちがお互いのことを理解し始めると、友だちといっしょにいることやいっしょに行動することの楽しさを少しずつ知っていくようになります。たとえば、一人で作る砂山よりも誰かといっしょに作る砂山の方が大きくなるし、ヒーローごっこやままごとも一人でやるときよりも複数で同じことをやる方が盛り上がるというものです。もちろん、子どもたちは、初めから友だちと上手く遊べるとは限りません。いっしょに砂山を作ろうとしても、お互いのイメージが違っていたために遊びが中断してしまったり、役割や場所、遊具を巡ってお互いの了解や納得がはかれず、遊びが上手く展開していかないことも多いものです。

> ┌─────┐
> │事例 │　　同じ「おだんご屋さん」なんだけど……
> │6-8 │
> └─────┘
> 　　　　保育者が用意した粘土で遊べるコーナーで、3歳児のひなとゆいが遊んでいる。2人は粘土を
> 　　丸めたり、粘土板に粘土を押し付けたりしている。担任保育者が「あら、2人いっしょに遊ん
> 　　でいて楽しそうね」と声をかけると、2人は顔を見合わせてにこっと笑う。保育者は「何作っ

ているのかな？　おだんごかな」と言うと、ひなが「そう」とうなずく。保育者が「おだんご屋さんだね」と言うと、ひなはうれしそうにゆいに、「おだんご屋さんね」という。ゆいもうなずき、2人は引き続き粘土を続ける。ひなは、粘土を丸めてお団子を作るが、ゆいは丸めたおだんごを叩いてのばしたようなだんごを作っている。ひなが「おだんごなんだから、違うの」とゆいの作ったおだんごを取り上げ、再度丸めようとする。ゆいはむっとして「だめ！　それ、おだんごなんだから」と言い、ひなが取ったおだんごを取り返す。ひなが「だめ！」と怒り、ゆいを叩き、ゆいがべそをかく。保育者は、2人が楽しく遊んでいたにもかかわらず、保育者の問いかけがそれぞれの「おだんご」のイメージの違いをきわだたせることになり、結果としてトラブルになりけんかが始まったことを反省する。

　この事例のようなイメージの違いによるトラブルやいざこざは、この時期の子どもたちに頻繁（ひんぱん）に見られます。3歳児というのは日常的な会話はほぼ完成している状態ですが、「自分は、こういうつもりで、こうしたのだ（したかったのだ）」などという細かいことまで伝えられるほどの言語能力は持ちえていませんし、自分と相手が異なるイメージを持つ存在であることを知りません。そのため、イメージの違いから遊びが中断することがよくあります。しかし、そのような状態であっても、多くの子どもたちは他の子どもたちに強い興味や関心を抱きますし、他の子どもたちがやっていることを自分でもやってみたいとも思います。それは、私たち人間が社会的な動物であり、人に引きつけられていく性質をもともと備えているからなのかもしれません。そして、初めは上手くいかないながら、他の子どもとかかわることの楽しさやおもしろさを少しずつ経験的に知っていきます。保育者は人それぞれが違う考えや思いを持っていること、お互いが気持ちよく過ごすためにはがまんをしたり守らなければいけないことがあることなどを、ていねいに伝えたり説明していくことが求められます。そして子どもが自分の気持ちを多少がまんしても、友だちといっしょに遊べることの方を楽しいと感じられるような援助を重ねていくことが大切です。

3．仲間意識の芽生え

　子どもたちがお互いのことを友だちと認め合えるような関係になると、子どもの中に「ぼくたち」「私たち」という認識が生まれます。

事例
6-9

〜　オレたちのだからね

　今日は、幼稚園の園庭開放の日。この地域に住んでいる小さな子どもたちも保護者に連れられて遊びに来ている。3歳児クラスのつばさとりくとは、朝早くからスコップを使って砂場で穴掘りを楽しんでいる。保育者が「穴、大きくなったね。2人とも道路工事のおじさんみたいだね」と声をかけると、うれしそうに穴掘りを続けている。そこへ、園庭開放に遊びに来ていた2歳くらいの小さな子が近寄り、その穴をじっと見て、砂を握り穴にぱらぱらと落とす。2人は、―

瞬「どうしよう」というように動きを止める。小さな子は繰り返し、砂をぱらぱらと穴に落とす。つばさが「だめ！　それ、オレたちの穴なんだから！」と言うと、りくとも続けて「オレたちの穴！」と言う。小さい子どもの母親が「ごめんね」と言い、子どもを別の場所に移動させようと抱き上げる。保育者が「つばさくんたち、ちょっとくらい、いいんじゃない？」と言うと「ダメ！　ぼくとりくとの穴なんだから、なあ！」とつばさは答える。「うん」とりくともうなずく。保育者は「そうか、2人の穴か」と答える。小さい子どもは、母親に降ろされると別な場所へ向かってトコトコと歩いて行ってしまう。

　このとき、保育者は「小さい子どものことも考えて、少しは遊ばせてあげてほしいな」という思いと「2人が協力して作った穴だし、その過程を楽しんでいたから、他の子どもに邪魔されたくないという気持ちを大切にしてあげたい」という2つの思いで揺れていたそうです。そのため「ちょっとくらい、いいんじゃない？」という中途半端な言葉しか出なかったこのときの気持ちを話していました。結果的には、幼い子どもはすぐに別なものに興味を持ったのか、その場から離れてしまったので、2人の「オレたちの穴」の遊びの世界を壊されずによかったと思ったそうです。この穴は、どこにでもあるような、いつでも作れるような穴ではありません。つばさたちが「オレたちの穴」とよんでいることからもわかるように、力を合わせるというプロセスを経て完成した穴であり、特別な思いが込められている穴です。穴を掘っているときに、2人はあまり言葉を交わしてはいませんでした。しかし、言葉の代わりに自分と友だちの動きが一連の流れをつくる心地よさ、同じ目的をもつ相手との共同作業など、決して1人では味わうことができないおもしろさを味わっていたと思われます。そうした2人の気持ちが込められている穴であることを保育者は理解していたので、小さい子どものことを気にかけながらも2人の世界を守ってあげたいという気持ちになったのでしょう。

　このような場面で、保育者が子どもたちにどのようにかかわることがよいのかは、一概には決められません。年長児と年少児のやり取りが生じたとき、保育者はどちらかといえば、年長の子どもにがまんをさせるような言葉をかけることが多いようにも思います。とくに年少児の親が近くにいるこの事例のような場合には、親への気兼ねも含み、譲らせる言葉をかける可能性が高いでしょう。しかし、年少者へ配慮することの大切さを子どもに伝える一方で、必ずがまんさせられる側の子どもの育ちや遊びの充実ということを考えていくことが必要です。この事例における保育者の気持ちのゆらぎは、つばさたちの育ちや遊びの充実を視野に入れているからこそ生まれたゆらぎであることが考えられるでしょう。

　子どもたちは、はじめは知らない者同士として生活を共にしていきながら、しだいに仲間意識やグループ意識を育んでいきます。そうなると「ぼくたち」「私たち」「○○組」というような言葉で、自分たちのことをとらえる言葉が、会話の中で自然に出てきます。こうした仲間意識の芽生えは、人とかかわる力の基礎として大切なです。次の§4では、そうした子どもたちの仲間関係、友だち関係の形成について、もう少し細かく見ていくことにしましょう。

§4　子ども集団の育ち

1．自然発生的なグループ（2・3人のグループの中で）

　子どもたちの集団生活の場である園やクラスという集団は、大人が意図的に決めているものであるため、前述したように、はじめは子ども自身が集団意識や仲間意識を持って所属しているものではありません。むしろ、子どもたちは集団生活を通して、友だち、仲間とよべるような相手を自分で見つけ、その仲間とともにいることの楽しさから、グループや集団というものを知っていきます。子どもたちが自分たちで築いていく集団のことを「自然発生的なグループ」とか「自発集団」などと表します。子どもたちが自分たちでつくる初めての集団というのは、「好きな遊びが似ている」「やりたいことが似ている」という子どもの欲求の類似性に基づくものが多いのですが、ときには「帰る方向が同じ」「親同士、仲がよい」という場合もあります。子どもが初めてつくる集団というのは、2人や3人といった小規模のグループです。つまり、子どもに1人か2人の特定な仲良しができるということが子どもの自然発生的な集団の始まりになるということになります。

> **事例6-10**　～　いっしょって楽しい　～
>
> 　4歳児のなつきとあかりが2人でお絵描きをしながら、おしゃべりをしている。なつきが自分で描いている絵を見せて「ほら、ここにお花描いちゃった」と言うと、あかりも「え、どれ？　あ、お花、私も描いてるよ」と自分の絵を見せる。2人はうれしそうに笑う。なつきが「ねえねえ、あかりちゃん、お弁当食べるときお隣して」と言うと、「うん」とあかりはうれしそうに答える。なつきが「私、今日のお弁当、おにぎり」と言うと、あかりも「え、ほんと？　私もだよ。おにぎり」と言う。なつきが「え、ほんと？　同じだー」とうれしそうに言うと、あかりもうれしそうに笑って、「おんなじばっかりだね」と言う。

　友だち関係が芽生え始めた頃の子どもたちは、「同じ」とか「いっしょ」ということに強い関心を持ちます。自分と友だちが同じものを持っていると「おんなじ！」といって喜んだり、クラスの友だち同士に共通点を見つけると「おんなじだ！」と大発見をしたように喜びます（お弁当の時間に、「○○持ってきた人、手をあげて！」という遊びが始まるのもこの頃です）。こうした意識が芽生える前段階にいる子どもたちは、他の子どもと同じ場にいても、それぞれが自分の世界で自分の遊びをするのに精一杯であるため、周囲のことや他の子どものことをあまり気にかけていません。園生活に慣れ、自分の遊びに余裕が出てくると子どもたちは周囲のことが気になり、周りを見始めます。周囲を見てみると、自分とは違う存在のはずの他の子どもが自分と同じことをしたり同じものを持ったりすることが、子どもにとっては魅力的でもあり親近感を覚えるのでしょう。そうした共通なところを見いだすことで、身近にいる子どもたちのことを近しい存在、親しい存在としてとらえるようになります。このようなことが、子どもたちの中に現れてきたときには、保育者は子どもたちの見つけた共通なところをいっしょに受け

止めてあげることが必要でしょう。また、こうしたことになかなか気がつきにくい子どもには「○○ちゃんと○○ちゃんは、今日は同じピンクの洋服だね」など、子ども同士の共通なところを伝え、親近感が抱けるように配慮をすることで、仲間づくりのきっかけをつくることも大切でしょう。

　互いに親近感を抱きながら、友だち関係を深めていく子どもたちですが、物や場所などを巡って、取り決めやルールの行き違い、自己主張などで、トラブルになることもたくさんあります。しかし、トラブルを通して子どもたちはたくさんのことを学んでいきます。以下は、子どもたちがしばしば使う「順番」ということをめぐってのトラブルです。

事例 6-11　順番って言ったのに！

　4歳児のしゅんすけ、けんと、こたろうは外遊びが好きな3人組である。園庭で三輪車に乗ったり、ジャングルジムを基地にしてヒーローごっこを楽しんでいることが多い。今日も三輪車に乗って遊んでおり、しゅんすけがトイレに行きたくなったときなど、「ちょっと、これみててね」と他の子どもに三輪車が取られないように頼み、けんとこたろうが交代で三輪車を押さえるなど連携プレーもなかなかのものである。

　遊びの中で、こたろうが砂場で使うスコップを三輪車の後ろに縄跳びで結わえて引きずることを思いついた。早速、しゅんすけとけんとも同じようにしようとスコップを取りにいくが、あいにく残りは1本しかない。しゅんすけが「これ、ぼくの」とスコップを取ってしまったので、けんとは「ずるい！　オレが先に見つけたんだ」としゅんすけからスコップを取ろうとする。2人が、スコップの取り合いのようになっているところへ、こたろうが「どうしたの？」とやってくる。スコップが1本しかないことに気がつくと、こたろうは「じゃあ、順番に使えばいいよ」と言う。2人は「順番に使う」ということには納得したが、最初に自分が使うと譲らない。しゅんすけは「順番なんだぞ」と言いながらも自分の方にスコップを引き寄せ、スコップに手を出そうとするけんとに「順番、順番」と言い、手を払いのけ、自分の三輪車にスコップをくくりつけようとする。けんとは、「順番って言ったのに！　しゅんすけくん、ずるいよ！」と怒り、保育者を呼びにいき、「しゅんすけくんが、ずるいことする。順番って言ったのに」と言う。

　保育者は、一人ひとりの話をよく聞き、1本のスコップの使い方である「順番」をめぐってしゅんすけとけんとが主張をし合っていることを理解した。「そうか、2人とも順番に使うんだけど、最初に使いたいんだね」と保育者が言うと、2人はうなずく。保育者が「じゃあ、2人とも使いたいから、どっちが先に使うか決める？」と言うと、2人はうなずく。「ジャンケンがいいよ！」とこたろうが言うのでジャンケンをすることになり、しゅんすけが勝つ。「しゅんすけくん、順番だから、ちょっとしたらけんとくんに貸してあげるんだよ」と保育者が言うと、しゅんすけはうれしそうに「わかった」と言う。しゅんすけとこたろうはスコップを三輪車の後ろに付けて仲良く走っていくが、けんとは立ちすくんでいる。保育者はけんとに「ジャンケン、負けちゃったね」と声をかけるとけんとは黙ってうなずく。しばらくして、こたろうが「けんとくん、ぼくの使っていいよ」と自分が乗っていた三輪車をけんとに渡す。けんとはうれしそうにこたろうの三輪車に乗り、こたろうはけんとの三輪車に乗る。こたろうは「けんとくん、あとで返してよ」と言う。けんとは「わかっているよ！　順番なんだから！」と答える。

　物をめぐるトラブルのときにしばしば保育者は、「順番に使ってね」と言います。順番という言葉は、物をめぐる子どものトラブルの解決策として非常によい言葉なのですが、子どもたち一人ひとりは順番についてどのような理解をしているのでしょうか。実は、この頃の子どもたちの順番の意味の理解は、さまざまであることが多く、中には非常に都合がよい理解や使い方をしており、「順番！」と言いながら我先に自分の使いたいものを使おうとする子どももいる時期です。しゅんすけとけんとがスコップのトラブルのときに、こたろうの「順番に使えばいい」という提案を受け入れたのは、それまでの経験の中で順番に使うという提案が、問題を解決するにはよい方法であるという理解はあったのだと思われます。しかし、２人ともまずは「自分が使える」という意味で順番という解決方法を選択したようです。そのため、結局、トラブルは解決されません。

　このようなことは子ども同士の関係の中でしばしば起こることです。保育者は「順番」や「お約束」というようなルールを子どもがどのように理解しているのかをしっかり見ていく必要があります。再びジャンケンでしゅんすけが先にスコップを使うことになり、ここではけんとも負けを認めざるを得ませんでしたが、「ジャンケン」についても「順番」と同じようなことがいえます。もう少し幼い子ども同士だと一応決着するためにジャンケンを選んでも、負けた方が納得できないことがあります。この事例の場合、最終的には順番に使うことが決まったしゅんすけではなく、最初に遊びを考えたこたろうがけんとに三輪車を貸してあげることで一応の解決が図られ、けんとも「順番」に使うことを自分で伝えています。しかし、いつもすんなりと解決できることばかりではありません。悔しい気持ち、ゆずれない気持ちを強く残すこともありますが、子どもたちはトラブルや葛藤を経ることで友だちと上手く過ごすための力をつけていきます。

２．意図的なグループ（生活や活動のグループ）

　園生活では、当番・食事・製作などの生活活動の目的に合わせて、あるいは運動会や作品展などの行事に向けて、グループに分けて活動することが多くあります。そうしたときに、子どもを無作為にグループをつくるのではなく、保育者が子どもの友だち関係の実態や保育の目的に合わせてグループ分けをしていくことが必要です。たとえば仲のよい特定の友だちができ始めた時期であれば、その活動を通してそこで生まれた友だち関係を深めるために「仲の良い友だち同士のグループ」をつくって活動することが有効と思われます。逆に子どもの仲間関係が固定化してしまう傾向にあるときは、他の子どもとの関係を広げていくために「いろいろな友だちの良さを知るためのグループ」として、普段あまり交流のない子ども同士を同じグループにするなどの手立てが有効になります。どのように子どものグループをつくるのかということは、そのときの一人ひとりの子どもの状態やクラスの実態の理解が基本になりますが、教育課程や保育計画、年間指導計画などの長期的な計画の中で、それぞれの時期にどのようなグループをつくることが子どもの関係づくりに必要になるのかの目安をあらかじめ考えていくことも

重要です。

　たとえば、幼稚園の年長組の1年間の計画の中では、1学期は進級した喜びとともに年長組というプレッシャーを感じる子どもも多く、友だち関係には安定が必要であるため、遊びが共通で、気が合う子ども同士が同じグループになるように「幼稚園生活を安定させ、年長組としての喜びを感じられるためのグループ」にします。夏休み明けの2学期からは、運動会やお楽しみ会など、小さなグループやクラスで話し合いを持ちながら1つのことに取り組むという経験を大切にした行事もあるので、あえて、「自分の意見を出し、ときには反発しあいながらもいろいろな友だちの良さに気づけるためのグループ」をつくります。このグループでは、あまり意見を言わない子ども同士で1つのグループをつくってみたり（自分の考えを言わなければことが進まないという経験になります！）、自分の思いをどんどん出してそれで物事を進めていこうとする子ども同士を同じグループにしたり（思いがぶつかることでいつも自分の思い通りに物事は決められないという経験になります！）、自由な遊びの時間にはあまりかかわりのない子ども同士を同じグループにしたり（友だちとの新しいかかわりが生まれます！）します。保育者がそれぞれのグループの特徴や一人ひとりの状況に合わせて援助を考え、いざこざや葛藤を経験しながら、自分の苦手なことにも取り組み、多くの友だちの良さに気がつけるようにします。3学期は、小学校への就学を意図に入れながら、1学期と2学期の経験を土台にして、子どもたちが協同的作業を通じて、一人ひとりの役割に責任を持つことと協力し合う喜びが持てるように「一人ひとりが役割を果たすことで協同を体験できるためのグループ」をつくります。このように、保育者の願いを入れ込みながら、意図的に子どものグループをつくり、子どもたちが育ち合うことは、保育の目標を達成することにつながります。

　もちろん、1つのグループをどのくらい継続させるかは、子どもの状態や保育者の願いによっても異なりますし、保育者の予想とは違う動きが見られたときには、子どもが納得する形でグループのメンバーを再構成することも必要でしょう。また、グループ活動が大事といっても、一日中同じメンバーと顔を合わせているのはなかなか厳しいものですから、昼食時や自由な遊びの時間には、子どもたちが選んだ気の合う仲間と過ごせるような配慮も必要になります。

　幼児期の子どもの生活活動グループは、はじめは、4人から始めることが適当であると筆者は考えます。その理由は、以下のとおりです。

　1．子ども一人ひとりが他児と両隣、向い合わせという、お互いの顔が見える、意見が十分に聞ける・言える距離なので、話し合いがしやすい。

　2．人数が奇数だと2つの意見が出たときにすぐ多数決で決まってしまうが、偶数だと多数決だけでなく、意見を交わして決めることができる。ただし、6人以上だと2つの意見が出たときに3対3になり、3人でひとつのグループができてしまうこともあるので、意見がまとまりにくかったり、グループが2つに分断されることも起こりうる。

　3．人数があまり多いと一人くらい意見を言わない、活動しなくてもわからなくなってしまう。4人だとみんなが協力しないとことが進まないことも多いし、お互いがお互いの動きを見ることができる。

　もちろん、子どもたちは初めからグループ活動が上手にできるわけではありません。グループ活動を通して、グループで活動することの意味や自分の役割、責任を持つことなどを実際に知っていくのです。初めは保育者が「グループで相談して決めて」と伝えても、話し合いというものができないというところから始まります。強い子どもの意見だけが優先されているにもかかわらず、「みんなで決めた」ということになったり、各自がそれぞれ自分のやりたいことだけを主張して意見がまとまらないというようなこともあります。保育者が話し合いの中に入りながら、子どもたちの活動をていねいに援助していくことが大切でしょう。

> **事例 6-12**　〜　**当番とグループの名前**
>
> 　この園では、4歳児の2学期になると当番活動を始めている。4人組の生活グループから1人ずつ当番になり、食事の前にテーブルを拭く、お茶を取りに行く、手紙を配るなどの簡単な仕事の役割を担っていく。
>
> 　子どもたちは、自分が当番になる日をとても楽しみにしている。それぞれのグループには、子どもたちが自分たちで付けたグループの名前がついている。「ウサギグループ」「スター（星）グループ」などの名前の中に、「リスとクワガタグループ」というのがある。このグループでは、みさきたちが「リスグループがいい！」と言ったのに対し、しゅうへいがどうしても「クワガタがいい！」と主張し、話がまとまらなかったため、両方の名前を合わせて付けることにした。保育者は「まだ、グループ活動を始めたばかりだし、なんでもグループを1つにまとめることばかり考えるのでなく、グループのみんながいろいろな意見を出せるようにしたい。リスとクワガタという2つの名前をくっつけた名前が子どもにとってはそれほど違和感がなかったので、この時期にはそれもよいのかなと思っている。でも、しゅうへいにも自分の意見を主張するばかりでなく、場合によってはみんなの意見に合わせることも必要だということを今後は経験させたい」と話していた。

　グループにおける当番活動は、グループ全体で行う活動ではありますが、活動そのものは個人的に行えるものも多いため、比較的取り組みやすく、達成感も即時に味わえるものです（反面、こうした活動はマンネリ化しやすいという面もあります）。しかし、グループで名前を決めるときやグループで何か1つのものを作り上げようとするときなどは、子どもの思いやイメージ、好みがそろわないと、なかなか解決が難しい活動もあります。グループという活動形態のはじめの頃には、子ども自身はまだグループという意識よりも「ぼく」「わたし」という気持ちを強く持って、活動に参加しています。そのため、このはじめの時期に、みんなと揃えることばかりを強調すると、子どもはグループ活動につまらない思いばかりを味わいかねません。さらに、グループ内での一人ひとりの個性が発揮できにくくなる可能性もあります。そのため、子ども一人ひとりの思いやイメージを大切にしながら、子ども自身が少しずつ「グループみんながそろっている方がかっこいい」「グループで1つに決めた方がよい」という思いを育んでいくことができるような援助をしていくことが重要になるでしょう。

事例
6-13　　ぼくたちのグループ

　　グループ活動に慣れてくると、子どもたちの中から「ぼく（わたし）たちのグループ」「〇〇グ
ループ」という言葉が聞かれるようになる。保育者が朝の出欠を取るときに「今日のお休みは
誰かな？　ミッキーグループはどうですか？」と尋ねると、ゆうやは「ぼくたちのグループ、お
休み、いません！」と元気に答える。また、保育者が「今日、金魚にえさをあげるのは、どこ
だっけ？」と言うと、ゆづきが「イルカグループの番だよ」と答える。保育者が「そうだったね、
じゃあイルカグループさんよろしくお願いしますね」と言うと、イルカグループのかれんたちは
「はい！」と元気に答える。

　子どもたちはグループ活動を通して、自分や友だちのことを個人という単位だけではなく、
まとまりのある集団の中の一員としてとらえていくことができるようになります。そのために、
あえて個人名でなくグループの名前で子どものことを示したり、グループ単位で責任を果たす
ような活動を取り入れていくことができるようになります。

3．大きなグループ・クラスという単位

　少人数でのグループ活動を通して経験したことを土台にしながら、子どもたちはもう少し人
数の多いグループやクラス全体という大きな集団での活動を楽しむことができるようになりま
す。クラスを2つか3つのチームに分けて対抗戦をしたり、クラス対抗でリレーやドッジボー
ルなどの集団的な遊びを楽しめるようになります。こうした対抗戦では、子どもも大人（保護
者や保育者）も勝ち負けに関心がいきがちですが、そうしたことよりもみんなで協力していく
ことの楽しさや難しさを経験できるようにしていくことが大切です。とくにリレーなどは勝ち
負けだけが評価されてしまうと、走るのが苦手な子どもが他の子どもから非難されたりする状
況になりかねません。そうした状況をつくらないためにも、保育者がグループ分けを工夫する
ことも大事ですが、同時に、普段の生活の中で、子どものできることだけを認めるのではなく、
苦手なことやできないことも含んだ、まるごとの子どもの存在が受け止められる雰囲気づくり
が必要でしょう。そうした保育者の受け止め方、認め方は、必ず子どもに伝わり、温かいつな
がりのある集団づくりが可能になるでしょう。

　また、幼児期の後半には、少人数の子どもから始まった遊びなどがクラス全体の活動に発展
していき、ダイナミックな活動になるという経験をすることも大切です。遠足で行った動物園
や遊園地や子どもたちが好きな絵本や童話の世界、宇宙や海底などをテーマにしながら、一人
ひとりの子どもたちが自分の役割に取り組み、全体として一つのまとまりがある活動（遊び）
を経験することにより、子どもに「みんなでやるとすごいものができる！」という、仲間と協
同していく喜びを味わうことができ、協同的な学びの経験になるからです。

事例 6-14 〜 プラネタリウム

　6月の末に、年長組はプラネタリウムの園外保育に出かけた。多くの子どもたちは、初めて見るプラネタリウムに大興奮である。翌日、子どもたちが登園する前に、保育者は子どもたちからプラネタリウムを再現する動きが出ることを予想し、保育室に星座の本、黒の画用紙、カラフルなパラフィン用紙、星型や丸型に切り抜きができるパンチを用意しておいた。ふみきたちは、登園すると早速、黒の画用紙やパラフィンを見つけた。保育者といっしょにパンチで穴を開けて裏からパラフィンを貼り付け、「昨日見た、プラネタリウムみたい」と喜ぶ。「これも使ってみる？」白のマジックペンやラメ入りのマジックペンを保育者が用意すると、ふみきたちはそれを使って黒の画用紙に色を付けていく。けいこたちも集まってきて「私も作る！」と参加し始めた。それぞれ自分たちの好きな遊びをしている子どもたちも、ふみきたちの様子を気にして、見ている。昼食の前に、保育者がふみきたちが作った作品を子どもたちに見せると、子どもたちからも「お部屋に大きなプラネタリウムを作りたい」という声が出てきた。その日は、子どもたちがプラネタリウムで見た星空の様子を自由に作ることにした。

　翌日、保育者は、ダンボール箱を開いたものを用意し、子どもたちといっしょにプラネタリウムの場所づくりを行った。ダンボールには黒の模造紙やビニール袋が貼られていき、プラネタリウムらしくなった。子どもたちから「天の川がつくりたい」「椅子を並べて、お菓子も食べられるようにしよう」「ジュースの自動販売機もあった」など、次々アイディアが出され、その週いっぱいかけてプラネタリウムは完成した。子どもたちは、お客になったり係りの人になったりして楽しく遊んだ。翌週は、年少組や保護者を招いて、大盛況なプラネタリウムに子どもたちは大満足の様子であった。

　この活動では、プラネタリウム見学をした経験が、クラス全体の活動として生かせるのではないだろうかと保育者が考え、材料や環境準備をしています。予想通り、数人の子どもが飛びついてきたので、まず保育者は、その子どもたちとプラネタリウム作り（星空作り）を楽しみました。次に、この子どもたちの遊びをクラス全体に紹介し、プラネタリウム作りがクラスの活動として位置づくように援助しました。保育者は、子どもたちがサッカーやままごとなど、それぞれに楽しんでいる遊びもあるけれど、クラスみんなで一つのものを作り上げるという経験をこの時期に是非してほしいと思っていました。プラネタリウム作りのきっかけは保育者がつくっていますが、あまり固定的なイメージのものを子どもに作らせることは避けたかったので、できるだけ子どもたちが自分の意見を出し合い、自分たちで作業が進められることを大切にしました。ちょっとした意見の違いもなるべく子ども同士で調整していくことを大事にしましたが、プラネタリウム見学という活動をクラス全員で行った直後であったことや、星空を作るというのは自由度が高い活動だったため、それほどイメージに違いはなく、比較的スムーズに活動できたそうです。しかし、部屋を暗くして、懐中電灯で照らすという提案が出されたときには、暗さから「お化け屋敷」のイメージを持つ子どもたちが数人出てきました。そのときは、クラス全体で、プラネタリウムにするのか、それともお化け屋敷にするのか、子どもたちの方向性を確かめる話し合いをしました。小さい組の子どもたちに見せるためにお菓子やメダルを作っていたさゆりたちが「お化け屋敷だと小さい組の子が泣いたり、来てくれないから嫌

だ」という意見を出したので、今回はやはりプラネタリウムにしようということで落ち着きました。このように、保育者は子どもたちが自分の意見を言ったり、友だちの意見を聞いて考えたりすることを大切にしながら、どの子どもたちも主体的にこの活動に参加できるように配慮しました。そして、保育者はお化け屋敷のイメージに傾いていた子どもたちに対して、この活動の中でつまらない思いを残さないようにと、入り口の開閉式のドアを作るというちょっと難しい作業に誘い、いっしょに完成することで、満足感が得られるよう工夫したということです。

4．集団の意味

　幼稚園や保育所での保育を集団保育と呼ぶことがあります。これは、家庭での保育に対応した呼び方です。家庭での保育が、子どもの人数が1人から3人くらいの少ない中で行われるのに対し、幼稚園や保育所では、保育者1人が担当する子どもの人数が多いこと、生活の場である園やクラスには、何十人、あるいは百人を超える子どもたちがいるからです。しかし、子どもたちが複数いるから集団だというのは、大人が便宜的に決めたことです。前述したように、子ども自身は入園当初は知らない子どもたちの中に放り込まれているような状態ですから、周りに多くの自分と同じような子どもがいながらも、たった一人でいるような感覚です。これでは、集団とはいえません。むしろ、周りにたくさんの人がいるからこそ、余計に孤独を感じることさえあります（私たちが知らない人ばかりが集う会合に出席して一人でぽつんとしているときと同じ気持ちです）。

　大場牧夫[注2]は、幼稚園に入園した子どもたちが育っていく過程を「群れから集団へ」と表していました。入園したばかりの子どもたちは、寄り集まって何かをしているように見えても、個々それぞれが好き勝手なことをしている「群れ」の状態です。しかし、その状態から生活を通してお互いを知り、さまざまな関係性の糸で結ばれていくことを積み重ねていきながら、「集団」というものはつくられていくということを強調しました。

　保育では「集団形成」や「集団づくり」という言葉を使うように、集団というものは子どもたちが自分たちでつくっていくものと考えます。そして、園生活が修了するまでに、子どもたちのグループやクラスがどのような集団に育ったのかということを大切にします。

　森上らは、集団には「豆腐集団」と「納豆集団」があると指摘しています[注3]。どちらも大豆一粒一粒からできているのに、「豆腐集団」は一粒一粒の大豆がつぶされて原形が見えなくなっていますが、「納豆集団」はそれぞれの粒が形を残しながら糸を引き合っているとし、集団づくりは「納豆集団」のように子ども一人ひとりの個性が生かされながら、お互いがいろいろな糸でつながっていることを大事にする必要があると提言しています。表面的にきれいに統一された集団よりも、見かけはでこぼこしていても多くのかかわりの糸でつながれている集団づくりができるよう、子どもの関係性の育ちを援助していくことを大切にしたいと思います。

注2）大場牧夫『子どもと人間関係』萌文書林、1990、pp.103-112
　　3）森上史朗他『集団って何だろう』ミネルヴァ書房、1992、p.4

7章 栽培活動や行事を子どもとともにつくりあげる方法を探る

子ども自らが環境とかかわることによって展開される遊びを大切にしている保育においては、具体的な援助の方法はその場で柔軟に判断していくことが求められます。しかし、だからといってそれらが場当たり的なものに終始してしまっては、子ども一人ひとりの育ちを支えていくことにはつながりません。臨機応変な対応であっても、それは保育者の見通しに支えられたものでなければならないのです。見通しの持ち方にも短期的なもの、長期的なものがあります。ここでは、長期的な見通しが保育者には求められる栽培活動や行事についての事例を取り上げて考えていきます。

§1 長期の見通しを持つ

　長期的な見通しを立てていく際には、季節などの環境の変化や行事などを視野に入れていくことが必要になってきます。たとえば、冬に雪やみぞれの毎日が続く地域では、その季節ならではの生活を余儀なくされます。お天気の良い日にはさまざまな雪遊びが楽しめますが、反面、室内で生活する時間が長くなってしまわざるを得ない状況が生まれます。ですから短期的にはその時期にからだを動かしたい子どもたちの欲求にこたえ、充実した生活を送るにはどのように園内の環境を活用したらよいかを考えていきます。同時に長期的には、太陽の下でのびのびと遊ぶことのできる時期には、十分にそれらを楽しむ遊びや活動を経験しておきたいとの見通しを持ち、その生活の方法を工夫することになるでしょう。

　また、オタマジャクシやカタツムリ、バッタといった生き物や、その時期に咲く花や実、木々の紅葉なども、その季節でなければ触れ合えないものです。その地域の気候に合わせて種をまいたり、収穫を考えたりしていく必要があります。まずは栽培活動について事例をもとに考えてみましょう。

§2 栽培が生活にもたらす意味と子どもの育ち

　植物の生長には時間がかかります。それでも、水をあげるなどの世話を続けることで、やがては芽が出たり、花が咲いたり、実がついたりする発見や喜びを経験する機会となります。日

頃は、"世話をされる"ことの多い子どもたちにとって、自分たちが"世話をしていく"ことのできる経験となります。また、植物の生長を通じて季節の変化を感じ、生活に潤いをもたらしてくれるものとなります。栽培する植物についても、その子どもなりに経験を通して知っていく機会となるでしょう。

　そうはいっても、植物の生長の過程には変化の少ない時期もあり、子どもが興味や関心を持続することの難しさや、世話を続けることの大変さがあります。ですから、子どもたちが栽培活動に興味や関心を持ち、積極的に取り組んでいくには、方法上の工夫も大切になってくるようです。ある園の取り組みの実際を見てみましょう。

栽培活動についての保育者間での話し合い
〜昨年度の反省と今年度の見通し〜
保育者の記録から（抜粋）

　栽培活動について、園内で話し合った。今までトマトやさつまいもなどの栽培活動を行ってきたが、子どもたちが主体的に行っているだろうか？ 子どもたちにとって大人にやらされているノルマのようになってはいないだろうか？ 喜びを感じているのだろうか？ との疑問や反省がある。

　たとえば、草取りである。畑に草取りに行くと、子どもたちは「いや」「早く他のことをして遊びたい」「先生がかわいそうだからしてあげている」といった姿も見られる。手をかけ、目をかけて世話をするということを知ってほしいし、それが収穫の喜びや食べるときの感謝の気持ちにつながっていくのではないかと思うのだが……。

　なぜ？ と考えてみると、子どもたちは必要性を感じていないのだと思う。大人はなぜ必要かを経験から知っている。では、畑の草取りや作物の世話の必要性を子どもが感じるには、どのような工夫があるかを考えてみた。草取りをするところとしないところを作ってみたり、草で作物が見えないほどになってしまったときに畑に行ってみるなど、なぜ必要かを経験を通して知らせていくことがあってもいいのではないかなど意見も出た。また、保育者はどこかで「良い作物を収穫するため」の活動と混同してしまっているのではないだろうかとの意見も出た。良い作物ができれば喜びも大きいことは大きいのだが、作物の出来、不出来にあまりに価値を置いてはいけないことに気づいた。

　そこで、今年度は改めて子どもたちが栽培活動に興味や関心を持ち、積極的に取り組むことを願い、そのために以下のように工夫することにした。

　まず、植えるものの決定では、昨年は栽培に適していると思われるものを保育者が決めていたが、子どもたちが何を植えたいかを話し合い、決めることにする。種や苗の購入も、昨年は保育者の手で行ったが、今年は年長児が自分たちで買いに出かけることにした。

　また、うねの方向も例年の横長を見直し、短いうねを作ることとし、これまで使用してこなかったマルチ（植物の上にかける黒いビニール）を6うね中3うねに使用することにした。これは、昨年度かなり負担になっていた草取りを何とか改善したいと思ったからである。

　このような見通しを保育者間で確認して、子どもたちと栽培活動を行いました。その取り組みについて以下のように振り返っています。

今年度の栽培活動をやってみて……　　　　　　　　　　　　　　　　保育者の記録から（抜粋）

　　種や苗の購入について子どもたちに投げかけてみたところ、経験のある4、5歳児は、ここ何年か繰り返し作ってきたものや、昨年大量に採れて収穫が楽しく喜んだもの（ミニトマト、絹さや、なす、さつまいも、ピーマン）があげられたようだった。3歳児は身近なもの（じゃがいも、にんじん、たまねぎ、きゅうり）をあげた。苗の購入では、5歳児が一人ずつ自分が買ってくるものを選び、近くのJAへ出かけた。たくさんの苗の中、一つに決めるまでの過程では、「どれがおいしいものができそうか」「丈夫だと聞いてきた葉っぱの大きいもの」など見比べて真剣に選んでいたり、袋に入れてもらった苗を持ち帰るときには、「苗が折れそうだね」「そーっと、そーっと歩こう」「ゆっくり行けば大丈夫だよきっと」と、苗の命を大切にしようとする姿があった。また、2度目に購入に行ったときには、並んでいる苗を見て、「これはなすだよね」「ピーマンはどれ？」などの声も聞かれた。

　　このように、自分たちで行ってきた植えるものの決定や、苗や種の購入、自分の苗に名前（名札）をつける、植え付けから行うなどの方法をとったことで、栽培物をより身近に感じ、その育ちを喜んだり、心配する姿が多く見られるようになっていった。

　　また、短いうねを作り、マルチを使用したことは、草取りや収穫でかなりの効果があったように思う。1うねの長さが短いため、昨年のような"果てしなく草取り"という感覚が少なくなり、マルチの使用で草取りをしなければならない面積も減ったので、草取りに対する心理的負担も費やす時間（昨年13回、今年6回）も圧倒的に少なかった。それが、子どもたちが草取りの中で出会う虫などを見つけ遊ぶ姿を保育者も受け止め、楽しむことができるゆとりへとつながったと思う。草取りに関しては、経験のある年長児から声が出て畑に出かけて行って取っていた。そこでの年長の子どもたちは、仕方なく……という感じではなく、ある程度集中してやっていた。自分のじゃがいもにつけた名前をよび、「今、草取ってあげるね」「あっという間に草ぼーぼー」「栄養が草にとられちゃう」「大きなおいもたくさんできてね」と話しかけながら取っている。その途中で、昨年実がなって落ちた種から芽を出したかぼちゃの芽を発見したりもする。4歳児では、草取りが必要であることは感じているようでもあるが、草取り自体は長続きはせず、虫を探したり他の遊びへと移っていく。3歳児は、ほとんど意識はなく、先生がやっているから……ということでやってみる子どもがいるくらいで、畑には興味を持ってやってきても、すぐに別の遊びに行ってしまう。でも、こうした経験もそのプロセスの中で必要ととらえる保育者のゆとりが出てきている。

　　ある日、強い風が吹き、マルチのビニールが飛ばされそうになった。子どもから「おいもが危ない！」「助けなくちゃ」と畑へまっしぐらの姿が出てきて、保育者の「石で押さえよう」の声に、石を必死で運んだ。ことばの説明などいらず、子どもが身体全体で感じた危機感から自分たちの植物を守ろうとする印象深い出来事もあった。

　　収穫も、最初は「どこにあるの？」「どうやって？」などの姿が見られたり、「先生、じゃがいも元気でよかったね」などの声が出てきたり、いもを洗うことが楽しくて、たらいのそばから離れない子がいたりと、さまざまだった。その子どもにより興味の持ち方やその中身が違っているので、保育者もそれを理解していくことを大切にする必要がある。また、さまざまな作物を収穫し、回数を重ねていくうちにより関心や興味がもてるようになっていったり、深まっていったこ

> とが感じられた。食事のときには、自分たちが育てたものかそうでないのかを必ずといっていいほど聞いてきたり、食卓にあがる食物について質問したり、話し合う姿も見られるようになった。

　子どもたちが栽培の活動にできるだけ主体的に取り組み、喜びを感じられるようにと、その方法に工夫を凝らしていることが伝わってきます。事例のような方法だけがよいというのではありません。たとえば、もっと幼い子どもたちの場合には、種が大きくてまきやすかったり、世話が容易で、生長が早く、花が咲いて実が採れるといった、子どもにとっての負担感が少ないながら、育てる喜びを感じられるものを最初は保育者が選んで栽培する場合もあるでしょう。根の様子を見ることのできる水栽培を行ったりするのは、子どもたちにとっては普段は地中で目に見えない根っこの様子を見ることができて、好奇心を刺激したり満たしてくれたりするからでしょう。また園の事情によって畑の位置が離れた所にある場合などは、畑で育てているものと同じさつまいもなどを、植木鉢やプランターにして保育室の近くに置き、子どもの視界に触れるようにして関心を持ち続けることができるようにといった工夫をする場合もあります。子どもの年齢や経験をふまえ、それぞれの風土や地域、園の実情の中で、手探りしていくことが大切です。

 ## §3　行事が生活にもたらす意味と子どもの育ち

　長期の指導計画では行事についても、幼児の発達や生活を十分に考慮して位置づけることが必要とされています。幼稚園教育要領の第1章　第4　3(5) において、「行事の指導に当たっては、幼稚園生活の自然の流れの中で生活に変化や潤いを与え、幼児が主体的に楽しく活動できるようにすること。なお、それぞれの行事についてはその教育的価値を十分検討し、適切なものを精選し、幼児の負担にならないようにすること。」とされています。

　行事が日頃の生活と遊離したものにならないよう、行事があることで園生活が充実したものとなっていくような配慮や方法上の工夫をしていくことが、保育者には求められているといえます。具体的な事例を通して見てみましょう。

1．保育者の中で見通しをもつ

事例 7-1　〜　天気の良い日の公園への散歩

　5月下旬のある晴れた日、5歳児クラスの子どもたちが近くの公園に散歩に行く。子どもの足で30分くらいかかるところにある公園である。子どもたちは2列になって手をつなぎ、前の人に遅れないようにしながら、ときには道端をのぞきながら歩いていく。途中、保育者に声をかけ

られたりもするが、楽しく歩き、公園では遊具を使って遊んだり、広い原っぱで追いかけっこを
したりして遊び、お弁当を食べて帰ってきた。

　この幼稚園では散歩に出かけることは珍し
いことでした。日頃は、子どもたちが自ら環
境にかかわって遊ぶことを大切にしているこ
ともありますし、園庭の広さにも恵まれてお
り、子どもたちは十分に自分たちでからだを
動かしたり、走り回ったりして遊ぶことが
できるからです。この日散歩に出かけたのは、
約2週間後に遠足が予定されており、少し長
い時間を歩くことになっていたからです。体
力的には日頃の生活の中で育ててきており、心配はしていないのですが、クラスみんなで園外
で動くことや、道を大勢で並んで歩くことなどはこれまであまり経験してきていません。そこ
で、少しそうした要素を含む園外への散歩を計画したとのことでした。日頃の園生活での経験
をふまえ、行事への橋渡し的な経験を積み重ねようとの見通しを持っているのはもちろん保育
者だけで、子どもたちは遠足の前段階の体験などとは思っていません。

　子どもたちにとっては、みんなで園外へ
出るワクワク感、いつもの道でも友だちと
歩く楽しさがあるようでした。また、公園
でも、園の遊具とは違う楽しさのあるもの
に挑戦したり、園庭とは違う草花や虫に触
れたり、大きな広がりのある空間で走り回
る開放感を楽しんだり、心地よい風を感
じながらお弁当を食べたりなど、その日の
散歩そのものをおおいに楽しんでいました。
この春から担任としてかかわってきている保育者も、この散歩を楽しみつつ、集団として動い
ていく際に、一人ひとりの子どもがどのような力を持っているかなどを見ていきます。この日
の姿を参考にして、園外保育の計画を立てていくことになるでしょう。

2．行事をきっかけとして、子どもとともにより充実した生活をつくっていく

> **事例 7-2**　～ 遠足へ出かけて ～
>
> 　遠足は隣市にある遊園地に行き、子どもたちはいくつかの乗り物を体験してきた。翌日から、遊園地での体験を再現するような遊びが始まる。ジェットコースターのように滑り降りるものを作りたい子どもたちが、保育者にキャスターのようなものがないかどうか尋ねている。昨年の5歳児たちもこの遊園地での体験をもとにジェットコースターや観覧車などの乗り物や、クレープやハンバーガーのお店屋さんを遊戯室いっぱいに構成した遊園地を作り上げ、当時4歳児であるこのクラスの子どもたちも招待されて、入場券を買ったり、乗り物に乗せてもらったり、買い物を楽しんだ体験がある。その際の5歳児が使っていたような"動くもの"が印象に残っていたこともあったようである。
>
> 　保育者は、子どもの実現したい内容にていねいに耳を傾け、すのこにキャスターを取り付けることを提案した。大変なところは保育者の方で電気ドリルで取り付けながらも、子どもたちにも工具を渡し、台車部分からいっしょに作っていく。子どもたちは、ジェットコースターのレールにあたる部分は、巧技台を使って坂を構成し、そこを滑り降りることで、ジェットコースターで体験したスリルを再現しようとしている。すのこの上には段ボールで乗る部分を取り付ける予定で、その段ボールに色を塗ったり、カラーガムテープを貼って補強したりしている子どもの姿も見られる。また、お店屋さんを開店させようと、そのお店に並べるものを作っている子どもたちの姿もある。いつのまにか、自分たちで遊園地を作っていきたいとの思いが広がっていったように感じられた。

　行事である遠足をきっかけに、自分たちが体験してきた楽しかった思いと、その前年の4歳児のときに、5歳児の遊園地に招待されたときの体験が重なるのか、ここ数年、毎年のように遊園地を作る活動が行われてきています。もちろんそうした動きを支えようとする保育者の援助もあることでしょう。

　昨年の5歳児クラスでは、担任保育者が3歳児から継続して持ち上がったクラスであったこともあり、それまでの園生活で子どもたちが溜め込んできた、ものを作る力や、協力して進めていく力が相まって、さまざまな仕掛けを作り上げました。子どもたちのこだわりが表現された乗り物やお店屋さんが並び、そうした大がかりなものを作り上げた達成感を感じていたようでした。さらに副園長先生や、他クラスの保育者など、周囲の大人からの賞賛が込められた「○○組さんすごい！」といった驚きや、小さいクラスの子どもたちが喜んでくれたことなども自信につながり、クラス全体で一つの物事に向かって取り組んでいく手応えや喜びを感じた経験にもなったようでした。

　今年の5歳児クラスでも遊園地を再現して楽しもうとする動きが出てきて、保育者もそれを支えていましたが、子どもたちの動きを見ていると、群れて動き回っていること自体が楽しいという様子が強く、グループ内でのつながり方も幼さが感じられていました。何かじっくりと仲間同士で遊び込んでいく体験も、ものを作りあげる体験も多くの子どもがこれからといった

ように感じられたそうです。まずはものを作る楽しさを感じたり、友だちと考えを出し合いながら共に作る楽しさを感じてほしいと願いました。そこで、乗り物やお店、そこでの仕掛けなど、製作的な面から見たら物足りなさを感じても、とにかく仲間同士で一つのことを継続して取り組むことを大切にしていこうとの見通しを持ち、かかわっていきました。また、この保育者は、4月からこのクラスの担任になったこともあり、この取り組みを通して、自分が子どもたちとの関係をしっかりとつなぐ機会にもしたいと考えていました。

　このように、行事として遠足に出かける場所は同じであり、それをきっかけに楽しさを再現してみようとする子どもたちの動きが同じように出てきても、担任も子どもたちも一人ひとり違っていますから、それぞれのクラスで、違った意味合いを持ってその後の生活がなされることとなります。その際に、その行事をきっかけとして、子どもたちの生活がより充実したものとなり、各々の子どもの育ちにつながっていくようにするためには、保育者が見通しを持っていることが大切なのです。このクラスの作り上げた遊園地は、仕掛けなどもあまり多くはなかったのですが、グループの子どもたちがそれぞれに楽しんで作ってきたことが感じられる乗り物やお店屋さんが並びました。そして、4、5月頃には群れて動き回っているだけといった姿が多かった子どもたちが、この取り組み後の6月後半頃には、いくつかのグループで自分たちの遊びの拠点をつくり、落ち着いて遊びを展開している姿が見られるようになりました。保育者が、結果としてできあがるものよりは、その取り組みのプロセスこそ、この子どもたちの育ちにとってはより意味を持つものであるとの見通しを持って、その生活がなされていたからだと思われます。

3.　行事に向けて子どもたちとの毎日を積み重ねていく

　事例7‐1の散歩は、子どもたちのそれまでの経験内容を保育者がふまえ、そのうえで子どもたちが必要な体験を知らず知らずのうちに積み重ねていくことができるように、保育者の側で先の見通しを持ってその方法を考えていくものでした。事例7‐2の遠足では、子どもたちの生活で、遠足という行事が刺激となり、変化をもたらしています。そして、この場合は、子どもたちから生まれてきた動きをていねいに受け止め、その場だけの刺激に終わらせずに、各々の子どもたちの育ちにつながるよう保育者が見通しを立てつつ、子どもとの生活をつくっていました。

　行事には、さらに次に事例としてあげる「運動会」ように、開催される日が年度当初に決まっており、その日に向けて子どもたちとともにつくり上げていくものもあります。散歩の例などとは違って、こうした行事では、子どもたち自身も自分たちなりの見通しを持つことが必要ですし、大切です。日頃の生活からできるだけ遊離しないよう、子どもたちとその行事に向けてどのような方法で取り組んでいくか、さまざまな試行錯誤や工夫があるようです。

　次の事例は、ある幼稚園の5歳児クラスの担任の先生が運動会についてまとめた資料の一部です。

| 事例 7-3 | 運動会への保育者の見通し |

今年の運動会は、子どもたちが主体的に取り組めるようにという点をとくに大切にした。話し合う（自分の思いを伝える、友だちの考えを聞く、みんなではどうするか）ことを意識し、保育者に言われるのではなく、「自分たちが〜と考えるから〜する」という意識ができていくようにしたいと思った。そのため、話し合いを多く持つことになった。時間がかかっても、それぞれの子どもの思いを出し合ったり、納得の

いく解決の仕方を子どもと保育者とで考えた。また、運動会も幼稚園生活の一部であり、できる手伝い（係活動）を年長児は取り入れてみようと考えた。そして、子ども一人ひとりが自分自身に自信が持てるように……と願った。

　現在担任している年長児クラスは、自分のイメージと友だちのイメージがぶつかってしまうと、どんどん声のトーンが上がっていってしまい、周りもうんざりしてしまう、というようなところのある子が何人かいるクラスであった。そういったこともあり、今年の運動会の願いとしては、「友だちといっしょにからだを動かす楽しさをたっぷり味わってほしい」「友だちと力や気持ちを合わせていく経験をしてほしい」「自分の力を発揮し充実感を味わい自信につなげたい」という3点にした。

それでは、実際の取り組みの様子を見ていきましょう。

自分たちの運動会となるために ①
〜種目の名前を自分たちで決める〜 　　　　　　　　　保育者作成の資料から（抜粋）

　“自分たちの運動会となるために”ということは、今年の運動会で少し意識を強くもってやってみたところである。

　　たとえば、だるまを運ぶといった種目をやることになっていたのだが、その種目の“名前”をどうするか考えていった（最終的には「だるまさんどこまでおでかけ」に決まった）。

　種目の名前を決めるにあたっては、「その名前を聞いたときに、どんな競技かわかるのがいいって、前の○○組さんは言っていたよ」と、子どもたちは園長先生から聞いていた。自分はこうしたいという意見がたくさん出てきたが、あるとき、みおの出したものに対して、かずきが「それじゃあ、どんな競技かわからないからだめだ」と言い、それについて「じゃあ、ジャンケンで決めよう」ということになった。そうしたらみおが「なんで私の言っていることをジャンケンで決めるの」と主張し、その場はわあわあとなってしまった。

　そこで、「自分の思いを、ジャンケンとかの一瞬の勝敗で決められたら悲しいよね」などの投げかけを担任からしたりもした。すると、「そう言う子（女の子の意見）がいるんだったら、そうしよう」と簡単に流れる子もいたりするので、「時間もあるから、また考えよう」と時間をかけて、納得がいくように話し合っていった。

　運動会という行事であっても、運動的な活動ばかりではなく、一つの行事をつくり上げていく中にはさまざまな活動があります。それをどのような方法で行っていくかによっても、子どもたちにとっての体験の意味は違ったものになってきます。この園では、子どもたちが、自分たちがつくり上げていくことを大切にしていたので、種目の名前も保育者が決めてしまうのではなく、自分たちで決めていく方法をとっています。そして、その際にも、ジャンケンというような決め方ではなく、お互いの思いを出し合い、決めていく体験を実現しています。プログラムも子どもたちで作成していきました。

4．園生活で大事にしていることと行事とのつながり

　この園ではまた、日頃から係の活動など遊び以外の生活的な場面においても、子どもたちが園生活における主体的な生活者であることを大切にしています。それを運動会の取り組みを通じても実現していく方法について手探りしていることが見えます。

自分たちの運動会となるために ②
**　　　　　　　　～子どもの係活動～**　　　　　　　　　　　保育者作成の資料から（抜粋）

> 　係活動は、今までの運動会ではどちらかというと「子どもが疲れるからスピーディーに」との保育者やお母さんたちなどの大人の思いから、ぱっぱっぱと大人たちの方で済むようにやっていた。しかし、いつも自分たちの生活は自分たちでと考えて保育しているにもかかわらず、運動会のときだけ子どもたちにやらせずにお膳立てしていたことになる。それを園長先生からの投げかけで、見直してみようということになった。また、子どもの人数が少なくなってきて、わりと早い時間に運動会が終わるようにもなり、時間があるのなら、自分たちでということもできるのではないかとの思いもあった。
> 　かけっこのゴールテープ持ち、お母さんの競技の準備・後片づけ、自分たちのかかわらない競技の審判、旗揚げなど、分担できるところを係活動として取り組んだ。審判は、大人の判断と違っていたりすることもあったが、子どもが2人の目で見たのでということで、園長が上手くとりなしてくれた。

　運動会当日の係活動も、"自分たちの運動会"という意識につながることになるので、子どもたちとも相談して決めていったそうです。しかし、係活動の意義を認めながらも、子どもたちだけに任せるということは難しかったそうです。園庭が狭く保護者の参観するスペースが取れないため、運動会当日は近くの小学校のグランドを借りて行うからです。子どもたちにとっては毎日の生活の場である園庭で行われるのでしたら、道具の出し入れやその位置なども毎日の取り組みの中で積み重ねていけるので無理はありません。しかし場所が変わることで、日常との連続性がなくなります。そこで、保護者の協力を得て、子どもたちが係活動をしている後ろに控えていてもらい、子どもたちが間違ったり、わからなかったりすると声をかけてもらう方法をとったそうです。慣れない場所なので自分たちの判断でというところまでには至り

ませんが、なるべく自分たちの手で運動会をつくり上げていくことを大切にしようとする工夫をしたのです。

5．行事の内容が日頃の生活の延長線上に位置づくように

　それでは、5歳児が運動会で実際に行った内容（種目）について見てみましょう。

日頃の運動的な遊びの中から……　　　　　　　　　　　　　　　　**保育者作成の資料から（抜粋）**

　　私たちの園では、毎年、子どもたちが今までの日頃の生活の中で主体的に取り組んできた運動的な遊びの中から、子ども自身がやりたいもの、自信を持って取り組めるものを2つ選んで披露するという種目がある。今年はマットを使った運動（前転・側転・跳び箱からのジャンプ〜忍者遊びから）、長縄跳び（1人で跳ぶ・友だちと跳ぶ）、サッカーのシュート、マスト登りの4つのうちから2つを選んで取り組み、当日に行った。

　　マットの運動は、1学期に男児も女児も興味を示して遊んだ忍者遊びからのもので、跳び箱は、「忍者、跳ぶ術」と言って、跳ぶことを繰り返し楽しんだ道具であった。その遊びの中では、いろいろな動きがあったのだが、長い距離のジャンプに興味を持って取り組んだ子どもが多かったので、担任としては、ぜひ取り入れたいと思っていた。

　　長縄跳びについては、年中の頃から縄に親しんでいた子どもたちだった。長い縄も2学期になって出してみたら、興味を持ってやり始めたものである。

　　マスト登りは、普段は園庭の登り棒である。この登り棒に年少組の頃から興味が強く、繰り返し登ることを楽しんで、高く登れるようになったので、今年度、それを取り入れたいと思った。当日は小学校の校庭を借りての運動会となるので、登り棒ではなく、マスト登りとなった。

　　サッカーも、子どもたちにとっては人気のある遊びで、繰り返し取り組んできている姿があったものである。

　このような種目内容の設定は、日頃の生活の中での子どもたちの取り組みを、行事当日へとつなげていくよう配慮している代表的な方法の一つといえるでしょう。子どもたちにとっては、これまで楽しんで取り組んできているものですから、生活の延長線上にあります。それらを保護者をはじめ、大勢の人に見てもらうとなれば、5歳児なりに「かっこよく、よりよく」見せたいとの思いが出てきます。再度試してみたり、さらに上手にとの思いから何度も繰り返してやったりするでしょう。根気強く取り組む体験となり、よりよくできるようになった喜びや達成感、そして自分への自信をもつことにもつながっていくでしょう。

　運動会に向けての取り組みが、子どもたちの運動的な経験の質を高めるような一つの節目になっているといえそうです。それは、運動会が近いからといって、急に運動的な活動を始めることで得られるものではありません。日々の生活の中で出てきている運動的な遊びを大切にしたり、子どもの様子に応じて運動的な活動を子どもたちの生活の中に投げかけていくなど、保育者の側で年間の行事についての見通しをどこかでもっていることも求められます。

6.　一人ひとりの子どもにとっての行事の意味

　このように、生活の延長線上に……との思いを持っていても、これまで取り組んできた運動的な遊びの「4つの中から2つを決める」のに無理がない子どもばかりではありません。そんなときにはどうするのでしょう。

＜りくの場合＞　　　　　　　　　　　　　　　　　　　　　　保育者作成の資料から（抜粋）

　　だいたいの場合は自分で決めていくのだが、どうしても決まらないときは、友だち同士や担任がアドバイスをすることもある。今年もどうしても「あと1つ」が決まらないりくがいた。1つは忍者の修行の遊びには強くかかわっていたのでマット運動に決まっていたのだが、もう1つを悩んでいたときに、友だちからサッカーのシュートをしようと声がかかった。それで本人もやってみようとしてみたが、普段あまりからだを動かすような子ではなかったので、すぐには思うようにできない。私もできるだけ、りくとともに取り組むようにした。またなるべく「○○くんも来てね」と友だちを誘うようにもしていった。そうするうちに、私がいなくても「ぼくシュートの練習に行くから」と、自分から繰り返し取り組み出して、すごく力強いシュートができるようになった。お母さんも涙ぐむほど喜び、「帰ってからもお兄ちゃんといっしょにやり出して。この子が、からだを使うことに楽しさとか、喜び、うれしさみたいなものを感じるようになって……」と感激していた。

　　これは上手くいった例だが、私も本当によかったと思った。運動の苦手な子がやっぱりいるが、年長くらいになると、友だちからのアドバイスやかかわりに力がある。気持ちが揺さぶられるようなところも大きいように思う。

＜ゆうりの場合＞　　　　　　　　　　　　　　　　　　　　　保育者作成の資料から（抜粋）

　　ゆうりは、年少児の頃から興味を持って繰り返し楽しんできたマスト登りに自信を持って取り組むが、もう一つ取り組もうと選んだ興味のある長縄跳びがなかなか上手く跳べない。自分で行う縄跳びではどうだろうかと縄を変えて跳んでみたりするが、自分では上手く縄を回せず、リズムよくジャンプできない。ゆうりと私が「もう1回やろう」と取り組んでいると、かなが「ゆうりちゃん、あたしといっしょにやったら、上手に跳べるよ！」と言った。そこで、かなに縄を回してもらって、その中にゆうりも入っていっしょに跳ぶ2人跳びに挑戦した。何回も連続しては跳べないが、かながゆうりの様子に合わせて縄を回してくれるので何回かは跳べる。ゆうりは跳べたことがうれしくて、「やった、やった！」とピョンピョンと飛び跳ねて喜び、かなもゆうりがあまり喜ぶのでニコニコしていた。そして、またゆうりが長縄跳びに挑戦するようになり、運動会2日前に2回跳べた。ゆうりはうれしくて、「できた！」と言って小躍りした。本番では、記録更新で6回も跳んだ。

　　その後ゆうりは、どんどん跳べるようになり、友だちといっしょに長縄遊びに取り組む姿や、友だちが上手くできないと励ます姿などが見られるようになった。

　　ゆうりは、自分から友だちとはかかわりが持ちにくいところがあって、普段から担任である私がきっかけや、仲介をすることで友だちの中に入っていくような子だったが、運動会への取り組みの中で、かかわりの面が伸びてきたような気がしている。

　りくの場合もゆうりの場合も、これまで取り組んできたものが行事へとつながった面もありますが、それ以上に行事がきっかけとなって、運動的な活動の楽しさを経験することになっています。子ども自身のできるようになりたいとの思いもあったでしょうが、そこには、保育者の側でも運動会をきっかけとして、子ども一人ひとりのこれまでの運動的な経験や育ちを振り返る機会となっていることがうかがえます。そして運動の苦手な子どもには各々に添いながら、その取り組みの楽しさを感じてほしいと、かなり意識的にかかわっている機会にもなっていることが感じられます。もちろん、運動がただできればいいというのではなく、友だち関係の広がりなど、あくまでもその子どもにとっての全体的な育ちにつながっていくようにとの見通しがあることも感じることができます。

7．毎年同じ内容が同じ方法で行われるということ

　先の運動会の事例において、「私たちの園では、毎年、子どもたちが今までの日頃の生活の中で主体的に取り組んできた運動的な遊びの中から、子ども自身がやりたいもの、自信を持って取り組めるものを2つ選んで披露するという種目がある」との記述がありました。運動会には、このように毎年同じように行われる種目というものがある場合が多いようです。もちろんそれは、意図があってのことでしょうが、そうした種目について、今の目の前の子どもたちにとってふさわしいかどうか、どのような経験や育ちにつながっていくのかといったことについて、見直したり確認したりすることが本来的には必要です。そのような検討をしたうえで、継続して同じ内容の取り組みを行うとしても、「例年が2つ披露するから今年も2つでなければ」ということでなくてもいいわけです。今年の子どもたちにとって2つが適当かどうか、あるいは、なぜ4つの中からという制約を設けるのか、といったような検討や確認作業が出てくることになります。

　過去から継続して行ってきている内容や方法が、子どもたちにとって適切かどうかということを、ときには立ち止まってよく考えてみることが必要です。そして、この作業は直前では間に合いません。行事は時間をかけて子どもたちとの生活の中でつくっていくからです。ですから、余裕のある時期に見直したり確認し合ったりする話し合いを持つ必要があります。運動会に関する保育者同士の話し合いの場で、ある園長先生から出された以下のような発言からも検討することの必要性がうかがえます。

毎年の運動会で年長児が取り組むマスト登り　　　　　　　　　**保育者の発言から（抜粋）**

　　私の園では、毎年5歳児がマスト登りに取り組んでいる。5歳児の子どもたちは、その前年まで毎年5歳児のお兄さんお姉さんが取り組んでいるのを見てきて、その姿に憧れを持っており、今年は自分たちがやるのだ！という思いを持ってきている子もいる。
　　また、マスト登りは、自分への挑戦というのが多分にあると考えている。友だちに教えてあげたり励ますということで、つながりも出てきたり、自分もみんなと同じようにがんばることに

よってやり遂げたいという気持ちをもったりする。しかしどうしても登れない子もいる。友だちが腰を支えるだけで登れるようになっている子は、友だちが「ぼくがやっちゃる」とお手伝いするという場合もそれでいいと思っているし、子どもでは手が届かなければ保育者が支えることもいいと思っている。その子自身も、自分で周りの子と比べることもできる年齢だし、できなくて寂しい思いもするが、他のことでがんばるというように、その子なりのできるものや良さを支えるようにしている。きちんと園生活を充実して過ごしてきたのなら、5歳の年齢でがんばってみる課題としてそれほど無理なくやれるものとも考えている。

　しかし、このようなねらいや意味づけは、後からついてきたという感じでやってきていると思う。マスト登りは就任する以前からされていた。1年中、保育室の中にマストがずっと立っている。保護者が取り替えにきたりもしてくれる。引き継いだときに、これはどうしようかという話し合いを持つ間もなく、そのままにすることになった。普段の生活の中では楽しんで登れるような、遊ぶ道具になっており、環境構成としてはプラスとなっている。外にもマストがある。マスト登りの始まりについてはよくわからず、保育者の方でもわからないようである。しかし、保育者は違和感を感じてはいないようである。これまで職員から「マスト続けていく？　どうする？」ということが一度も出たことはない。今度、「マストを続けていく必要があるか？」との話を出してみる必要もあるかと思っている。他の競技についてはお互いにアドバイス等をしているのに、マストについてはそれが出てこないのはどうしてだろうと考えてみる必要があるかもしれない。

　毎年同じ取り組みを同じ方法で行うことが悪いというのではありません。毎年取り組むことだから、と当たり前に実施するのではなく、目の前にいる子どもたちにとって、マスト登りを運動会で実施することはどのような意味を持つかといった検討や、保育者としてマスト登りの取り組みで何を大切にしたいと思うかといった検討を経たうえで、長期的な見通しを持って子どもたちとともに取り組んでいくことが必要になってきます。

8．何を大切にしたいのか　── 保育者と保護者の相互理解 ──

　何を大切にしていきたいかによって、その取り組みの実際の方法は変わってきますが、それは行事の日を共に過ごす保護者の理解を得られるかどうかによって影響を受けることも出てくるようです。

　ある園で、保護者から運動会でのリレーのチームの分け方について「もう少し考えてくれれば」というような声が寄せられたとのことでした。その先生はチーム分けの方法について考えてみたくなったと、いくつかの園の保育者が集まった際に話題として出されました。以下のような意見が出されました。

リレーのチーム分け
　〜子どもに任せること・保育者がかかわること〜

保育者の発言から（抜粋）

（A）リレーのアンカーは、運動会が迫った時期になると、ある程度決めていく。子どもたちが勝敗にこだわるようにもなるし、保護者期待の競技でもあるので、微妙な力関係もあって、担任の思いも入って決めた。というのは、今年のリレーでもともと大事にしたかったことは、勝敗にこだわる男の子が、負けるとバトンを投げるような姿もあったり、走るまでは抜いてやろうと思っているらしいが、走り始めてできないとわかるとだらだらと力を抜いて走ったりということが見られた。最後まで力を出すことを大事にしていきたい。また、仲間意識も出てくるので、走り終わっても応援をしたり、自分のチームをずっと目で追ったりしていることも大事にしたかった。

（B）チームのメンバー構成や順番をどう走るかを、最後の週には、保育者を含めて子どもたちと調整する。それは競り合う状態にすると、その子どもが持っている力を本当に出すということもあるからである。子ども同士で決めると、あまりにも差がついてやる気がなくなったり、おもしろくなくなったりすることがあり、そういうときに「がんばって走ろうという気持ち、最後までがんばるという気持ちを持つことを願って」の援助としてよく行っている。

(C) リレーは、子ども同士でやることを大事にしている。運動会当日も「誰がアンカーだろうね」と言いながら待っている。バトンを落としたりすることもあるけれど、自分たちなりに納得していて、そんなに落ち込むこともないようである。カラー帽子を使っているせいかもしれないが、保護者たちがそんなに勝敗にこだわらない。小学校の運動会の紅白のようにすごく競い合うような雰囲気は少ない。そのせいか、保護者が紅白のチームの分け方がおかしいなどと言ってくることは、運動会に関してはこれまでなかった。

(D) チームで、バトンをどうやったら上手く渡せるかなどを考え合う経験をするときには、チームの人数も関係があるだろうということで、この子どもたちだったら何人くらいであれば相談できるかを保育者の方で話し合い、3チーム対抗のリレーになったりしたこともあった。色はクラスの帽子とか、バトンの色とかで決めている。チームを決めるとき、子ども同士で決めるとどうしても仲良しで集まる傾向があり、仲良しは遊びの傾向で決まっているところもある。活発な子は活発な子で固まったり、男女差が出たりする中で、力の差がずいぶん出てきてしまうところがある。そこで子どもたちと話し合って、力が同じくらいの方がもっとおもしろいというようなことを提案しながら、組み替えをしたりはする。しかし子どもたちが自分たちでやるということを大事にしたいという願いがあるから、子どもたちに最終的には任せる。結局、子どもたちにとってどういう運動会をしたいかにつながっていく。教育目標にかかわるような、もっと大きい部分にもつながっていくように思える。

(E) 当日の勝負で、あまりに差がつくと、「もっとチーム分けを考えてくれてもよかったのではないか」という保護者の言葉をもらったりする。困ったなあと実際には思ったりするし、保護者の方たちへチーム分けの意図が伝わっていなかったのだと反省したりする。

(F) 速い子に限って、負けたくないので、遅い子を相手に走りたがったりする。そうすると、周りの子どもたちが「○○ちゃんはずるい。自分も速いのに、負けたくないから、△△ちゃんと走りたくないと思っているんだ」と言う声が出たりする。「その子が速いから、速い子を相手に走

> るのがあなたの役割」とは子どもは言葉ではよく言えないけれど、「この人と走るのはあなたし
> かいない」と、他の子どもたちに速いことを認めてもらって、それであえて挑戦することを促
> されて、じゃあそうしようかという場面が毎年ある。それは、仲間同士ですごく大事なことだ
> と思う。そのような中で、子ども同士、納得をしながら順番を決めて走るので、自分なりにチー
> ムのためにということが育っているのではないかと考えている。

　チームを分けるということを子どもたちに任せるのは、子どもたちが自分たちで考え判断し
ていくことを大事にしていきたいからであること、一方で、保育者がかかわっていくのは、競
り合う中で子どもがやる気を持ったり、自分の力を出し切ることを大事にしたいからであると
のことだったことが見えてきます。今、目の前の子どもたちの経験として、どちらをより大事
にしたいのかについて検討したうえで実践していくことが必要であることが見えてくるでしょ
う。その際、保育者の言葉の中にも出てきていましたが、どういう子どもたちを育てていきた
いのかといった保育（教育）目標、つまり長期的な見通しをもち、その中で保育者として今の
時期には何を大事にしていきたいのかということと、方法は密接に結びついていることを確認
することができます。また、それを保護者とも共有していくことの必要性も見えてきます。

8章 かかわりの難しさを感じる子どもへの援助の方法を探る

保育の専門家として、保育者は子どものありのままを受容し、共感的な理解をし、適切な援助を行う……、こうしたことを文字で書くのは簡単ですが、現実に行うことはそれほど簡単なことではありません。

この章では、気になる子どもや障がいのある子ども、異なる文化を持つ外国人の子どもなど、保育者が関係性の持ちにくさを感じてしまうことが多い子どもたちへの援助の方法を考えたいと思います。

§1 気になる子どもへの援助

園での観察や実習を重ねていくと、「3歳児の最初の頃は、一人ひとりがやりたいことや言いたいことを個々にやっている感じ」とか、「5歳児くらいになると遊びのグループができていて、その子どもたち同士でいろいろな意見を出し合って遊んでいた」などの発言が学生たちの中からよく出てくるようになります。また、保育現場の研修などでも、そういった話題になることがあります。みなさんの中でも子どもについての会話の中に「○歳児って……」と出てくるのではありませんか？

このように、その年齢の多くの子どもが示す一般的な発達の姿について思い描くことができるのは、子どもの発達についての見通しが持てるということであり、保育者として必要な面もあります。しかし、子ども一人ひとりはそれぞれ独自の存在であり、発達の姿もそれぞれです。たとえば、家庭環境や生活経験も異なっていますから、各々の事物へのかかわり方や、環境からの刺激の受け止め方も異なっています。ですから子どもの発達の一般的な筋道を心得ながらも、"その子ども"を理解していこうとすることが求められます。これは、保育者としてどの子どもたちにかかわる際にも大切な姿勢です。ただ保育の場に身を置くと、保育者として理解の難しさを感じる子どもと出会うことも出てきます。ここでは、初めて3歳児クラスを担任することになったある保育者が気になった子どもの例を考えてみたいと思います。

1．担任保育者が気になった行動

　出会った頃のまなは、ままごと遊びが大好きで一人で黙々と何かを作っていることが多い子どもだったそうです。保育者が話しかけると、「見ないでよ！」「あっち行って、バーカ！」と強い拒絶の言葉と険しい表情が返ってきます。そばにいることも嫌がります。他の保育者や子どもたちに対しても同様です。思いどおりにならないと怒り、手が出ることも多く、保育者が止めに入らないと叩き続けます。まなの気持ちを聞こうとしても、相手の気持ちを伝えようとしても、聞こうとしなかったそうです。

　担任の先生が気になったのは、まずは強い拒絶の言葉と態度でした。保育者は、まながどのような子どもであるのか知りたい、まずは仲良くなりたいと強く思ったそうです。また、まなに保育者や友だちとかかわって遊ぶ楽しさを知ってほしいと願いました。そして、まなが自分の気持ちを言葉で伝えられるようになってほしいし、また、相手の気持ちに気づき、どうやってかかわっていけばお互いに楽しくなるのかを知り、友だちとのかかわりを広げていってほしいと願いました。

2．気になる行動の背景や心の動きを共感的に理解し伝える

＜3歳児6月＞　　　　　　　　　　　　　　　　　　　　担任保育者作成の資料から（抜粋）

> 　入園して2か月が過ぎ、園生活にもずいぶん慣れてきたようである。生活の流れもほとんどの子どもが理解し、自分でやろうとする意欲も見られる。遊びも気の合う仲間同士が集まったり、遊んだりする姿が見られるようになってくる。友だち関係の広がりが出てくる分、物の取り合いなどのぶつかり合いも増えてくる時期でもあった。
> 　まなは、一人でままごとをしながらも、周りの様子や友だちの動きを目で追ったり、周囲に目が行くようになってきたようである。まなの気持ちが穏やかな日にはいっしょに遊んだり抱っこしたりとスキンシップをとってきたこともあってか、まなの方から甘えたり、いっしょに遊びたがるようにもなってきた。
> 　ある日のこと、「先生、これ見て」と作ったものを得意そうに見せにくる。私が「うわあ、おいしそうだね。食べていい？」と言うと、まな「うん、いいよ。辛いけど」と言って笑う。私の「おいしいよ〜。おかわりください」に、「はい！」と答える。
> 　他の子どもたちに対してはまだまだ警戒心が強く、拒絶することも多いが、担任（私）がまなの気持ちを察して「触られたくなかったんだね」「一人がよかったんだね」と話すとうなずく。私はなるべく相手の気持ちもあわせて話していくようにした。
> 　私はまなが甘えん坊で恥ずかしがる様子を見せるようになったのを見て、自分を守るために強い口調で相手の行動を抑えようとしていたのではないか（他の方法がわからず）と考えた。また、友だちとかかわるときに、そういうときにはこう言えばいいんだよと、必要なことば（入れて、貸してなど）を、担任が伝えていなかったことにも気がついた。

　保育者は、まなの様子を注意深く見守り、理解しようとしていることが伝わってきます。気になる行動がどのようなときに出てくるのか、その背景や心の動きを知ろうと努めることがま

ずは大切な方法です。そして、この子どもの場合には、強い拒絶の言葉や行動は自分を守るためのものであると感じ、まなが周囲の存在に信頼感を持てるようになることを課題として見いだしていっていると思われます。そこで保育者は、その子どもの好きな遊びを大切にしていっしょに遊んだり、スキンシップをとったりする方法でかかわりを深め、少しずつ感じられるようになってきたその子どもの気持ちを言葉にするという方法をとっています。これは、保育者がまなを理解しようとしていることが、まな本人に伝わると同時に、まなの気持ちが周囲の子どもたちに伝わっていくことにもなっています。また、周囲の子どもの気持ちを代弁することで、その子どもたちの気持ちも保育者が理解しようとしている姿勢を持っていることが、その子どもたちにも、まなにも伝わる援助になっているといえるでしょう。

3．温かく繰り返しかかわり続ける

＜3歳児7月＞　　　　　　　　　　　　　　　　　担任保育者作成の資料から（抜粋）

　　気の合った友だちの名前を呼んだり、いっしょに遊ぶことを喜ぶようになり、友だちを捜すようになってくる。しかし、まだ物の取り合いや順番を守らないなどのトラブルが見られる。

　　まなも、特定の友だち（かりん）が気になり、そばに寄って行くようになるが、かりんのおもちゃを黙って取ったり、自分の思い通りにならないと怒ったり手を出してしまったりする。まなの、友だちとかかわりたいという気持ちを受け止めながら、2人の気持ちを代弁していくようにしていった。また、担任との信頼関係もできてきているとの判断があったので、友だちを押したり強い言葉で相手を傷つけてしまうようなときには、厳しく注意もしていった。相手の気持ちをわかってほしいのだが、また同じことを繰り返すため、クラスの子どもたちもまなを避ける様子が見られ、担任はまなの良いところをみんなに伝えたりすることも心がけた。

　　この4か月の間、家庭の方に、まなの園での様子を伝えるとともに、家庭での様子もうかがってきた。母親に「今日もお友だちを叩いちゃった」と話していることや、母親も「お友だちを叩くと、まな、もう本当にお友だちがいなくなっちゃうよ」とまなに話していたこともわかった。担任には言えないひとことであった。

　　7月の終わり、まなは朝登園するなり「先生、もう私お友だちを叩かない！」と宣言した。私は「うわあ〜、すごいね、まなちゃん。何だかお顔も優しくなったみたいだよー。かわいい」と抱きしめると、照れるまな。この日一日、宣言通りにトラブルなく過ごせた。

　　一日の終わり頃「まなちゃんのこと、ずーっと見ていたけど、本当に叩かなかったね。ほら、みんなもうれしそうだよ。先生もうれしい！」と抱きしめる。まなは「ははは」とうれしそうにする。りこが「でもね、私の頭、さっき叩いたよ〜」と話す。私は驚いて「えっ、どうして叩いたのかな？」、りこが「まなちゃんが私の座っていたところに入ろうとしたから」。まなは「だって、座りたかったんだもん」、りこ「でも、痛くなかったよ」。そこで、私は「1回だけだからいいよね」と言うと、りこをはじめクラスのみんなも「うん」とうなずく。

　　この日の朝のまなのひとことで、友だちが泣いたり嫌がっていることにまなも気づき、友だちに悪いことをしたと思っていたこと、自分の行動を何とか止めようと思っていたことを知った。友だちといっしょに遊ぶことの楽しさを感じたからこそ、「いっしょに遊びたい！ 友だちを傷つけたくない」との思いへと心が動いていったように感じた。その気持ちをまなが自ら言葉にし、

> 行動したことで、担任も子どもたちも、まなの気持ちに気づくことができた。クラスの子どもたちにもまなの思いが伝わり、雰囲気も温かくなったようだった。まなを怖がっていた子どもたちも、まなの変化に気づき、認めてあげていることに成長も感じた。
> 　友だちを求め始め、友だちと仲良く遊ぶためには言葉で表現することも必要であることを子どもたちも私も感じ取っていった。

　ここでは、まな本人も努力しようとしていること、その姿への保育者の温かい共感が感じられます。温かいまなざしで見守られ、また理解されることは子どもにとって何よりもうれしいことでしょう。

　保育者は、まなの「友だちとかかわりたい気持ち」を受け止めながら、お互いの気持ちを言葉にする援助を続けるとともに、保育者との信頼関係ができつつあるとの判断から、ときには、叩くようなやり方では自分の思いは相手に伝わらないことをきちんと伝えていくかかわりを持ち始めています。しかし、すぐに変化するものではありません。温かく、あきらめずに、繰り返しかかわることが必要な方法です。

　また、クラスの中で、まなに対してマイナス面だけの固定的なイメージが根づいてしまわないように、良い面も伝えていく方法をとっています。それが、子どもたちの中でのまなへの理解を形作っていることが次の例などからも見えてきます。

4．子どもの良い面を見つけ伝える

＜3歳児9月＞　　　　　　　　　　　　　　　　　　　　　　　　担任保育者作成の資料から（抜粋）

> 　私は初めて受け持った3歳児の子どもたちに戸惑いながら過ごした1学期を振り返り、3歳児ではまだ経験が限られているため、全体としては言葉も豊かではないこと、そのためトラブルが多かったり、活動がとぎれとぎれになってしまうことに気づいた。2学期は、ようやく友だちと遊ぶ楽しさを知り始めた子どもたちの遊びがもっと発展できるよう、遊びを子どもたちと共有し、会話を引き出したり、役割を決めたり、子どもたちが自分たちで遊べるようになるまで間に入って遊ぼうと考えた。
> 　まなが夏休み中、「先生に会いたいよ。かりんちゃんはどうしているのかな」と母親に話していたことを母親から聞く。友だちの様子が気になり、会いたいと思うまなの姿に、1学期の間で保育者や友だちに対し親しみを持ち、いっしょに遊びたいという気持ちが育っていることを感じた。この言葉通り、2学期に入るとはりきって登園し、大好きなままごとを4、5人の子どもたちといっしょに楽しんでいた。「入れて」「貸して」と相手に聞いてから参加したり使ったりする姿も見られ、保育者や友だちに会えなかった期間（夏休み）が、まなにとって幼稚園という集団生活の良さを感じとれる良い機会になっていたように思われた。
>
> 　この頃のある日のままごと遊びの中であった会話である。
> まな：「かりんちゃん、それ貸して？」

かりん：「いいよ。ねえ、先生、まなちゃん優しくなったよね」
私：「そうだよね」

　また、別な日の朝、まなが登園する前の出来事で、偶然に耳にした会話である。
かりん：「まなちゃん、すぐに（使っている物など）取るから嫌だよね」
ともこ：「うん、こわいよね。でも入れてって言えるようになったよね」
かりん：「まなちゃん、おもしろいよね。私、優しくしてあげる」

　まなの言動にがまんしていることもある子どもたちの気持ちもわかり、その中でもまなの良いところにも気づいてくれていたことも知った。まなの存在が周りの子どもたちの育ちにつながっている面もあることを感じた。
　ままごと遊びにも変化が見られ、担任が「あ～、おなかすいちゃった」と言うと、私の食べたいものを聞いてから作ってくれたりするようになった。気づいたら物の取り合いも少なくなっていた。

　「貸して」「入れて」は定型の言葉ではあるものの、まなにとっては、相手の思いを感じているからこそ出てきている言葉として保育者は受け止めており、周囲の子どもも同じように感じていることが伝わってきます。また、周囲の子どもたちがまなのおもしろさといった良い面も感じていることが伝わってきます。もちろんこれらは、周囲の子どもたちの相手を理解していく力の育ちですが、そうした理解のあり方には、保育者の子どもたちを理解する姿勢や態度が反映しているものと思われました。温かい子ども理解や、それを子どもたちに伝えていくという方法が、子ども同士の子ども理解にもつながるということでしょう。

5．子ども理解やかかわりの幅を広げるチャンスととらえる

　10月以降、まなは、友だちの作ったものを素直にほめるなど、自分がしてもらってうれしかった体験を友だちにもしてあげていると感じられる姿が見られるようになりました。また、ほしい材料や足りないものを、保育者や友だちに言葉で要求できるようになり、衝突も少なくなってきました。しかし、ときどきは思うように言葉にならず、叩くなどの行動が見られましたが、後で自分から謝りに行けるようにもなっていったそうです。
　11～12月頃のままごと遊びでは、クラスの多くの子とともに過ごす時間が長くなっていきました。場を共にして遊ぶことでイメージが重なることもあり、まなにとっては「みんなと遊ぶとおもしろい」と思える体験をするようになっていきました。しかし思いのすれ違いは起こります。その際担任は、相手の状況を伝えることを心がけたそうです。まなが、相手の気持ちを自分なりに考え、今自分のしてあげられることを考えられるようになることを育てていきたかったからだそうです。たとえば、ある日のこと、まながある子どもとしゃもじを取り合っていました。そこに居合わせたゆかりが自分のしゃもじをまなに貸してあげたそうです。ゆかりはかきまわす道具がなくなりお椀でフライパンの中身をかき混ぜていました。まなはそのこと

には気づいていません。そこで保育者は、まなにそっとゆかりの様子を見るように促したそうです。それを目にしたまなは、自分の手元に持ってきていたもう一つのしゃもじをゆかりに渡しに行きました。トラブルも子どもの心を育てる一つの要因となるのだと思えたそうです。

　この保育者は、最初は「気になる行動」が目につき、どうしようとの思いから出発しました。けれども、ていねいにまなの様子を見守りつつ、自分のかかわりを見つめ直していく中で、こうしたまなの姿は子どもの育ちとして大切なプロセスであること、まなだけではなく他の子どもたちにとっても必要なかかわりであったことなどが見えてきたそうです。まなとの関係の中で、たくさんのことに気づくことができたとも述べていました。

　「気になる子ども」は、子ども自身が大きな課題を持つ場合が多いのは確かです。しかし、保育者が「気になる」のは、その子どもをどう理解したらよいか困惑していたり、かかわり方が見いだせなかったりしている状況でもあるように感じます。だからこそ、この保育者のように、まずはその子どもを理解しようとする姿勢を持ち続けることが大切です。かかわりながら、あるいは少し離れたところから、その様子を見守り、保育者として気になる行動がどのようなときに出てくるのか、その状況や心の動きを推測しつつ、かかわり続けることが必要です。そうした試行錯誤が、自分の子ども理解やかかわりの幅を広げるチャンスとなります。

§2　障がいのある子どもへの援助

　障がいのある子どもの入園は以前に比べ増えてきています。障がい児の受け入れは、子どもの障がいの状態を観察する体験保育や入園審査と、すでに受け入れている障がい児の数や職員の配置など、園の状況によって入園が決定されるというのが現状のようです。障がいのある子どもを引き受けるということは、その子どもとその子どもを含んだクラスや園全体の子どもたちの育ちを援助していくという両方を実現していく必要があるからです。

| 事例
8-1 | 　発達に遅れがみられるたいしは、食べ方が上手ではない。そのため、ご飯やスープをこぼしてしまうことが多い。そのため、他の子どもたちはたいしと同じテーブルで食べることを嫌がり、さりげなく避けている。昼食準備が遅い子どもや友だち関係が持てない子どもたちがたいしと同じテーブルにつくことになるのだが、たいしの隣の席はいつも空いている。保育者は、子どもたちが何気なくたいしを避けていることに気がつきながらも、どのような投げかけをしたらよいのかわからないでいる。 |

| 事例
8-2 | 　自閉傾向があるひろとは、スピーカーから流れる大きな音が大嫌いである。そのため、体操やリズムダンスの音楽がCDデッキからかかると嫌がってすぐに音を消してしまう。音が消せないときは、部屋を飛び出して職員室に逃げ込む。また、市の地域情報や時報が園庭に取りつけられ |

たスピーカーから流れることがあるが、そのときには保育者がひろとの耳をふさいであげないとパニックを起こしてしまう。保育者は、音にひやひやしながら毎日を過ごしている。

> **事例 8-3**
> 　言葉の遅れがあるまりこは、自分の言いたいことがあってもそれをなかなか伝えることができないために、すぐに友だちを叩いたり、噛んだりする。保育者はまりこの様子に気を配っているが、今日もちょっと目を離した隙にさちの腕を噛んでしまった。さちの腕には大きな歯形が残ってしまい、保護者にどのようにお詫びをして説明すればよいか頭を悩ませている。

　このように障がいのある子どもを引き受けるということは、今までとくに配慮をしないでいたことについても、一つひとつていねいに対応していかなければならない状況が起こるということです。統合保育とは、障がいのある子どもを引き受け、他の子どもたちといっしょに生活させていけば、その目標が達成されるわけではありません。その子どもと周囲の子どもへの保育者のていねいな援助が重要になります。

1．ある障がいのある子どもの事例から

　ゆうたは、3歳児健診のときに言葉の遅れが心配され、保健センターの精神発達検診を受診しました。そして、軽度の発達障害があるという指摘をされました。ゆうたの発達のためには、健常児との集団生活が有効であるとのことから、保育所に障がい児枠で入所をすることになりました。ゆうたの所属する4歳児クラスには担任保育者が1名、ゆうたの担当保育者が1名配属されることになりました。

＜4歳児クラス4月＞　入園したての頃

> **事例 8-4** 〜　すぐに手が出て、パニックになる
> 　自分の思い通りにならないとすぐに手が出たり大声を出してパニックになる。友だちと遊んでいても突然興奮してしまい、相手を引っかいてしまったりぶったりすることもある。ゆうたには担当の保育者がついており、ゆうたの突然の行動を抑えようと、「だめ！」「ゆうたくん！」という強い口調で伝えるが、そうした制止はゆうたをかえって暴れさせることもある。他の子どもたちが遊んでいると「ぼくもやりたい！」とゆうたは寄って行くが、自分の思い通りにやりたがり、順番を待つことなどもできないため、すぐに怒り出してしまう。そのため、担当の保育者は「先生と2人で遊ぼう」とゆうたを誘って子どもたちと離れて遊ぶようにしている。

　4月の時期は、ゆうたを含め、子どもたちが新しいクラスや環境に慣れて、安心して園生活を送れるようになることが大切です。保育者たちはゆうたと他の子どもたちの両方の生活や遊びを保証していく必要がありました。そのため、ゆうたと他の子どものトラブルはできるだけ

減らせるように、ゆうたを他の子どもたちから遠ざけるという手段をとらざるをえない状態でした。もちろん、朝の集まりや昼食など、できるだけクラスの活動には参加していましたが、ゆうたがその活動を嫌がったり暴れたりするときには、廊下や職員室で２人だけで過ごすなどして、ゆうたにも他の子どもにも負担をかけない方法をとるようにしました。

＜４歳児クラス７月＞　かかわりが少し生まれて

担当の保育者との信頼関係ができ始め、ゆうたは保育所で安定して過ごせるときも多くなりましたが、一日の中で一、二度は興奮して泣いたり、暴れたりする状態が続いています。

事例 8-5 ～ 園庭にて

園庭にフラフープを持ってくる。「先生も！」とゆうたは、担当保育者にもフープを渡す。「おまわりさんとどろぼうね」とゆうたは言い、保育者と追いかけっこをすることを提案する。先にゆうたがおまわりさんになり、保育者をつかまえる。役割交代になるがゆうたは「今度、ぼく、おまわりさん」と言う。保育者が「違うよ、今度はゆうたくんが泥棒で先生がおまわりさんだよ」と言うと、「わかった」とうなずき、楽しそうに逃げる。子どもたち数人が、ベランダで絵の具遊びをしていた。ゆうたは、走って逃げた先でその様子を見てじっとたたずむ。「やりたいの？　ゆうたくんも」と担当の保育者が尋ねるとうなずく。さっと靴を脱いで絵の具筆に手を出そうとするが、「靴をしまってから」と担当の保育者に言われ、いっしょに靴を片づけに行く。

戻ってきて、「かして！　かして！」と足をばたばたさせて大声で言う。りゅうは「誰に言ってるの」と小声で言うが、誰もゆうたに筆を貸さない。りゅうが一瞬筆を置いたすきに、ゆうたが筆を取り、青い絵の具につける。りゅうは「それ、ぼくの！」と怒って取り返そうとする。担当保育者が新しい筆を持ってきてゆうたに渡して、「それ、りゅうくんのだから返して」と言うと、ゆうたはりゅうに筆を渡す。りゅうは怒った表情でゆうたをにらみつける。ゆうたは紙に青い絵の具を塗りたくったあと、そのまま黄色の絵の具が入った入れ物に筆をつける。「あ！　いけないんだぞ！」とりゅうはゆうたに言うが、ゆうたは黙って絵の具をかき回してしまう。担任の保育者が「あーあ、（色が）まざちゃった。でも、きれいだけどね」と言う。りゅうはしばらくゆうたの様子を見て、「先生、混ぜてもいいの？」とたずねる。「もう片づけだから、いいよ」保育者が言うと、りゅうも絵の具同士を混ぜ合わせる。ゆうたとりゅうは、絵の具の入れ物や場所をめぐってぶつかり合いながらも、しばらく絵の具を混ぜることをいっしょに楽しむ。

保育者との信頼関係ができ始め、ゆうたがやりたい遊びを保育者とともに楽しめるようになっていることがわかります。どろぼうとおまわりさんの追いかけっこの役割交代では、ゆうたは役割の間違いを保育者から指摘されますが、怒ることもせずにそれを了解しています。また、筆を借りたいときにも「かして！」と叫びながらも待つ様子や、筆が置かれた一瞬をねらって筆を取るなど、友だちが持っているものを無理に取るようなこともしなくなりました。まだまだ、ゆうたは自分勝手で乱暴のように思われますが、やりたいことを言葉で言うことで自分の行動を抑えたり、納得ができれば相手に合わせた行動が少しずつでも取れるようになってきているようです。気になるのは、ゆうたに対する他の子どもの反応です。ゆうたの「かして！」という言葉は、他の子どもたちには届いていません。りゅうの「誰に言っているの？」

という小さな呟（つぶや）きから推測すると、子どもたちはゆうたの言葉が聞こえてはいるけれど、無視をしている可能性が考えられます。あるいは、「だめ」と返事をすればゆうたが怒り出すことがわかっていて、あえて無言で自分たちのやりたい遊びを守っているのかもしれません。このようにゆうたの存在がまるでそこにいないかのように他の子どもたちが振る舞うことが、今後、顕著になっていくのであれば、それは注意信号です。なぜならば、障がいのある子どもがクラスの活動を乱すという理由で、クラスの子どもたちと分離されて保育されていることが当たり前になることで、他の子どもたちがゆうたのことをクラスの一員として認めず、厄介者のように感じている証拠だからです。障がいのある子どもの状況によって、ある一定期間、他の子どもたちと離して保育することが必要な場合はありますが、それは、最終的には他の子どもたちといっしょに過ごすための土台づくりのためです。そのため、子どもたちの様子を見ながら、クラスの中にその子どもの存在が位置づく方法を考えていくことが重要です。この事例で、ゆうたは、ちょっとしたことからりゅうとのかかわりを持っています。ゆうたが考えもなしに青い絵の具のついた筆を黄色の絵の具に入れてしまい、りゅうは、それをすぐに非難し、保育者に助けを求めます。今回は、絵の具の活動が終盤だったせいもあり、ゆうたが絵の具を混ぜたことを保育者がとくにとがめることもしないで、むしろ「きれいなんだけどね」と色が混ざったことについて別の視点を伝えます。そのことにりゅうが興味を持ち、ゆうたとりゅうの2人が同じことをして過ごす時間を持つことができました。ゆうたのような子どもは、突拍子もないことをやってくれるのですが、ときには突拍子もない活動を他の子どもたちがおもしろく感じ、そのことからかかわりが生まれることもあります。保育者は、子どもの予期せぬ行動を非難ばかりせず、おもしろいこと、楽しいことと、受け止めていく柔軟な姿勢も必要でしょう。

＜4歳児クラス2月＞　けいくん大好き

　ゆうたは、園生活にも慣れ、気に入った友だちができてその子といっしょにいたがるようになりました。しかし、その友だちがいつもゆうたの気持ちを受け入れてくれるとは限らないので、受け入れてもらえないときには、悲しくて怒り出します。しかし、保育者が他のことを提案すると気分を変えることもできるようになりました。

事例 8-6　── リズム表現の時間に ──

　担任保育者がピアノを弾き、子どもたちはアヒルや魚になって動いている。ゆうたも他の子どもたちと同じ動きをしたり、ポーズを取ったりしている。けいがポーズをとって止まるとゆうたはけいの隣にきて止まる。ゆうたのからだがけいに触れてしまい、「やめてよ」と言われる。ゆうたは何度もけいの近くで止まろうとするが、けいはゆうたの存在に気がつくとさっと距離を離すこともある。しかし、けいが座ると、けいが取るポーズをまねてゆうたは隣に座る。「2人組になりましょう」と担任保育者が言うと、けいはすぐに反対側にいたはるきとペアになる。ゆうたはどうしようという感じであたりを見渡し、一人でぐるぐると回転している。担当保育者は相手がいない女児とゆうたをペアにしようとして、ゆうたの手を取るが、ゆうたは嫌がり「だめーだめー」と言う。保育者が間に入って3人でやろうとするが、ゆうたは「だめー！」と叫ぶ。仕方なく担当保育者は女児を待たせて、ゆうたと2人で手を組む。次に女児と担当保育者がペアで

動いている間に、ゆうたはけいの隣に行く。「あ、横入りした！」とはるきに言われ、ゆうたは手足をばたつかせる。けいにも「あっちにいけよ」と言われて、怒って泣き出す。保育者が止めに入るが、手足をばたつかせて怒る。担当保育者が「外で鬼ごっこしよう」と誘うが気分が落ち着かないらしく、足をばたつかせている。しばらくすると自分から「サッカーする」と言って立ち上がり保育者の手を取り、外に行く。

　　ゆうたはリーダー的な存在であるけいに憧れの気持ちを持つようになりました。けいの周りにはいつも元気な男の子たちが集まって楽しそうに遊んでいるのが魅力的なのでしょうか。近くに寄っていったり、隣に座ることで、自分の気持ちをけいにアピールしますが、なかなか受け入れてもらえません。リズム遊びのときのように、近くに行きたいという思いが結果的にはからだをぶつけてしまうということになり、けいに嫌がられることもあります。使いたいものはすぐに使いたくて泣き叫ぶタイプのゆうたですから、友だちの気持ちを思うように向かせることができないことはどんなにかつらいことでしょう。しかし、こればかりは泣いても叫んでも難しいようです。それでもけいに近づきたい気持ちは強く、何度も挑戦します。保育者はその様子を見守りながら「そんなに勢いよく行ったらけいくんは嫌だって」「けいくんのお隣に座りたいから入れてって言わないと、他のお友だちも入れてくれないよ」などと、そのときどきにていねいに人とかかわる方法を伝えていきました。ゆうたもけいと仲良くなりたいという思いから保育者の忠告を少しずつ受け入れるようになりました。

＜5歳児クラス6月＞　友だちと遊べるようになる

　　年長組になり、担任・担当とも持ち上がる。ゆうたは、保育者の仲介を経ながら友だちとも遊べるようになりました。手を出して友だちを傷つけることも減りましたが、大声を出すことはまだ続いています。

事例 8-7　1番になりたい

　　園庭の大きな木の下で、ゆうたは担当保育者とかけっこをしている。繰り返し「よーいドン！」といって2人で走る。ゆうたはいつも1番なのを喜ぶ。さらが「入れて」と仲間に入り、3人で走る。ゆうたは1番になり喜ぶ。「今度は鉄棒回ってこよう」「今度はスキップ」など、保育者がいろいろなかけっこを提案する。ゆうたはいつも1番なのがうれしそうである。れんとひろなおが「入れて」と入ってくる。5人で走るが、れんが鉄棒を回らずにまっすぐ走り1番になる。ゆうたは怒って泣く。保育者が「じゃあ、今度はゆうたくんが走るところ決めて」と提案すると泣き止み、「鉄棒を回って……」と障害物を決める。「よーいドン」と次の競走が始まるが、ゆうたはいくつかの障害物をパスして1位になる。れんが「ずるいよ。ゆうたくん」と言うと、「1だよ1」とゆうたは泣きながら言う。今度はひろなおが走るところを決めることになる。れんとさらは「わかった」と言い、「よーいドン」と走り出す。「だめ！」とゆうたは大声をあげて泣く。保育者が「みんな練習しているだけだよ」と伝えると落ち着いて泣き止む。

　　担当保育者は「みんなが縄跳びしているよ。見に行こう」とゆうたを誘う。「ゆうたくんも入れてもらう？　入れてって言ってみる？」と保育者が言うと、ゆうたは近くにいた男児に、「いいよ。ぼくだっていいよ（ぼくも仲間に入ってもいいかな）」と伝える。男児はゆうたの言っている

ことの意味がよくわからず、何も言わずにいる。ゆうたは縄跳びの順番を他の子どもといっしょに並んで待つ。しかし、なかなか自分の番がこないので怒り始める。担当保育者が「ゆうたくんの番は、〇〇くんの次だよ」と言うと「やだやだ」と怒るが、その場から離れず自分の番を待つ。やっとゆうたの番になり、喜んで跳ぼうとするが興奮しすぎたのか転んでしまう。それが悔しくて泣き出す。保育者が「次にがんばろう」と言っても泣き止まない。しばらく泣いていたが、保育者が「汗ぐっしょりだよ。着替えてこようか」と言うと泣き止みうなずく。洋服を着替え、今度は自分で縄を出して鉄棒に結び、「へびへび」などと言いながら縄を揺らす。女児たちがその縄を跳ぼうとすると、「まだ！」「だめ！」と怒る。保育者が「みんな、ゆうたくんの縄跳びたいんだよ。じゃあ、用意できたら、いいよって言ってあげて。いいよって言ったら跳んでね」と言うと、ゆうたはうれしそうに縄を揺らして「いいよ」と言い、女児たちはそれを跳ぶ。

　保育者とゆうたが楽しそうに遊んでいると「入れて」と他の子どもたちが仲間に入ることが増えてきました。友だちが自分の遊びに参加したがるというのはゆうたにとってもうれしいことでしょう。しかし、「こうやって遊びたい」というゆうたの遊びへのイメージや気持ちが強いために、それが少しでも違ってしまうと泣いて怒ることが続いています。そのため、友だちとの遊びが長く続くことはありませんが、保育者に友だちの思いやそのときの状況を言葉で言ってもらえることにより、以前にまして気分を変えられる時間が短くなりました。

＜5歳児クラス2月＞　友だちとのかかわりをさらに求める

　友だちとかかわることを楽しみ、怒ったり泣いたりしながらもゆうたは友だちとかかわることをさらに求めるようになりました。みんなと同じことをしたい、認められたいという気持ちも強く持ち始めてきました。

事例
8-8　　合唱とクイズ

　ホールで合同で合唱の練習をしている。ゆうたも大きな声でうれしそうに歌をうたっている。ときどき隣の男児の顔を見て、同じ顔のまねをしている。「すみれ組さん、上手」と保育者がほめるとうれしそうにニコニコ笑う。小さいクラスの出番になり、子どもたち一人ひとりの名前が呼ばれる様子をゆうたはうれしそうに見ており、自分もつられて「ハーイ」と返事をしてしまう。他の子どもたちや保育者に「ゆうたくんは、いいの！」と注意されながらも、みんなの注目を浴びるのがうれしいのかニコニコ笑いながら、再度「ハーイ」と言う。

　保育室に帰り、担任保育者が「クイズクイズ」と呼びかける。子どもたちが「何のクイズ」と合いの手を入れるが、ゆうたはクイズを出す役になろうとして前に立つ。担任保育者から「ゆうたくん、先生がクイズ出すから座って」と言われ、「ぼくがやりたーい！」と怒るが、「先生が問題出して、ゆうたくんたちは答えるの」と言われると、「わかった」と納得して座る。問題が出されるたびに手をあげて当ててもらおうとする。当てられないと怒って大声で叫び床を叩くが、次の問題が出ると気分が変わるのか、再度「ハーイ、ハイ」と手をあげる。やっと当ててもらえたが「何ていう問題？」と保育者に聞きなおす。保育者に問題を再度言ってもらい、他の子どもたちが小声で答えを言っているのを聞き、大きな声で「ポスト！」と答えを言う。「あたり！」と保育者に言われて、喜ぶ。次の問題にも答えたがって手をあげるが、他の子どもが指名される。しかし、そのときは怒らないで黙って座っている。

　さまざまな場面で自分がやりたいことができないと怒って大声を出すことはありますが、自分のやりたいという気持ちを押し出すだけでなく、みんなから認められたいという気持ちが芽生え、クラスの活動には積極的に参加することができてきました。思い通りにできないと大きな声や言葉で不満を言いますが、逆に気持ちを言葉で表現することで気持ちの切り替えができているのかもしれません。また、周囲の反応を感じて、みんなに喜んでもらえるようなことを繰り返しする姿も見られます。

　保育所での2年間の集団生活を経験することで、ゆうたは自分の気持ちのコントロールや他者とのかかわり方をずいぶん身につけることができたと思われます。しかし、こうしたゆうたの状態を、次の受け皿である小学校ではどのように受け止めてくれるのでしょうか。ゆうたの就学に向け、専門機関や小学校との連携が始められており、ゆうたは加配の教員が付くことでみんなと同じ小学校に通えることになりそうだということです。

2．障がいのある子どもと園生活をつくる

　以前は、「障害」という言葉が使われていましたが、最近では、「害」という字の持つ意味がよくないことから、「障がい」や「障碍」と表記することが多くなってきました。障がいを、「できない」「問題がある」ととらえるのではなく、その子どもにとって乗り越えなくてはいけない「困難が多い」とする考え方です。ここで紹介したゆうたの事例からもわかるように、ゆうたは彼なりに友だちとかかわりたい気持ちを持ち、その気持ちに従って行動しているにもかかわらず、そのかかわり方が他の子どもに受け入れられなかったり、誤解されています。また、自分の思い通りにいかないことに対してがまんをすることが、他の子どもには少しの気持ちのコントロールで対処できるにもかかわらず、ゆうたにはかなりのエネルギーを必要としなければいけないのです。そうした障がいのある子どもが抱えている「困難」を保育者が理解しないでいると、「わがまま」「手がかかる」という否定的なとらえ方をしてしまうでしょう。さらに、たとえ同じ障がいの診断が付いていたとしても、性格も違えば、好きなこと、苦手なことも異なります。個々に異なる子どもが抱えている困難に寄り添いながら、この時期に必要な経験ができるような園生活を築いていくことが大切なのです。

 ## §3　外国人の子ども（さまざまな文化背景を持つ子ども）への援助

1．日本の国際化の現状

　実習園で出会った子どもの名前に「外国」を感じることはありませんでしたか。子どもの目、髪、肌の色に「外国」を感じることはありませんでしたか。令和4年末の調査では、日本には307万54人位の外国人が住んでいることがわかりました。日本への就労、留学する外国人の増加および国際結婚の増加などに伴って、多くの外国籍の子どもたち、あるいは日本国籍では

あるけれど、保護者のどちらかが外国の出身である子どもたちが日本で暮らしています。その
ため、みなさんの実習園やこれから就職する園に「外国」とのつながりがある子どもたちがい
ることは、当たり前のことでもあります。ここでは、外国籍の子どもと日本国籍だけれども保
護者の両方またはどちらかが外国籍（元外国籍も含む）の子どものことを、外国人の子どもと
表現させていただきます。外国人の子どもの中には、一見日本人とまったく変わらない子ども
もいれば、外見や言葉などが日本人とは異なる子どももいます。まずは、外国人の子どもには、
どのような状況の子どもたちがいるのか述べたいと思います。

2. オールドカマーとニューカマー

　日本で暮らしている外国人には、大きく分けるとオールドカマーとよばれる戦前あるいは戦
中に日本にきた外国人と、ニューカマーとよばれる 1980 年代以降に来日した外国人がいます。
オールドカマーの外国人の場合は何世代かにわたって日本で暮らしているため、日本語を話せ
る保護者も多く、子どもたちも日本語を獲得している場合が多くあります。中には、日本で生
まれ育ち、出身国に一度も行ったことがなく、日本語しか話せないというほど日本での生活に
溶け込んでいる人たちもいますが、戸籍の上では外国人になります。オールドカマーの外国人
は、韓国や中国出身の人がほとんどです。そのため、外見からも日本人との違いがあまり感じ
られないというのが特徴でしょう。彼らが日本に来たいきさつについては、ここでは詳しく述
べませんが、兵力や労働力として強制的に日本に連れてこられたという経緯があります。家庭
や地域などで出身国の文化を大切にしながらも、日本での生活には慣れ親しんでいる外国人と
いえるでしょう。

　それに対して、ニューカマーの外国人は、日系などで日本語を若干は話せたり、母国で日本
語の訓練を受けてきた人もいますが、多くの人が日本語を十分に話せないまま来日しています。
来日の目的はさまざまですが、最も多いのは就労です。それ以外には留学、結婚、中国残留孤
児の家族や難民である場合もあります。ニューカマーの外国人の子どもたちは、来日して初め
て日本の文化に触れることが多いので、日本の言葉、習慣などがわからずに保育所や幼稚園に
入園してきます。明らかに日本人とは異なる容姿である子どもたちもたくさんおり、自分の知
らない言葉や習慣の環境に投げ込まれた子どもたちの多くは、困惑や混乱を見せます。出身国
は、アジア圏に限らず世界各国に広がっているため、子どもたちが今までになじんできた文化
が多様であることも、ニューカマーの外国人の特徴です。

　さらに、ニューカマーの外国人は、在日期間の予定、将来的な生活の見通しも多様です。就
労や留学を目的にした場合、はじめは数年で母国に帰ることを予定していても、金銭的な蓄え
が十分できていないことや母国の社会経済状況が改善されないことにより滞在期間が延長する
ケース、あるいは、留学生であった外国人がそのまま日本企業に就職するケースなどもありま
す。中には、日本国籍を取得して、日本に根を下ろす人もいます。

　国際結婚の場合、日本では男性が日本人で女性が外国人のカップルの方が圧倒的に多いので

すが、男性が日本人であれば日本に永住するケースがほとんどです。しかし、父親が外国人、母親が日本人である場合は、父親の母国で暮らすことを計画している場合もありますし、将来の生活の基盤をどちらにするか決めかねており、とりあえず今は日本で生活している場合があります。

　このように、一口に外国人の子どもといっても、日本語の理解、日本や日本の文化への親密度、滞在期間、出身国の文化など、一人ひとりの子どもの状況がいかに多様であるかということがおわかりいただけるのではないでしょうか。そのため、保育者は、一人ひとりの子どもが抱えている困難や問題に対して適切な援助をしていくことが必要になります。子どもはどの国の子どもであっても大切なかけがえのない存在であるため、「同じように」大切に接していくことは大事なことです。しかし、それは言葉の違いや文化の違いを無視して、「同じように」扱うということではありません。一人ひとりの子どもやその保護者の言葉、文化、宗教などの違いに十分配慮しながら保育をしていくことが必要なのです。

3．さまざまな事例から外国人の子どもの保育を考える

（1）日本語が理解できない子どもへの援助

　私たちにとってコミュニケーションの手段としての言葉は非常に重要です。日本語が理解できない外国人の子どもを受け入れるということについて、考えていきます。

> **事例 8-9　〜　言葉が通じない　〜**
>
> 　6月に入園してきた、4歳児のようじゅは、両親共に外国籍である。両親は、日本で10年以上も仕事をしてきたが、ようじゅは生まれてすぐに出身国に住む祖母に預けられ、入園するまで育てられていた。日本語はまったく理解できないまま入園することになった。そのためか、友だちと物の取り合いをするときには、容赦なく相手に向かっていき、力ずくで取ってしまう。ときには、相手に噛みつくこともあり、保育者は目が離せない。「ぶっては、だめ」「噛みついては、だめ」ということを手でバツをつくるジェスチャーとともに伝えるが、同じことを何度も繰り返してしまう。保育者の言葉には首を縦に振ったり横に振ったりするが、そのことを本当に理解しているのかどうかはわからない。このままでは他の子どもたちがようじゅのことを「乱暴な子」「嫌な子」ととらえてしまうし、噛まれた子どもの親からの訴えがいつ大事になるとも限らない。両親からようじゅに伝えてもらうように、一度は頼んではみたが、ようじゅの状態は変わらない。

　ようじゅは、突然、理解できない言葉が使われている環境の中で過ごすことになり、大きな不安と戦いながらも一生懸命に園生活を生きているのかもしれません。しかし、ようじゅの園での過ごし方、他の子どもとのかかわり方は、クラスや園全体にとって心地よいものではありません。そのことを保育者が理解できるように伝えられればよいのですが、保育者には言葉で伝える力がありません。そのため、ついついわかりやすい言葉である「ダメ」と手でバツをつくるジェスチャーがようじゅに向けられます。しかし、ことあるごとに保育者が怖い顔をして

「ダメ」という言葉だけが伝えられるというのは、たとえ「ダメ」の意味がわかったとしても、なぜ「ダメ」なのか、ではどうしたらよいかが、ようじゅには伝わりません。ですから、そのときの乱暴な行動はいったんは止められますが、時間が経ち、場面が変われば、同じようなことが繰り返されてしまうのです。保育者と子どもとの間で通じ合う言葉がないということは、さまざまな場面で困難を生じます。まして、ようじゅのように動きが活発で、自分の思いを行動でどんどん出してくる子どもを制するときに、言葉で伝えるという手段が使えないというのは、保育者には困るものです。

　しかし、言葉の不便さを感じているのは、保育者だけではなくようじゅも同じです。否、自分の使える言葉を使っても誰からも応じられず、他の子どもたちや保育者が何を言っているのかがわからないで一日を過ごしているのですから、保育者以上に不便さやストレスを感じていることでしょう。保育者は、そのような子どもの状況を理解し、言葉がわからないからといって「ダメ」だけを連発するのではなく、「○○したかったのかな」とその子どもの気持ちを代弁したり、「○○すればいいんだよ」とかかわりの方法を動きや言葉で示していくことが必要です。保育者が代弁した言葉の意味は外国人の子どもにはわからない場合が多いでしょうが、そのときの雰囲気やニュアンスの中に、自分が否定されていないということが伝わるはずです。また、そうした経験の積み重ねの中で、場面に応じた言葉が子どもに理解されるかもしれません。そうした保育者のていねいなかかわりが、外国人の子どもと保育者との関係を結ぶ糸口になることもありますし、同時に、保育者の言葉や態度が他の日本の子どもに伝わることで、子どもたちが外国人の子どもの思いに触れることができ、かかわり方を知ることも期待できます。子どもたちは保育者の何気ない振る舞いや言動にとても敏感です。保育者から「ダメ」と言われてばかりいる場合、他の子どもは「あの子はいつも叱られているから、悪い子なんだ」というイメージを持ち、保育者と同じように「ダメ」という言葉だけでかかわろうとすることでしょう。噛んだりぶったりすることは確かによくないことです。しかし、そのような行動は、どうにもならない思い、言葉では伝えられないもどかしさから出てきたものであり、ようじゅのすべてが否定されることにならないような注意が必要です。

　加えて、保育者は、噛まれたりぶたれたりした子どもたちの気持ちに対しても、ていねいなフォローをする必要があります。もちろん、そのような場面を可能なかぎりつくらないように注意し、せめて傷をつくらせない、傷を残さない対処方法を園全体で考えていくことが大切です。保育者同士の連携、協働を強めていく必要があります。万が一、傷をつくった場合には、お迎えのときなどに保育者から保護者へ事情や園での処置を伝えます。保育者から連絡がなく、家に帰って子どもの傷を見つければ、保護者はよい気持ちがしないものです。

　また、子ども同士のトラブルが長く続くときには、クラスの保護者にも協力を求めることが必要になるかもしれません。外国人の子どもの状況を肯定的に受け止めてもらえるように配慮しながら、簡単にクラスで起きている事情を伝え、もしも子どもの変化に気がついたら園に伝えてもらえるようにお願いをしておきます。同時に、自分の子どもだけでなく園の子どもたちすべての成長を見守ってほしいとお願いすることが大切です。

　手を出した側の外国人の子どものことをその保護者に伝えるときには、保護者との関係が築けていない時期には、かなり慎重に対応していく必要があります。異国での生活にストレスや困難を抱えている保護者に、子どもの困ったところが強調して伝えられると、子どもを預かりたくないために文句を言っていると勘違いされたり、「外国人だから拒否をされているのでは」というような猜疑心を生む可能性があります。ようじゅの両親のように、長い間、離れて暮らしていた子どもにどうかかわったらよいのかがわからず、保護者も悩んでいるのかもしれません。子どもの困った問題ばかりを伝えられることは、保護者を悩ませることだけになります。そのため、子どもが園生活に慣れてきている様子や一生懸命にがんばっている様子なども可能なかぎり伝えてあげたいものです。せっかく親子が日本という異国でいっしょに生活を始めたのですから、保育者は家族の新しいスタートを応援していこうとする気持ちで接していくことを心がけてほしいと思います。

（2）子どものトータルな言語能力と家族間のコミュニケーションを育てる援助

事例 8-10　〜　中国語はきらい　〜

　祖母が中国残留孤児である４歳児クラスのしょうえんは、２歳のときに父母とともに来日し、保育所に入園した。はじめは、日本語が話せず表情も硬かったが、今では日本語も上手になり園生活を楽しんでいる。父母ともに、中国生まれの中国育ちであり、母親は日本語学校に通っているが、しょうえんの日本語獲得の方が早いようである。しょうえんは、最近は、母親や父親が中国語で話しかけても日本語で返事をするようになる。「中国語で返事をしなさい」と言っても嫌がり、最近は「中国語はきらい」「保育園のお友だちは中国語話さないから」と言うようになってきた。日本の生活に慣れて日本語が上達するのはうれしいが、中国語を話せなくなるのは困ると両親は悩み始めている。

　園生活に慣れること、日本の生活に慣れること、日本語が話せるようになることは、外国から日本へと文化移動してきた家族にとっては、望ましいことです。しかし、とくに幼い子どもが日本の文化を吸収することは、同時に、もう一つの国の文化を忘れることでもあります。日本人である保育者は、外国人の子どもがさまざまな日本の文化を吸収することを、手放しに喜ぶかもしれません。しかし、外国人の親にとっては、自分の母国の文化を子どもが忘れることや受け入れなくなることは、親子の関係づくり、家族間のコミュニケーションに溝を生じる可能性のある重大で悲しい出来事なのです。しょうえんの両親の日本語が思うように上達せず、しょうえんが日本語だけしか話せなくなったとしたら、この家族は何語で会話をすればよいのでしょう。とくに思春期など、ただでさえ子どもが話をしなくなる時期において、言葉の壁が生じれば、会話がない家族になってしまうかもしれません。

　幼少期に覚えた言葉が定着するのは、９歳ころが目安であるといわれています注1)。そのため、乳幼児期に文化移動をしてきた子どもたち、いわゆる、幼稚園や保育所に入園してくる

注1)　山本雅代『バイリンガルはどのようにして言語を習得するのか』明石書店、1996

ニューカマーの外国人の子どもたちの母語は、使わなければ忘れられる可能性が高く、そのことによって家族間のコミュニケーションに問題が起こることが多くあります。そのため、早く日本や日本語に慣れた方がよいからと、保育者が家庭でも日本語を使うことを奨励し、母語を使わないようにお願いするようなことは、絶対に避けなければなりません。母語を禁止されたり否定されることは、コミュニケーションの問題だけではなく、親の文化やアイデンティティーを否定していることと同じことでもあるからです。

　さらに、しょうえんのように園生活に必要な日本語会話ができていても、それがトータルな日本語能力とはいえない部分があります。言語能力には会話だけでなく、文字を書く力、読む力、言葉で考える力、言葉で表現する力などがあります。しょうえんのように幼少期から培ってきた母語が途切れて根付いておらず、かつ日本語といっても会話の部分だけしか習得されない子どもの中には、日本語での読み書きに戸惑ったり、言葉で考える力が上手く機能せずに就学後の学習に困難を示すことがあります。日本語も母語も根っこがしっかり張っておらず、表面的な日本語で話す力しか持てない子どもになりかねません。保育者は、どうしても園生活のことに目が向きがちですが、子どもの将来を見据えた援助をしていくことが必要です。保護者には、保護者が話せる言葉でたくさん子どもたちに語りかけてもらい、可能なかぎり母語からの言語能力を根付かせてもらい、子どもの日本語と母語の両方を含んだ総合的な言語能力が育つように援助してもらうことが必要です。また、日本語が自由に使える日本人の保護者であれば、子どもの学習面のつまずきをサポートすることが可能ですが、外国人の保護者に、そうした部分を期待することは、難しい場合がほとんどです。そのためにも、日本語が話せるようになったので大丈夫ということで安心するのではなく、外国人の子どもたちへの言語能力・学習へのサポートは、日本の教育の大きな課題であることを忘れてはいけないでしょう。

（3）保護者に対する言葉・文化への援助

事例 8-11　〜　**園だより説明会**　〜

　都内にあるＡ幼稚園は、在日外国人が多数住んでいる地域にある。そのため、両親あるいはどちらかの親が外国人、もしくは外国出身である場合が在園児の半数以上もあり、国際色が豊かである。そのため、保護者によるさまざまな言語での読み聞かせを行ったり、お国自慢の料理を作って食べたりと、行事にも工夫がされている。また、月に一度、園だより説明会を行い、園だよりに書かれている内容について説明する会を開いている。これは、園だより（一応、すべての漢字にはルビが振られている）をもらっても、読めない保護者たちへ伝えたい内容を説明するための会である。本来であれば、保護者に合わせて読める文字で園だよりを作成できればよいが、それができないので、持ち物や行事の説明などを実物を使ったり、実際にやって見せたりしながら保護者に伝えている。

　言葉の問題は子どもとの関係だけではなく、保育者と保護者のコミュニケーション、伝達の手段として重要です。日本語の会話ができない保護者にはジェスチャーや絵カードや実物を見せて伝わることもありますが、細かいことや複雑な事柄については通訳を必要とすることもあ

るでしょう。外国人の子どもが多い園では、同じ言語の保護者に通訳をしてもらうことも可能ですが、そうした人材が園内で見つからない場合には、行政に積極的に依頼していくことが必要になります。最近では、NPOなどで外国人をサポートする団体も増えてきていますので、こうした情報も用意しておくとよいでしょう。また、日本語の会話はできても文字が読めない、文字が書けない保護者には、それに即した援助をしていく必要があります。事例で紹介した園では、以前は園だよりを配っても読めないからと捨ててしまう保護者が多かったようですが、園だより説明会をしてからは、そのようなことはなくなってきたということです。

　また、保護者の文化を積極的に紹介していく試みを、園の行事に取り入れることも大切です。異国で自分の文化を語れ、それを熱心に聴いてくれる日本人がいることはどんなにうれしいことでしょう。そのうれしさは、保護者だけでなく、子どもたちにとっても同じです。中には、外国人であることを気にしながら暮らしている外国人の親子もいますから、彼らの文化をさまざまな場面で紹介し、みんなで異なる文化のよさを受け止め、外国人の保護者と子どもが自尊心を持って日本で暮らしていくことができるような配慮をしていきましょう。

（4）宗教への配慮をする

> **事例 8-12　宗教を中心とした生活を尊重する**
>
> 　イスラム教徒の両親を持つ5歳の女児アジェダは、宗教上の理由から、豚肉は食べられない。また、父親以外の男性に肌を見せることはできるだけ避けるということから、夏でも長袖長ズボンで過ごし、散歩など外出のときにはスカーフをかぶるとのことである。この園では、秋祭りに年長組がお神輿（みこし）を作って、園の周辺地域を担いでまわるという伝統があるが、アジェダの両親は、私たちはイスラム教徒で神様はアラーだけだから、その行事には出られないと申し出てきた。

　自分たちの信仰を大事にしている外国人には、園生活のさまざまな面で宗教的な配慮をする必要があります。イスラム教徒は、豚肉を食べないことが知られていますが、肉そのものだけではなく、コロッケや肉のエキスが入ったスープなども食べられないことが多くあります。食べることは神にそむく大罪になってしまうので、食事やおやつなどに十分注意をする必要があります。イスラム教徒は豚肉（厳しい場合には豚肉以外にも肉全般や足のある生き物すべてということもある）が食べられませんが、ヒンズー教徒は牛肉が食べられないということを覚えておきましょう。

　食事だけではなく、宗教によっては服装などにも制限や決まりが設けられているものがあります。日本でも昔は、髪型や着物の袖の長さなどで未婚女性と既婚女性がわかるなど、服装に関する決まりがいくつかありましたが、今ではそうしたものはまったくなくなり、老若男女どのような服装や髪型でも自由になりました。そのため、服装の制限など、この時代には奇異に感じられるかもしれませんが、彼らにとっては、そうした一つひとつのことがすべて神を信じる自分の証としてとても大事なことになります。

　また、園には、夏祭りやクリスマスなどの宗教的な意味のある園行事がありますが、自分たちの宗教を大事にする外国人には、そのような宗教的な意味を含んだ行事は参加できないこと

があります。そのようなときには、どのようなものであれば参加ができるのか、その家族が信じる宗教の中ではどのような行事があるのか、そのときはどのような祝い方をするのかなどを聞いてみるとよいでしょう。場合によっては、園の行事を少し工夫することで参加可能になることもあります。いずれにせよ、保育者が彼らの宗教を守る生活を尊重しているという態度を示していくことが大切になります。

（5）生活全体を援助する

事例 8-13　日本にはお金を稼ぎに来た

　ジョージ（4歳）は、いつも登園時間に遅れて登園する。朝ごはんも食べておらず、眠そうにして午前中を過ごす。両親は飲食店に勤務しており、仕事が終わる時間が遅く、ジョージもそれに合わせた生活をしているらしい。早く寝ることが子どもには大事なことだと保育者は母親に何度か話してきたが、「できない」「お店が忙しい」「お金がないから働く」と言われており、これ以上お願いするのは無理だと保育者は思っている。園の給食を食べ、午睡をしたあとはジョージも元気になり、友だちとも遊ぶことができ、園の活動にも参加できているが、このままでよいのかとも思っている。また、もうすぐ予定されている遠足には、遠足の費用の徴収と遠足の道具を揃えてもらう必要がある。昨年はすべて園にあるものを貸して遠足に出かけたが、今年は家庭で用意してもらうようにお願いするべきかどうか、悩むところである。

　日本での就労が厳しく、生活に余裕のない外国人の家族も多くいます。もっと子どものことを見てほしい、もっと家庭での生活を大事にしてほしいと保育者がお願いし、保護者がそのことを理解してくれたとしても、仕事の方を優先せざるをえないという状況もあります。また、子どもが園生活を送るうえでは、保育料以外に持ち物の準備などで金銭的な負担がかかる場合もあります。しかし、経済的に余裕のない家庭には金銭的な負担はできるだけかけないような配慮も必要でしょう。この事例のように遠足に使う水筒や敷物など、それほど頻繁には使わない道具を揃えてもらうことがよいかどうかは、議論を要することでしょうが、家族にとって最もよい支援は、園のものを貸せる状態であれば貸してあげることだと思います。金銭的な蓄えをするための就労を目的とした外国人の場合、働くことが優先にならざるをえず、子どもの教育は二の次になりがちであることを頭の隅に入れながらも、忙しい保護者が少しでも子どもの育ちに関心が持てるような連携を考えていくことが大切です。また、ジョージのように夜遅くまで幼い子どもが一人で留守番をすることは、危険でもあり子どもの育ちにふさわしいとは思えません。必要があれば、夜間保育が可能な施設などを紹介することも必要になるでしょう。

（6）2つの国を移動することへの援助

事例 8-14　長期的な休み

　4歳児のももかは父親が日本人、母親は外国人である。母親は里帰りをすると2か月や3か月は、戻ってこない。その間ももかは、父親と2人だけで過ごす。父親が仕事で朝が早い日は園に送ってこられないので、園を休んで、一日中1人で留守番をしているらしい。一度、ももかが母

> 親といっしょに帰国し、2か月間、園を休んだことがあった。長期欠席のあとは生活リズムがなかなか戻らずにいつも疲れているようであり、友だちとの関係もぎごちなくなり、1人で過ごしていることが多くなってしまった。

　外国人の親の場合、頻繁に里帰りすることができないために、数か月単位で里帰りをすることがあります。子どもをいっしょに連れて行くことも多く、子どもたちは何か月も園を休んで親の母国に帰ります。幼稚園や保育所では、小学校のように教科ごとに系統的な学習をしているわけではありませんから、表面的にはそれほど大きな影響が出ることはないかもしれません。しかし、継続的な園生活の中での経験の積み重ねや人間関係の広がりや深まりといったことに関していえば、長期の欠席がその積み重ねにマイナスに働くことがあります。保護者の母国に帰って、その国の文化を体験することや祖父母や親戚との絆を深めることを考えれば、帰国はとても大事なことです。子どもの日本での生活と保護者の母国での生活の両方を大事にしていくためにも、帰国する前や後における子どもの様子をていねいにとらえるとともに、他の子どもたちにも長期の欠席の理由を伝えながら、あらゆる場面において外国で過ごしている子どものことにも思いを寄せられる機会をつくる配慮が大切でしょう。子どもが長期欠席中に経験してきたこと、経験できなかったことなどを把握し、適切な援助を考えていくことが必要になります。

4．子どもの文化背景を考慮した保育を目指して

　日本には、たくさんの外国人の子どもたちが暮らしています。そして、子どもたちなりに与えられた環境の中で自分の能力を生かそうと努力をしています。言葉、食事、習慣など、子どもたち一人ひとりが日本での生活の中で抱えている問題は多様です。そのため、同じ国の出身であっても、一人ひとりの子どもや家族の状況に合わせた援助をそのつど考えていくことが必要になります。外国人の子どもの問題の中には、解決可能な問題ばかりではなく、法律にかかわる問題など保育者の力ではどうにもならないこともたくさんあります。その場合には、保育者がさまざまな機関の情報を持ちながら、できるかぎりの援助をしていくことが必要になるでしょう。日本の国際化、多文化化は、さらに進みます。日本のために一生懸命に働いてくれている外国人や将来の日本を担ってくれる外国人の子どもがこれからもますます増えていくということです。その人たちが自分たちの文化や存在を存分に発揮しながら、日本人や日本が大切にしてきた文化とともに生きていくことができるための小さな芽を幼稚園や保育所で育てていくことが大切でしょう。

9章　記録から方法を探る

　保育者は、一人ひとりの子どもにとっての園生活が充
実したものとなり、よりよく成長していくことを願って
います。そのために環境構成や援助はどうあったらよい
か、その考え方や方法について試行錯誤している保育
者の姿を、これまでの章で見てきました。そうした
環境構成や援助を考えていく拠り所となるのは、
一人ひとりの子どもの理解であることも見え
てきたのではないでしょうか。

　　　記録は、そうした子ども理解や、保
育者としてのあり方を考えたり支え
たりしてくれる有効な方法になり
えます。この章では、記録につい
ての事例を取り上げ、そこから方
法を探っていきます。

§1　何のために記録するのか ── 記録の持つ有効性と限界 ──

　保育の場での「記録」は、一般的には"書く"記録を指しています。他に、カメラやビデオ
で"撮る"記録などもあります。これらも使い方によっては、子どもを理解したり保育を見直
していくのに有効な面があります。しかし、子どもとかかわる担任保育者の記録のあり方とし
ては、"書く"記録が中心になります。現実的に、保育者がずっとカメラやビデオを構えてい
るわけにはいきませんし、保育者にとっては"書く"記録としての意味があります。記録を書
くことによって、もう一度自分の保育の状況を思い起こし、子どもの行動やその心の動きを
探ってみると同時に、保育者自身のかかわり方や考え方を振り返ってみることができるからで
す。

　ある保育者の記録を例にしながら、実際に記録を書くという作業の中でどのようなことが行
われているかを見ていく中で、記録の有効性と限界について具体的に考えてみましょう。

＜3歳児　10月1日 担任保育者の記録＞

○ 今日は登園してすぐに歯科検診だったため、みんなそろって遊び出した。あやかとりなたち
のように、仲良しといっしょにいたい子たちは、誘い合い遊び始めていたが、多くの子は積
み木を取り合いトラブルになったり、何をしようか友だちの様子を見ていたりして、遊び始
めるまでに時間がかかっている様子であった。

○ 救急車（お医者さん）ごっこ

- ここのところ繰り返して遊んでいる。はるな、なつきらは紙を小さく切ってお薬を作ることがまずは楽しいようで、黙々と切り、いくつかできると「おなかが痛くなったら飲んでください」と渡していた。
- たくや、りくは「あそこに人がいます」と救急隊員になりきって、人形を救急車に乗せ、保育者といっしょに病院までと、絵本室や遊戯室など、いろいろな道を通ったり、途中で巧技台をお風呂にして、人形を入れたりしていた。
- → 繰り返し、いろいろな子がかかわってきているので、ネコごっこをしているりかやロボットになって戦っている男の子たちも、「けがをした」「倒れたよ」と救急車を呼んだり、他の遊びに興味を向けていたたくやらも、その声に反応して「今、行きます」とまたなりきったりしている。それぞれが自分の遊びをしているが、小さなきっかけでつながりを持つことが多くなってきたようだ。

○ ネコごっこ

- りかが「ネコになりたい」と保育者と耳を作り、なりきって遊び始めた。それをみたあやね、そうた、ななみもほしがり、いっしょに遊び始めた。人形のネコが大好きでお母さんになっているこはるに声をかけて、ままごとのコーナーにネコの家を作ると、そこに入って「ニャーオ」とおしゃべりをしたり、保育者とこうたで作った魚を食べるまねをしたりして、なりきって遊んでいた。
- → 友だちへの関心が出てきているこはるにとって、ちょうどよいきっかけとなった。「こはるがお母さんなの」と、自分は段ボールの家には入らず、テーブルでごちそうを作って食べさせたり、「もう夜だよ」と声をかけたりと、とてもいい表情で自分なりにかかわっていた。ひな、そうたにとっても、互いがちょうどよいらしく、ゆったりとなりきって楽しんでいた。室内で過ごすことが多く、勢いのある子たちに押されがちであったのが気になっていたので、今日のような状況をできるだけ援助していきたいと思う。

○ 魚釣りごっこ

- ネコのごはんにとこうた、まおと魚を作って、ネコにあげていたところ、ゆうせいが「魚釣りをしよう、棒を作って」と広告紙を持ってくる。丸めて作ると「あとは糸だけだ」と言うのでひもをつける。そばにいた子たちも作り始めると、それを見て次々に「やりたい」とやってくる。
- → 水族館ごっこで魚になった子をひもで釣ったり、広場（園庭）の池に木の枝をたらしたりして、釣りごっこをしてきたことを思い出してのゆうせいの言葉だったのだろう。他の子もすぐにそれを見てわかったようだった。
  「作って」と押し寄せるように来たが「こうやって丸めるんだよ」と声をかけると、自分なりに作り、何とか満足している様子だった。細かく、固く、とはこだわらずに作っていた。そこにかかわるのが手一杯で、遊んでいくことを支えられなかったが、様子を見ていると、釣った“つもり”で、「クジラが釣れた」「今度はイカだよ」と釣った“つもり”で見せに来たり、作った魚を手でつかんで釣った“つもり”になることを楽しんでいた。はやとだけは“つもり”になれず「釣れない」と泣き出す。ひろとが「こうすればいいよ」とテープを先につけて、くっつけて釣りだす。こうたは船を作るなど、それぞれ自分の思ったことをやり始めたところでお帰りの時間になってしまったのが残念だったが、それぞれなりに思ったことをどんどん出してくる姿に、しっかりとこたえていきたいと思う。

（記録中の→は、担任保育者の考察的な記録）

１．保育者が記録するという作業の中で行っていること

（１）生活の流れや子どもの様子を思い起こす

記録の冒頭、登園した子どもから遊び始める通常とは違って、歯科検診によりほぼ同じ時間帯にクラスの子どもたちが遊び出すという状況が生まれたこと、その中で見えてきた子どもの姿（誘い合っている、見ている、きっかけをつかんで参加してくる等）が記述されています。朝からの保育を思い起こしている様子がうかがえるでしょう。

（２）子どもの遊びの楽しさや育ちについて思いを巡らせる

救急車ごっこの記録では、繰り返し遊ばれている遊びの中で見られる、各々の子どもの言動をとらえながら、薬を“作る楽しさ”や“なりきる楽しさ”など、その子どもにとっての遊びの楽しさに思いを巡らせています。さらに、お互いの遊びがつながる様子など、以前のクラスの様子との比較から、子どもの育ちについて保育者が気づいたことが記述されています。

その子どもが進めていこうとする遊びの楽しさの方向性、発達の課題や育ちをとらえていくことは、環境構成や援助の方法を考えていくことにつながっていくことになるでしょう。

（３）遊びのきっかけや楽しさについて思いを巡らせる

魚釣りごっこの記録では、ネコごっこのご飯として作った魚をきっかけにして遊びが始まった姿と、それが、これまでの遊びや経験の中から生まれてきたように思われるとの保育者の理解、またそのため、他の子どもにも共有化されやすく広がっていったことが考察され記述されています。遊びのきっかけや広がりにどのような背景があるのかを考えてみることは、これまでの子どもたちの遊びの経験の積み重ねを振り返ったり、確認したりする作業につながっていることが見えてきます。

（４）保育者の援助を振り返り、今後の方向性を考える

ネコごっこの記録では、普段気になっていながらもかかわれずにいた子どもたちとの遊びが実現できたこと、友だちへの興味が出てきている子どものかかわりのきっかけとなれたこと、また、ゆったりといい表情で遊べていた子どもの姿から、この日のような援助を大切にしていきたいとの保育者のありようを確認しています。

逆に、その日に始まった遊びの魚釣りごっこでは、釣り竿を作ってほしいとの子どもの対応に追われ、それぞれの子どもなりに楽しんでいることを支えきれなかったと援助を振り返っています。対応はできずにいたわけですが、子どもの様子はよく見ていたことが伝わってきます。そして今後は、釣った“つもり”になって楽しむ姿、実際に釣ることにこだわる姿などのそれぞれの思いにこたえ、充実させていきたいとの方向性を考えています。

２．記録の有効性

（１）子どもの姿や保育を振り返る　──自分との対話──

保育者は、保育終了後に記録するという作業の中で、子どもたちの姿や遊びの様子を思い出

し、子どもの遊びの楽しさや心の動きに思いを巡らし、また自分自身のあり方についても考えていました。もちろん、保育を振り返るという作業は必ずしも記録として"書く"ということをしなくても可能な作業です。しかし、「"わかったことを書く"だけではなく、"書いてからわかる"という面がある。」[注1]との指摘のように、"書く"という行為を通して、自己内の対話が行われ、子どもの姿や保育についての考えがより整理されていきます。

（2）記録として残るということ　——過去の自分や他者との対話——

さらに、記録として残ることにより、振り返りが可能になります。あとで記録を読み返すことで、書いたばかりのときには見えてこなかった子どもの行為の意味が見えてくることもあります。また、以前の記録の子どもの様子との違いから、その子どもの育ちが見えてきたり確認できたりします。それらの作業を通じて、自分の援助について振り返り、今後のかかわりの方向を見いだすことが可能になる場合もあるでしょう。

また、記録という形で記述されたものを通じて、第三者との共有がしやすくなります。たとえば、自分の記録を他の人に読んでもらい、話し合うことを通して、自分とは違った読み取り方に出会うことができます。自分では気づかない点に気づくことができたり、その人からの提案を通して、新たな方向性を見いだすこともあるでしょう。このような営みによって子ども理解や保育についての考え方をより深めていくことが可能になります。

3．記録の限界　——自分の"枠組み"からの記述であること——

保育の営みにおいて記録を書くことの有効性が見えてきましたが、もちろん限界もあります。

一日の保育を振り返って記録しようとするとき、そのすべてを記録するのは不可能に近いことです。ですから、さまざまな事柄の中から保育者自身が、「これは忘れたくない」「記録に残しておきたい」というものが優先的に記述されることになります。また、そこまで意識的でない場合もあります。たとえば、何となく気にかかったり、"あれっ？"と子どもの行動に不思議さを感じたりしたことなどが、選択されて記述されていることもあるようです。

いずれにせよ、そのときの保育者の意識に上ってこないものや、優先順位として低い事柄は、記録としては残らないことになります。これは、記録として良いとか悪いとかの問題ではなく、保育者の記録というのは、そういう限界を持つことになるということです。

そこで、第三者による記録をとってもらうことが大きな意味を持ちます。園内研修の機会などに、他の人によって記述された自分のクラスの子どもの記録を見ることで発見できることがたくさんあります。担任とは違ったクラスの子どもたちのとらえ方がなされていることがあるからです。

自分の記録を他の人に読んでもらったり、他の人の記録を読ませてもらうことなど、記録を開いていくことが、自分の枠組みに気づいていく参考になります。

注1）茂呂雄二『なぜ人は書くのか』東京大学出版会、1988、**p.126**

§2　何を記録するか

　何を記録するか（内容）は、何のために記録するか（目的）によって異なります。先ほどの保育者の記録を例にして、もう一度考えてみましょう。

　この保育者の記録は、大まかに2つの要素から成り立っています。一つは→の前に記述されている部分で、子どもの姿の記述が中心になっています。もう一つは→以降の部分で、保育者の考察の記述が中心になっています。厳密に見ていけば、両方が少し入り交じっている部分もありますが、保育者としてはそのような意識を持って書こうとしていることが伝わってくるでしょう。

1．子どもの様子を中心とした記録

　→の前、つまり子どもの様子を記述している部分だけを残し、それ以外は隠して読み進めてみてください。あなたはその記録を読んで、どのような感想を持ちましたか？ どのような良さがあり、どのような限界があると思いますか？

（1）個々の子どもの言動を中心とした記録

　子どもの様子を中心とした記録がなされるのは、それらを忘れないようにするためということが多いようです。たとえば、4月当初に担任し始めたばかりのクラスである場合、まだまだその子どもたちの行動の意味や遊びの方向性、育ちなどをとらえることが難しい場合があります。その際、まずは子どもの様子を書き留めていくことが必要ですし、そうならざるをえないでしょう。それを蓄積していく中で見えてくることが出てくるからです。ある3歳児の担任保育者が、クラスの子どもたちの名前をあらかじめ刷り込んだ日録の用紙（様式）を使用しているのに出会ったことがあります。これは、クラスの子どもについて理解したいと、一人ひとりの欄を設けて行動の記録を行う中で考えていくために作成したものだそうです。どうしてもその日に何をしていたかを書き記すことのできない子どももいて、そのことでその子を視野に入れていなかったことに気づき、翌日以降にしっかり見ていくようにしたそうです。

（2）仲間関係や遊びの動きをとらえた記録

　しかし、子どもたちの仲間関係が出てくると、グループでの動きが出てきて、個人欄の記録ではかえって記録がしにくくなったといいます。そして、あまり枠を作らずに、一つの遊びにかかわっている子どもたちの様子を書き起こしたり、仲の良いグループができたときには、そのグループの動きごとに記録を書き起こせるように変えたということを聞きました。その頃になると、仲間関係を視野に入れて遊びを支えたり環境構成を考えたりなどの必要性が保育者の側にも出てくるからです。

（3）気になる子どもの行動をとらえた記録

　また、担任保育者にとって気になる子どもの行動の記録を取り、それをもとに園内の保育者でその子どもの行動の意味について話し合うといった場合などに、子どもの様子を中心にした記録が力を発揮する場合があります。同じ園の子どもですから、どの保育者も少しはその子どものことがわかります。そうした土台の上で、その日の行動の記録が示されることで、それぞれの保育者がその行動の意味をどのように読み取ったかなどを話し合って、その子どもへの理解を深めかかわる方法を考えていくための資料とする場合などです。

　このように、子どもの行動の記録は、その記録をもとに話し合ったり、少し時間が経ってから自分なりにそれらの言動について考察したりするという際に意味をもつ記録といえそうです。しかし、このような記録は子どもの行動を知ることはできますが、そのときの保育者がその子どもたちの姿をどうして記録したのか、どのようにその子どもの姿について考えていたのかなどは、記録からだけではわかりません。もちろん自分の記録でしたら、ある程度は子どもの姿だけでも思い出すこともあるかもしれませんが、その時点でその子どもの姿をどう理解していたかの記憶は薄れてしまうことの方が多いのではないでしょうか。

　もし、こうした行動の羅列的な記録が、保育の日常的な記録として、1年間ずっと続くとしたらどうでしょうか？保育の記録は保育に還ること、言い換えれば保育をよりよいものにし、ひいては一人ひとりの子どもの育ちに還ることが目的となります。子どもの言動を中心とした記録ばかりだと、振り返ったときに、その行動の意味をそのときの自分がどう理解していたのか、そこから、どのようなかかわりや保育を展開していったのか、それは子どもの育ちにどうつながっていたのか、などを振り返るには難しい記録と言わざるをえなくなるのではないでしょうか。

2．保育者の思いを中心とした記録

　逆に、→以降のような、保育者の思いを中心とした記録が続くようだったらどう考えますか？

　保育者のそのときどきの思いはよく伝わってきますし、自分でも思い起こすことができるでしょう。こうした記録は、保育者の思いや悩みなどを整理するためや、それを他の保育者たちが共有して、そこから子どもの言動について掘り起こしていって、どのように環境構成やかかわりをしていったらよいかを考える際によいかもしれません。

　しかし、どのような子どもの姿から保育者がそのように判断したのか、ということが記録からは見えてきにくいので、その判断のありようが適切だったのかどうかを振り返って検討することは難しいことになるでしょう。

3．自分自身の保育に還るための記録

　このように考えてくると、自分自身の保育に還るための記録としては、以下のような視点があるとよいようです。

　　○　どのような子どもの姿があったか（子どもの姿の記録）

　　○　それについてどのように考えるか（子どもの姿の理解についての記録）

　　○　どのように保育者がかかわったか（保育者の援助についての記録）

　　○　それはどのようなことを大切にしたかったからか（援助の意図についての記録）

　　○　今後はどのようにしていこうと思うか（今後の援助についての覚え書き）

　このような意識を持って、記録を継続していくことが大切です。その際、どのような目的であるかによって、その記述の重点に違いが出てくることになるでしょう。そして記録を振り返ることで、自分の子ども理解や保育の考え方、およびそれを実現する方法が適切であったかを考えることもできると思います。

　また記録は毎日の営みですから、自分の目標としている記録を書ける日ばかりではないでしょう。それでも継続していくことで、多少のでこぼこはあっても、自分自身の子ども理解や保育についてたくさんのことが見えてくるはずです。とにかく記録を始めること、記録を書き続けようとすることが大切です。幼稚園教育指導資料第3集『幼児理解と評価』[注2]においても「記録の視点や方法に一定の形式はありません。まず大切なことは、自分で記入しやすい方法・様式で記録を残す習慣を付けることではないでしょうか」と、記録をつけていくという行為を営むことの必要性を強調しています。

　そして、自分なりにどのような記録を書くことが有効かを、そのときの自分の目的によって試行錯誤することです。"正しい"記録の方法というようなものがどこかに存在していて、それを習って書くというようなものではないのです。自分なりの記録を育てていくという構えで記録を続け、そこからより適切な保育の方法を考えていきましょう。

●　§3　記録から援助・指導を考える（指導計画作成へ）

1．記録から、翌日以降の環境やかかわりを構想する

　多くの保育者は、日々の記録を書くことを通して、その日の保育を振り返り、翌日の保育を構想していきます。記録のすべてが翌日の構想につながっていくというわけではありませんが、整理されたことで、翌日以降のかかわりへの見通しにつながるようです。

　例として、先ほどの日録を書いた保育者の、翌日の日案を見てみましょう。

注2）文部科学省『幼稚理解に基づいた評価（平成31年3月）』チャイルド本社、2019、p.46

<この週の保育者の願い>
・自分のしたいことや思ったことを、自分なりに友だちに伝えながら遊んでいってほしい。
・身の回りの自然や絵の具遊び等、いろいろなかかわり方をして遊んでほしい。

<10月2日の生活プラン>

（3歳児クラス　リス組）

時　間	予想される生活	環境の構成と援助の方向
9:00～9:30	○ 登園する ・持ち物の始末をする	・一人ずつシールを貼りながら声をかけ、スムーズに遊び出せるようにしていく。とくに新しいことに不安がるけいた、みゆ、りょうたらには、安心できるよう、手をつないだり誘ったりして遊んでいく。
	○自分の好きな遊びをする	・昨日作った釣り竿を目につくところに出しておく。朝のうちは、<u>どんなふうに遊んでいきたいのか見守り</u>、遊びの様子を見てブルーシートなどを出し、さらに<u>なりきって楽しめるようにしていく。</u>
	・魚釣りごっこをする	・魚は昨日の紙材料を用意して、けいた、ゆうななど、<u>作ることが好きな子どもも楽しめるようにしておく</u>。が、まずは作ることにこだわらず、釣った"つもり"など、それぞれが自分のイメージをふくらませて楽しめるように共感したり言葉をかけたりしていく。 ・<u>はやとなど、釣りたい子たちには、自分なりに考えてみるところを大切に受け止め、それでやってみれるように援助していく。昨日のようにセロハンテープならばよく釣れるようビニール袋の魚をなげかけていく。</u>
	・救急車に乗せたり薬を作ったりする	・それぞれが、自分なりに言ってくるが、友だちには伝わらずトラブルになることも多い。まずは保育者がしっかりと受け止めていく。
	・おうちごっこをする ・ネコごっこをする	・あやかたちのおうちごっこや、ネコごっこなど、<u>2～3人の遊びたい子同士でゆったりと過ごせるように、いっしょに場をつくり、様子を見て抜けて自分たちなりに、なりきって遊ぶ楽しさや、いっしょの心地よさを感じていけるようにする。</u>
	・ロボットになって戦ったり走ったりする	・ゆうま、れおたちはロボットやウルトラマンになっているが、戦う相手を女の子にしたり、積み木を倒したりするようであれば、相手の気持ちを伝えながら、からだを十分に動かせるような場をつくっていく。 ・けいたはまず保育者といたがるが、昨日、あおいと2人で船を作ることを喜んでいたので、無理をせず保育者のそばにいながらも、声をかけて誘い、気持ちが動いたときには、その気持ちを十分に受け止めていく。
	・トンボやコオロギをつかまえる	・天候にもよるが、一遊びした頃、様子を見て外遊びへ誘っていく。ここのところ、室内で遊ぶことが多かったので、葉が落ち始めていることや虫の声などに気づいていけるよう声をかけていく。
	・栗やドングリを拾う	・虫を捕まえたり、栗を拾いに行きたいなど（少し離れている）園庭の方へ行くようであれば、近くにいる子にも声をかけていっしょに移動していく。実際にはまだ触れない子も多いので、保育者が捕まえてそれに触ったり見たりする機会をつくっていく。 ・栗のイガを一つひとつひっくり返して調べたり、ドングリを割ってみたり等、それぞれなりに興味を持ってかかわろうとする姿を見守っていく。

（下線は筆者）

（1）子どもの経験内容を考察し、始まりつつある遊びの展開を大切にする

　それでは、指導案のいくつかの項目を記録と合わせて見てみましょう。

　この日に始まったばかりの魚釣りごっこを、保育者としても大切にしていきたいとの思いを持っていることが、「釣り竿を目につくところに出しておく」などの環境構成を考えているところから伝わってきます。同時に、始まったばかりの遊びであることから、子どもたちがどのように楽しもうとしているのかを「見守る」ことで手探りし、子どもたちとつくり上げようとしているようです。。子どもたちがどのように楽しもうとしているかについては、記録中から、いくつかの可能性が見えてきていることがわかります。一つは"つもり"になることを楽しもうとしている子どもが多いことが記述されていました。そして、保育者としてもこの時期にそれを大切にしていきたいとの思いがあることが保育者の願いから読み取れます。それが、指導案の「遊びの様子を見てブルーシートなどを出し、さらになりきって楽しめるようにしていく」という方法につながっていると考えられるでしょう。

（2）その子どもの楽しさを大切にしつつ、新しいことにも出会えるように考える

　また、「作ることが好きな子どもも楽しめるようにしておく」とその子どもの楽しさを支えるために、必要な援助をしていくことを大切な方法として考えています。同時に、「……イメージをふくらませて楽しめるように共感したり言葉をかけたりしていく」との記述から、作る楽しさだけでなく、"つもり"になることの楽しさを体験することも大切にしていくための援助を考えています。つまり、遊びの流れの中で、その子どもにとって新しい楽しさに出会えるようにしていくこと、体験の世界が広がるような方向で保育者が援助していくことも構想しているといえるでしょう。

（3）子どもが自分なりに考えることを大切にし、行き詰った場合の援助を考える

　さらに、"本当に釣る"仕組みを追求しようとする子どもの動きがあることには、「自分なりに考えてみるところを大切に受け止め、それでやってみられるように援助」していこうと考えています。子どもがどのように展開するのかはまだ保育者にとっては見えませんが、子どもの動きが行き詰まったときのために、「ビニール袋で作った魚」といった保育者なりの具体的な提案内容も考えています。

２．保育者としての願いを実現していくように考える

　計画案は、その日にあったことだけをふまえて構想されるというものでもありません。たとえば、ここでの保育者は願いとして、「身の回りの自然や絵の具遊び等、いろいろなかかわり方をして遊んでほしい」ということをもっており、それを実現していくトンボやコオロギへのかかわりや、栗やドングリ拾いなどへの援助も構想しています。

　しかし、10月1日の担任保育者の記録（p.153-154参照）には自然とかかわる記録はありません。歯科検診があり時間をとることができなかったのです。でもこの日以前に子どもといっしょに、そうした自然にかかわった機会があり、そのときの子どもの姿がベースになっている

ことが「実際には触れない子も多いので」といった記述からわかります。そこから、「保育者が捕まえてそれに触ったり見たりする機会をつくっていく」「栗のイガを一つひとつひっくり返して調べたり、ドングリを割ってみたり等、それぞれなりに興味を持ってかかわろうとする姿を見守っていく」との援助を考えています。幾日かの記録をもとに子どもたちの姿をとらえ、保育者の願いと重ね合わせて実現していく方法を探ることも必要です。

 ## §4　実習の記録

　実習の記録においても、これまで記録について考えてきたことは共通です。

　さらに実習記録の場合、実習担当の先生方に見ていただくことになります。ですから、わかりやすく（読みやすく）書くことを求められる部分が出てきます。その分、子どもの姿を記すにも、自分の考えを書き表すにも、内容が相手に伝わるように整理することが求められます。そのように努力することが考えて書く力、ひいては保育をとらえる力をつけていくことにつながることと思います。

　また、自分の書いたことについて先生がコメントを書いてくださったり、話し合いの際に取り上げてくださったりなど、その記録を通してのやり取りが生まれる可能性が高くなります。いずれも、実習生がどのように子どもや保育について理解しているのか、実習生が何に悩んだり迷ったりしているのかなどを担当の先生が理解し、その実習生にとって必要と思われる子ども理解や援助の方法について指導していただける、とても学ぶことの多い機会となるでしょう。

　書くことについて苦手意識がある人は、心配や不安になるかもしれません。最初から上手く書けなくてもいいのです。記録の重要性を認識し、自分自身の現在の力を出発点としながら、記録から子どもや保育について振り返り、考えていく力をつけていくことが大切なことです。

10章　連携という方法を探る

幼稚園教育要領、保育所保育指針、幼保連携型認定こども園教育・保育要領では、連携の重要性について言及しています。連携が取れていることによって、ちょっとした問題やトラブルがあってもそのことをいろいろな側面から考えてもらうことができ、結果的に大きな問題にならずに済ませられたりします。連携を取るということは、日々の保育をスムーズに展開していくための重要な要素の一つといえるでしょう。

　この章では、家庭、地域、小学校との連携、および保育者同士の連携について考えます。

§1　保護者とともに

1．家庭との連携の重要性

　乳幼児期の教育を行ううえでは、家庭との連携は非常に大切なものです。幼稚園教育要領の第1章　第6　2において「幼児の生活は、家庭を基盤として地域社会を通じて次第に広がりをもつものであることに留意し、家庭との連携を十分に図るなど、幼稚園における生活が家庭や地域社会と連続性を保ちつつ展開されるようにするものとする。（後略）」と記されています。また、保育所保育指針でも第1章　1(1)　ウに「保育所は、入所する子どもを保育するとともに、家庭や地域の様々な社会資源との連携を図りながら、（後略）」と記されるとともに、「指導計画においては、保育所の生活における子どもの発達過程を見通し、生活の連続性、季節の変化などを考慮し、（後略）」（第1章　3(2)　ウ）と述べられています（下線筆者）。

　「連携」という言葉の意味を『広辞苑』で見てみると、「同じ目的を持つものが互いに連絡を取り、協力し合って物事を行うこと」となっています。保育者と保護者の目的は総体的にいえば「子どもの健やかな成長」ということで一致するのだと思われます。しかし、「健やかな成長」のとらえ方によって両者の間に違いが生じてしまうことも多々あります。排泄の自立、文字の習得、子どもの遊びのとらえ方など一つひとつの具体的なことに対する考え方に大きな違いが生じる場合は、保護者との連携が困難になることもあります。そのようなときは、質の高い保育を行うことはできず、場合によっては、子どもが保護者と保育者との間に挟まれて不自

由な状態になるかもしれません。そうならないためにも、保育者は保護者の思いや考え方を受け止めることを大切にしながらも、園や保育者自身の保育への考え方や思いを伝えていく努力をする必要があります。

　多くの人は、「子どもが好きだから」という理由で保育者を志望することが多いでしょう。しかし、保育の仕事は、子どもと同じくらい、多くの大人（保護者や同僚など）と接する仕事です。みなさんの中に、年長者とお付き合いするのが好きという人はどれくらいいるでしょうか。もしかしたら、小さい子どもは好きだけど、年長者は苦手なんていう方はいませんか。保育という仕事は、大人と子どもをひっくるめた「人」と接することが好きという姿勢が必要になる仕事であるように思います。

　一方、子どもを預けている保護者はどういう気持ちで保育者を見ているのかといえば、不安な気持ちを持っていることが多いのです。「どんな先生かな」「怖い先生じゃないといいなぁ」「私の子育てを非難されないかしら」「うちの子どものことちゃんと見てくださるかしら」など、保護者も不安な気持ちで保育者に出会っているのです。お互いがお互いのことを「こわいなぁ」「不安だなぁ」と思っている状態では、連携は難しいでしょう。そのため、まずは毎日のちょっとした触れ合いの中から、保護者との良い関係が築けるように心を配りましょう。保護者というのは、敵にまわしてしまえば大きな圧力です。しかし、味方になってもらえれば、どんなに心強いことでしょう。人間が一生の中で出会うことのできる人の数というのは限られています。苦手とする保護者もいると思われますが、その人と出会ったのも何かの縁です。そうした自分に与えられた縁を少しでもよいものにしていこうとする姿勢が、保護者との良い関係づくりの始まりになるのではないでしょうか。

　保育所保育指針には、第4章に子育て支援という章が設けられています。そこには、「日常の保育に関連した様々な機会を活用し子どもの日々の様子の伝達や収集、保育所保育の意図の説明などを通じて、保護者との相互理解を図るよう努めること。」という内容が記されています。

2．保育者の知らないところで

事例 10-1　　トラブルを知らされなくて

　新卒の保育者が担任をした4歳児クラスに、ちょっとしたことで手が出てしまうようすけがいた。「ようすけくんが叩いた」「ようすけくんがとった」など子どもたちの訴えが毎日聞かれていた。保育者はようすけに繰り返し注意をしていたが効き目はなく、焦りを感じていたが良い対処法も見つからず、毎日が過ぎていった。ある日、たけるの母親から電話があり「ようすけくんとクラスを変えてくれなければ退園します」と告げられた。驚いていろいろと聞いてみると、たけるの母親は「うちの子どもは、幼稚園に行くとようすけくんにいじわるをされるので行きたくないと言います。この間は、腕を噛まれて歯型を付けてきました。たけるに先生に言いなさいといいましたが、先生は忙しくて話を聞いてくれないと言います。それに、先生に言っても、また、いじわるをされるとも言います。らちが明かないので、ようすけくんの母親に電話をかけて訴え

ましたが、うちの子だけが悪いんじゃないという一点張りで話にもなりません。他の母親もようすけくんのことで悩んでいます。もう、これ以上、うちは、がまんができません」ということである。保育者は、ようすけの問題が親たちの間で大きな問題になっていることに驚き、うろたえてしまった。

この事例のように、保育者の知らないところで特定の子どものことが問題になったり、子ども同士のトラブルが親同士のトラブルに発展するということがあります。保育者は、園を離れたところでの子どもや保護者の行動をすべて把握することは不可能です。そのため、保護者からいろいろな情報が入りやすい状態にしておくことはとても重要で、そのことによってこうしたトラブルを未然に防ぐことが可能になってきます。園と家庭との風通しをよくしながら、一人ひとりの保護者とのていねいな関係の結び方を考えなければいけません。先の事例の場合、あのような状態になる前にまったく保育者に相談が持ちかけられていないことが一番の問題点です。保護者が気軽に相談できるような雰囲気が保育者や園になかったのでしょうか。保護者や子どもからのシグナルを保育者が見過ごしていたのかもしれません。保育者が気軽に話せる存在でいることは、大きなトラブルにならないためにはとても重要なことです。

3. 朝夕の連絡

（1）朝夕のおしゃべり・電話でのやり取り

保護者との連携の方法はさまざまですが、最も身近で日々行うことができる連携の一つに、登降園時の挨拶や会話によるコミュニケーションがあります。園に来た保護者と子どもたちがいつでも笑顔で迎えてもらえるということは、小さなことのように思われますが、園と家庭との関係づくりの土台として大切なことです。保育所の保護者は、登降園時は忙しくしていることが多いのですが、少しの時間でも言葉を交わす時間をつくりたいものです。朝は「おはようございます」と笑顔で迎え、仕事に行くときは「行ってらっしゃい」と見送りましょう。夕方は「お疲れさま」「ご苦労さま」と迎え、子どもの園での様子を伝えるなどして楽しく語り合える時間をできるだけ持てるとよいでしょう。幼稚園の保護者の場合は、比較的時間のゆとりがある保護者が多いかもしれませんが、初めの頃は特別な用事でもないと保育者に声をかけにくいものです。そのため、保育者の方から声をかけ、ちょっとした話題を提供するなどして話せる機会をつくってみましょう。話題はとくに子どものことに限らず、最近の出来事や地域の話題などでもよいと思います。まずは、「何を話すか」ということよりも「話せる間柄になる」ことが重要だと思います。

バス通園の幼稚園などで、毎日保護者と顔を合わせられない状況になっている場合には、さまざまな機会をつくってコミュニケーションを取れる時間をつくりましょう。また、気になることがあったときには、電話で様子を伝え、何かあったのかを尋ねてみてもよいでしょう。電

話をかけることで「先生が自分の子どものことを気にかけてくれている」と保護者が感じてくれるという効果が期待できます。

（2）連絡帳の活用

　会話と同じように活用される連携の方法が、連絡帳です。とくに保育所における低年齢の子どもの場合は、連絡帳の活用が有効です。食事・睡眠・排便・朝の体温など子どもの健康にかかわる情報を保護者に記入してもらい、保育者も園での食事・睡眠・排便・遊びや発達の様子などを記入して伝えます。低年齢の子どもは、本人が言葉で伝えることができないだけでなく、生活リズムなどの個人差も大きく、ちょっとした変化で体調などを崩すこともあるために保護者と保育者との情報交換は極めて重要になります。低年齢の子どもの場合に限らず、長時間保育の子どもが増える中で、子どもの朝の受け入れやお迎えの対応が担任の保育者でないことも多くなってきていますから、子どもの情報を保護者と保育者の両方が共有できるために連絡帳を有効に活用することが必要になっています。

4．保護者からの相談

　日々の会話や連絡帳、あるいは個人面談などのときに保護者からの子育ての悩みや生活の悩みが伝えられることがあります。保育所保育指針の第4章に「保護者に対する子育て支援を行う際には、各地域や家庭の実態等を踏まえるとともに、保護者の気持ちを受け止め、相互の信頼関係を基本に、保護者の自己決定を尊重すること。」と記されています。子育てに関するさまざまな情報は豊富にあるものの逆に情報に惑わされてしまっていたり、核家族化で子育てに関する相談ができる相手がいないという保護者は増えています。そのため、保育者は保護者の悩みを受け止め、子育ての共同者として存在していくことが大切です。もちろん、保育者の中には子育て経験がない若い保育者もいますし、保護者の質問というのは簡単に答えが出せるものばかりではなく、むしろ、難しい問題の方が多いといえるのかもしれません。たとえ答えが出せなくても、保護者の話を聞くこと、その問題を中心にしながら保護者と保育者が共に考えていくことができる関係になること、そして最終的には保護者が自分で決断できるように応援していくことが重要になります。

　たとえば、1歳児後半から3歳になるまでくらいの子どもたちは、自我の芽生えが始まり、いろいろなことを自分でやりたがる一方で、思うようにいかないとかんしゃくを起こす姿が多く見られます。自分の中で好きと嫌いという感情もはっきりしてくるため、今までのように親の思うようにはなりません。そのような子どもたちとつきあう親の負担は、結構大きいものです。自分の気に入らない洋服は着ないと怒ったり、嫌なものは食べようとしなかったり、自分でやると言ってできないと泣き叫んでみたり……。大人にとってこうした子どもの姿は、わがままと映るかもしれませんが、これは、自我の芽生えであり、自分を獲得しようとして戦っている姿です。しかし、保護者も時間に追われていたり、疲れていたりすると、ついイライラして怒鳴ってしまったり、突き放したくなったり、言うことを聞かせられない自分が情けなく

○　連絡帳（例）

氏名　田口秀悟

14 年　9 月　18 日　　水曜日　天気 晴れ		
睡眠	食事（ミルク）／排泄　入浴	保育園より　　体温 36.6

保育園より（体温 36.6）

久しぶりの散歩に行くと秀悟くんはとても早いスピードで走っていきます。「でんしゃ見に行こうよ」とのリクエストでしたが、校内は引越しのため車両が多いので「今日は探険にしよう」との提案にのってくれました。いつも通るじゃり道をはずれ、みんなの背丈よりも高い梅の木ばかりある所に入っていくと、時々草が目の前に立ちはばかり両手でかき分けたりくぐったり…。

連絡事項：友だちとのやりとりの中でエスカレートしてしまい、右太ももの内側をかぶれてしまいました。痛みはあわずみませんでしたが、ヒヤリとありました。

機嫌・健康状態：よい　ふつう　わるい　鼻水・鼻づまり

家庭より（体温 36.8）

お手当ありがとうございました。家では特に痛がる様子なく、かわりありませんでした。大丈夫かと思います。今日は私が早番で夕方の残業で早く帰ってくることができて、6時前に実家へむかえに行きました。車「むかえに行からね」と泣いて別れたことを覚えていたのか、いつものように感激する様子はなく、ちょっとうれしいくらいだったようです。早番の日は車お父さんがてれてこないだったようで。今日も服をきるのもごはんをたべるのもくつをのむのもぜんぶイヤだと攻撃としたようです。お父さんとのたたかいがいつもにまして多くなるようで、私は毎回うしろがみをひかれる思いで、早番出勤をしています。

連絡事項

機嫌・健康状態：よい　ふつう　わるい　鼻水・鼻づまり

なったりします。そうした保護者の大変な思いを受け止めてあげるとともに、子どもの育ちの中にはこういう時期が必要であることも伝え、園がいつでも子どもたちや保護者のことを応援しているという気持ちを伝えていきましょう。

5．園だより・クラスだより

　園だよりやクラスだよりも家庭との連携のための大切な道具です。こうした配布物は、行事やそれに伴う連絡事項や持ち物など、全体的には園からのお願いごとや連絡が多くなります。しかし、そのような一方的な依頼や連絡で済ますのではなく、園での子どもの様子や保育者が子どもたちに育ってほしいと思うことなどを、エピソードを交えて積極的に伝えていきましょう。園の保育方針やねらい、保育者としてのあなたの願いを文字にして伝えることは、保護者

○　園だより・クラスだより

そよかぜ

⓫月号
○○幼稚園
○○年11月1日発行

　その年も私たち姉妹はサンタさんに手紙を書きました。親には遠慮があってとても欲しいと頼めないものでも、サンタさんならかなえてくれそうな気がして、私は、テレビのクイズ番組のマスコットだった自分が乗れるくらいの大きなカメのぬいぐるみを、3歳下の妹は、当時高嶺の花だったリカちゃんハウスの豪華マンションタイプをお願いしました。

　12月25日の朝、プレゼントが枕元におかれていました。あけてみると、それは両手のひらにすっぽりおさまるくらいの小さなカメさんでした。かわいいけれど、欲しかったのはこれじゃないのに……。妹のリカちゃんマンションはというと、部屋数も少ないし屋上もない。ふと内装の壁に目をとめると、あれ？この布の模様に見覚えがある。そうだ、母の裁縫箱にしまってあったものだ。私はこの時すべてを知りました。心から信じていただけに、大きな衝撃を受けたことを、鮮明に覚えています。と同時に、このマンションもカメさんも、昨年の人形も、その前も……全部サンタさんの手作りだったんだ。無理な要求に精一杯答えようと頭を悩ませながら、夜なべ仕事でこの日に間に合わせてくれていたのだと思うと、ついさっき、一瞬でもがっかりしてしまった自分はなんて罪なことをしたのだろうと、とても悔やまれました。

　今のように欲しい物がすぐ手に入る時代ではなかったけれど、その分感謝の心や人への思いをサンタさんはプレゼントしてくれました。

　クリスマスまであと2ヶ月です。今年、サンタさんは子どもたちに何を贈るのでしょうか。

園長　原田　聖子

お知らせ

● 合同保護者会について
　11月30日（金）13：30〜14：30「2学期に取り組んできたこと」
　持ち物：聖書、賛美歌、スリッパ
　＊合同保護者会ですので、託児は行えません。ご協力よろしくお願いいたします。

● 新しいお友だちを紹介します！
　いちご組　田上 圭一郎 くん　＊電話番号は後日お知らせいたします。

おたんじょうび
おめでとう！

<11月生まれのおともだち>
・4さい　4日　たがわ りょう くん
　　　　10日　みやした かのん さん
　　　　20日　くらた こうた くん
・5さい　27日　いとう みか さん

11月の行事予定

	年　少	年　中	年　長
1日（木）	芋掘り＊雨天：順延		
8日（木）	多摩動物園 遠足（年少親子・年中） ＊雨天の場合：通常保育（15日に延期）		休園 ＊雨天：通常保育
9日（金）	休園 ＊雨天：通常保育		高尾山遠足 ＊雨天：通常保育 （16日に延期）
13日（火）		絵画	絵画（保育参観） 10：30〜11：30
21日（水）			懇談会 13：00〜14：00 （託児あり）
22日（木）		陶芸	陶芸
27日（火）		散歩（三本杉公園）	散歩（三本杉公園）
29日（木）	誕生会（11・12月合同で行います）		
30日（金）	短縮保育（11：30降園・おやつなし） 合同保護者会13：30〜14：30		

お願い

裏庭の過ごし方について
・幼稚園の園庭（裏庭）開放は、15：00までとなっています。
・帰る前に、空き箱製作などあそびに使ったものが落ちていないかなどの確認と片付けをお願いします。
・先日、不審者の通報がありました。降園後は必ず保護者の方がお子さんを見守ってください。

予告

<年少>
●午前保育開始　12月3日（月）より
●クリスマス会・懇談会　12月7日（金）
　　　　　　　　　　　　　＊2学期終了日

<年中・年長>
●休園　12月7日（金）
●午前保育開始　12月10日（月）
●クリスマス会・陶芸展　12月13日（木）
　　　　　　　　　　　　　＊2学期終了日

感　謝

たくさんの保護者の方のご協力で運動会を無事終了することができました。ありがとうございました。

保育のひとこまから

「共に生活するという楽しさ」

先日久しぶりに年少組に行くと、先生の読む絵本に子どもたちは見入っていました。それこそ、しーんと物音ひとつ聞こえない静けさで。4月は、泣いたり好き勝手なことをやったり、お部屋を脱走したりしていた子どもたちが、みんなで生活する楽しさをわかってきたのだなあと思い、数ヶ月の間の大きな成長を感じることができました。

「かっこいい！太鼓の踊り」

年中組の子どもたちは、先日の運動会で年長さんが見せてくれたかっこいい「太鼓の踊り」に魅せられて、「音楽、かけて！」といっては、毎日、まねをして踊っています。踊り方も上手くなり、最後の決めのポーズは年長さん顔負けぐらいに決まってきました。気持ちは早く年長さんになりたいというところでしょうか。身近に素敵なモデルがいるって、素敵なことですね。

に園のことを理解してもらえるとともに、保育内容や子どもの育ちをきちんと説明することにもなります（p.169参照）。

6．長時間保育（保育所）

　保育所はさまざまな保護者のニーズにこたえるために、開所時間が延びてきています。長時間保育の子どもは、保育者の労働時間よりも園で過ごす時間が長いため、必ず複数の保育者の保育を受けている形になります。保護者は、朝の登園時は朝番の保育者に子どもを託し、夜の降園時には遅番の保育者から子どもを引き取ります。朝番や遅番の保育者が子どもの担任とは限りません。そのため、日中の子どもの保育園での様子を知るためには連絡帳だけが頼りとなる場合もあります。長時間子どもを預かるということは、それだけ保育所が子どもの育ちを負うところが多いということであり、保護者との連携もより密に行う必要があります。ところが、保護者の勤務状況と保育者の労働時間を考えると、現実的にはかなり厳しい状況があります。そうしたことを補うためにも、朝番の保育者から担任へ、担任から遅番の保育者へ、遅番の保育者から朝番の保育者へと、その子どものことが保育者の間で正確に伝えられるとともに、園の全職員がすべての子どもの育ちに関心を持つという体制をつくることが大切です。それに加え、多忙な保護者への個々の対応を考えていくことも必要です。長時間保育を希望している保護者はたいていフルタイムで働いている場合が多いので、保護者会・誕生会などの行事への連絡を早めに行い、できるだけ保育への参観や参加を促す配慮が重要でしょう。

7．預かり保育（幼稚園）

　幼稚園の保育時間は4時間が標準であるので、通常は14時頃に降園になります。しかし、降園後にも保育者の希望により幼稚園で子どもを保育することが行われており、「預かり保育」とよばれています。正式には「教育課程に係る教育時間の終了後等に行う教育活動」といいます。幼稚園教育要領では、第3章に「教育課程に係る教育時間の終了後等に行う教育活動などの留意事項」が記されています。預かり保育を行う幼稚園は年々増加しています。しかし、各園で実施している預かり保育の内容は多様で、園によっては言葉通りの「預かっているだけの保育」や「おけいこごとで代用する保育」も見られています。そのため、降園したあとの保育であっても「教育活動」であるということを明確にするため、預かり保育の計画を立て、適切な指導体制を整備するなど「教師の責任と指導の下に行う」という留意事項が記載されています。具体的には、「幼児の心身の負担に配慮すること」「幼児期にふさわしい無理のない内容にすること」など、子どもの育ちを中心に考えていく保育内容であることや、通常のクラス担任とは異なる担当者が預かり保育を担当している園も多いために「教育課程に基づく活動を担当する教師と緊密な連携を図るようにすること」と、保育者同士の連携の重要性も述べられています。

　保護者が通常の保育時間よりも長く子どもを預ける理由は、就労を始めたけれど子どもが慣れ親しんだ園をやめたくない、就労が毎日でないために保育園に預けるほどでもない、あるいはときどきお迎えに間に合わない、保護者自身やきょうだいの用事のときに子どもを預かってほしいなどです。いずれにしても保護者の必要に応じて保育時間の延長を頼むということになりますが、子ども自身が園に残ることで負担を感じないような保育体制を整えることが大切です。そして、ここでの経験や活動も、幼稚園修了までの保育ととらえ、子どもの育ちをしっかりととらえていくことが必要になるでしょう。また、保護者の趣味や食事・ショッピングなどの娯楽のためであっても預かり保育を希望することは可能です。そのようなリフレッシュの機会が持てるということは、育児ストレスをためないためや社会とつながるために必要なことでもあります。しかし、就労であっても趣味や娯楽であっても、保護者に「幼稚園にお任せ」という感覚を与えないための家庭との連携が重要となり、幼稚園教育要領には「情報交換の機会を設けたりするなど、保護者が、幼稚園と共に幼児を育てるという意識が高まるようにすること」という留意事項も加えられています。預かり保育は、幼稚園という文化に根付いたばかりです。子どもの育ちを中心に考えた保育が展開されるために、預かり保育実施による保育者の過度な負担が通常の保育時間への影響を及ぼさないなど、園の体制を整えていくという課題があるでしょう。

8．子どものけがや病気のときの保護者との連携

　子どもが成長・発達していく過程では、小さなけがや伝染性の病気はつきものです。そして、子どもたちはけがや病気などを経て、大きなけがや病気をしないための対処法や免疫力をつけていきます。そのため、子どものけがや病気はマイナスなことばかりではないのですが、余計なけがや病気は避けた方がよいに越したことはありませんし、けがや病気のときには正しい処置を行うとともに十分な休息を取ることが重要であることはいうまでもありません。子どもの状態があまりよくないときには、保護者への連絡がスムーズに行えるように、連絡先を明確にしておくことが大切です。また、園内におけるけがや発病は、園側の管理が問われることもあります。そのため、日々の保育環境の点検や保育者および子どもの健康状態の把握、流行性の疾患の予防などについて、全職員で十分に気をつけていく必要があります。

　とくにけがは、保育者が思う以上に保護者は敏感に反応します。その理由は、けがはするのではなくさせられたものという感覚、自分の子どものことを保育者が見ていないからけがをしたのではないかということへの不安、通院などで仕事を休まなければならないことや余計な出費が出ることへの不満など、さまざまなことが考えられます。小さなけががきっかけで保護者とのトラブルが大きくなってしまわないように以下のことを大事にしたいと思います。

　①けがが生じたときには保護者にできるかぎり早く連絡する。

　②けがが生じたときの状況をできるだけ詳しく伝える。

　③その後にどのような対処を行ったのかを伝える。

④ けがの状態や保護者の反応によっては、保護者への心理的な援助とともに、完治するまで経過を細かく報告してもらえるように働きかける。

⑤ さらに、園の管理に問題が考えられる場合（このようなことはあってはならないのですが）には、きちんと謝罪をするとともに今後の対応についても伝える。また、保険の適応など、保護者に対する心理的・経済的負担を軽減できる措置を敏速にする。

　近年は、小さな出来事であってもすぐに「裁判」と言う言葉をちらつかせるなど、強い圧力で園に向かう保護者もいるようです。しかし、問題となる出来事があっても子どもが園や保育者のことが好きで、喜んで登園したがるような場合には、保護者の固くなった心も溶けていく傾向があります。保護者とのトラブルの解消にも、普段からの子どもと保育者との信頼関係の強さ、子どもが喜んで園生活を送っていることが大きな意味を持っているということです。

事例 10-2　〜 振り回した傘が目に入った！ 〜

　こうたろうとはやたが、雨上がりの降園時に雨傘を剣のように振り回してふざけていたところ、こうたろうの傘がはやたの目に入ってしまった。はやたは泣き出し、こうたろうは驚いて立ちすくんでいる。保育者は、ちょうど昨日欠席していた子どもに渡すプリント類を事務所に取りに行っていたためにその場にいなかった。子どもたちが呼びに来て、あわててはやたのところにいき、傷つけた場所が目であるので早急に医者に連れて行く必要があると考えた。園長にそのことを伝えると、すぐに眼科に連絡を入れるとともにタクシーを呼んでくれた。はやたの家にも電話をしたが、もう家を出てお迎えに向っているのか、誰も出ない。「はやたちゃんのお母さんには、私が伝えるから早く行きなさい」と園長に言われ、担任保育者はタクシーで眼科に急いだ。眼科では傷の消毒やさまざまな検査をしたが、結果的にそれほどひどい状態ではないことがわかりほっとした。しかし、医者からは、もう少しずれていたらかなり危険な状態になったかもしれないと言われ、冷や汗も出た。処置が終わる頃、はやたの母親も眼科に駆けつけてきた。かなり、驚いた様子であったが、元気そうなはやたを見て少し安心もしたようである。保育者は、こうなった事情と傷についての説明をし、とにかく大事には至らなかったが、自分が目を離していたことをていねいにお詫びし、こうたろうもわざとやったのではないので許してあげてほしいと伝えた。母親は、「今日は子どもがいるので、また、明日連絡します」と言い残し、帰っていった。

　保育者は、園に帰って傷の報告と再度このようなことが起こった事情を園長に説明した。こうたろうの母親にも連絡を入れたところ、こうたろうの母親は、電話を待っていた様子で、すぐにでもはやたの家に行って謝りたいと言ってくれた。保育者は、はやたの母親にとりあえず電話を入れて様子をうかがい、行かれそうであれば自分もいっしょに行くからと伝え電話を切った。夕方、保育者が電話を入れるとはやたの母親は少し落ち着いた様子だった。「こうたろうくんとお母さんが謝りにうかがいたいというのですが……」と保育者が伝えると、「今日は子どもも私も疲れているので明日にしてください」と言うので、その日は取りやめにした。翌日、朝一番に電話を入れ、様子を聞くと、とくに変わったことはないが今日は大事を取ってはやたは園を休むということであった。こうたろうの母の訪問の希望を再度伝えると、待っているとのことだった。

　こうたろうの母親は、はやたの母親に自分の子どもも悪気はなかったようだが、申し訳なかったとていねいにお詫びをした。はやたの母親も「はじめは驚いて混乱してしまったが、男の子だ

し、いろいろなことがあるんだとも思った。幸い大事に至らなかったので、本当によかった。これが、失明とか入院のようなことであったら、もっと感情的になっていると思う。でも、園長先生が入園式のときに、子どもたちはけがをしたり失敗をしたりしながら強くなっていくと話していたことも思い出した。うちの子も同じように傘を振り回していたみたいなので、場合によっては逆の立場になっていたかもしれないとも思ってぞっとした。今回は、先生たちもすぐに医者に連れて行くなど、適切な対応をしてくれたので感謝している。こうたろうくんもさぞ、驚いたことだろうと思う。これからも子ども同士、仲良く遊べるとよいと思っている」と話してくれた。この言葉に、こうたろうの母親も保育者もほっと一息つくことができた。

　この事例では、幸いけがが軽かったということもありますが、園の敏速で適切な対応とていねいな謝罪があったことにより、傷を受けた側のはやたの母親が比較的早く冷静になれたということがいえると思います。また、入園式の園長の言葉を思い出すなど、さまざまな場面で園から伝えられる子どもの育ちにかかわることが、こうした場面で生かされているということもわかります。このような事件が大げさにならなかったのははやたの母親の人柄の良さや賢さによるものもありますが、園が日頃から子どものことをていねいに伝え、説明してきたという積み重ねによると思われます。子どもの命を預かる保育者という職業は、常に気を張って子どもの安全を守らなければなりません。もちろん、すべてを一人で完璧にこなすことはできませんから、保育者同士の協力や連携も重要です。そのうえでも、見落としや失敗があったときには、自分の非をきちんと認め、今後そのようなことが起こらないためにはどうしたらよいのかを、園全体の問題として考えていくことが大切です。

　2007年の夏に、園の車に園児を1人で置いたまま数時間放置し、子どもが熱中症で死亡してしまった事件がありました。その事件の中で、保育者はぐったりした子どもを発見したあと、園長にすぐに報告をせず、さらに園も外に漏れることを恐れ、救急車をすぐには呼ばなかったことが報道されていました。もしかしたら、発見後にすぐに救急車を呼べば命が助かったかもしれないという情報もあります。園児を置き去りにすること、事件が起こったあとも自分の立場を守ることを真っ先に考えるなどは、保育者として、人間として、ありえないことです。子どもの命を何よりも優先に考えていくことが、保育者としての倫理であり、自分の責任を自覚しているというのが真の大人であり社会人であると思います。

 ## §2　地域とともに

1. 地域に親しまれる園

　2005年1月28日に文部科学省から出された「子どもを取り巻く環境の変化を踏まえた今後の幼児教育の在り方について－子どもの最善の利益のために幼児教育を考える」の第1章第1節「幼児期における教育の重要性」には、次のような文章があります。「【家庭・地域社会・

幼稚園等の施設】この家庭・地域社会・幼稚園等の施設（幼児に対する教育機能を担う幼稚園や保育所等の施設を言う。以下同じ）における教育は、それぞれの有する教育機能を互いに発揮し、バランスを保ちながら、幼児の自立に向けて、幼児の健やかな成長を支える大切な役割を果たしている。具体的には、家庭は、愛情やしつけなどを通して幼児の成長の最も基礎となる心身の基盤を形成する場である。また、地域社会は、さまざまな人との交流や身近な自然とのふれあいを通して豊かな体験が得られる場である。そして、幼稚園等の施設は、幼児が家庭での成長を受け、集団を通して、家庭では体験できない社会・文化・自然などに触れ、教員等に支えられながら、幼児期なりの豊かさに出会う場である。この家庭・地域社会・幼稚園等の施設の間で幼児の生活は連続的に営まれており、この三者で連携が取られ、幼児への教育が全体として豊かなものになって初めて、幼児の健やかな成長が保障される。」

　このように、子どもの育ちには、家庭と地域と園との連携が欠かせないことが述べられています。それぞれの幼稚園や保育所は、その園ならではの地域的な特性があると思われます。保育者は、自分が勤務している園の地域的な特性を理解し、温かく見守ってもらえている園であり続けるように、地域への気配りを忘れないようにしましょう。保育所や幼稚園は多くの人が集うところであるため、保護者の駐車・駐輪で近隣の方に迷惑をかけていたり、子どもの大きな声やスピーカーを通しての声などに騒々しさを感じさせていることが多々あります。地域への迷惑は最小限にするよう保護者にも協力を求め、行事などで地域への迷惑が想定される場合には、事情を説明して了承をいただいておくなど、事前のていねいな対応が必要です。また、地域の商店街や公共施設との交流や施設同士の交流（他の園や老人や障がいをもつ人の施設など）なども視野に入れ、園や園に通う子どもと保護者が地域のさまざまな人たちに愛してもらえる努力をする必要があるでしょう。

事例 10-3　　**カレーの材料を買いに来たよ**

　A保育園の年長組は、毎年夏に園でのお泊り会をする。その日の夕食は、子どもたちが自分たちでカレーライスをつくる。カレーライスに使う材料は、みんなで近くにある商店街に買い出しに行く。八百屋さんでにんじん・じゃがいも・たまねぎを買って、お肉屋さんで豚肉とカレールウを買う。飲み物のオレンジジュースは、酒屋さんで買う。毎年の行事なので、お店のおじさんたちも慣れたもの。「お肉おまけしてたくさん入れておいたよ」「ジュースを飲み過ぎないようにね」などと声をかけてくれる。最後にお米屋さんに行って、お米を注文して届けてもらうようにお願いしてくる。

　カレーライスの材料である肉や野菜をスーパーで一括して買うことや宅配をしてもらうことも可能ですが、地域の商店街の方々と交流を持ちながら買い物をしていくことは、園の活動や子どもの成長を知ってもらえる大切な機会になっています。

2．子育て支援

　幼稚園や保育所は、従来から家庭との連携を大切にしてきており、その意味では施設がつくられた当初から子育て支援を行ってきたといえます。しかし、近年、核家族化の進行やきょうだい数の減少に伴い、親になるまで幼い子どもとかかわった経験のない保護者が大半を占めるようになり、親になる世代の人が子育てに対する不安や迷いを抱えていることが社会問題へと発展しました。少子化が進行し続けていること、虐待件数の増加、要保護児童の増加などは、その一側面の現われです。

　こうした社会の情勢を受けて、国は 2015 年に「子ども・子育て支援制度」を開始しました。この制度の中で、全ての子どもを預かることができる認定こども園の数を増やしたり、産休明けや育児休業明けの子どもたちが待機児童にならないようにさまざまなタイプの小規模保育所を認可保育所としました。また、満 3 歳から 5 歳までのすべての子どもと、非課税世帯の 0 歳から 2 歳までの子どもの保育料を無償化するなど、利便性や財政面での支援を行いました。新しい保育施設として設立された認定こども園が、施設の目的に子育て支援を規定したことも、こうした状況を踏まえてのことであると考えられます[注1]。また、社会情勢を受けて、幼保連携型認定こども園教育・保育要領だけでなく、幼稚園教育要領や保育所保育指針においても子育て支援に関する事項が明記されています。

　幼稚園教育要領では、「第 3 章　教育課程に係る教育時間の終了後等に行う教育活動などの留意事項」に、幼稚園としての機能や施設の開放、関係機関との連携及び協力、相談や情報提供等を行う幼児期の教育センターとしての役割を果たす必要があることが示されています。幼稚園は学校教育法に基づく学校なのですが、教育課程にかかわる教育時間以外にも教育活動として、いわゆる「預かり保育」が行われていること、また上記のように地域の子育て家庭にも支援の目を向けることが求められているのです。

　保育所保育指針では「第 4 章　子育て支援」、幼保連携型認定こども園教育・保育要領では「第 4 章　子育ての支援」とどちらも単独の章を設けて、児童福祉施設として行うべき子育て家庭への支援が明記されています。「保護者の気持ちを受け止め、自己決定を尊重すること」「保護者が子育ての喜びを感じられるようにすること」「関係機関との連携、協働を図ること」「プライバシーの保護や知りえた秘密の保持」等を基本に置きながら、「在園児の保護者に対する子育て支援」と「地域の保護者等に対する子育て支援」に分けて、その内容が記されています。実際に行われている地域の保護者等に対する子育て支援としては、施設の開放、情報提供や相談、一時預かり事業（一時保育）、要保護児童への対応などです。地域における乳幼児期の子どもの教育や保育の中心的な役割を果たすことが求められています。このようにどの保育

注1）認定こども園法　第 2 条「この法律において「幼保連携型認定こども園」とは、義務教育及びその後の教育の基礎を培うものとしての満 3 歳以上の子どもに対する教育並びに保育を必要とする子どもに対する保育を一体的に行い、これらの子どもの健やかな成長が図られるよう適当な環境を与えて、その心身の発達を助長するとともに、保護者に対する子育ての支援を行うことを目的として、この法律の定めるところにより設置される施設をいう」

施設も対象とする子どもや保護者の範囲が広がっていること、つまり、保育者に求められる専門性がより高度になったといえます。

　さらに政府は、待機児対策として増加した保育施設が、地域によっては少子化の影響を受けて定員に空きが出始めてきたことを受け、「こども誰でも通園制度（仮称）」として、保護者の就労に関係なく週に数回までは保育施設で子どもを預かることができるという案を打ち出し、2023年にはすでにモデル事業が開始されました。この制度は、歯止めの利かない少子化を何とか改善したいという政府の願いの現われです。こうした取り組みがあることによって、子育て世代の親たちが安心して子どもを産み育てられるというのであればよいですが、その評価は少し先になります。

　一方、子育て支援の対象は親ですが、それは大人の都合だけを優先にすることではないはずです。子育て支援は、親たちが安心・安定することで、子どもたちが主体性を発揮しながら未来を生きる力を獲得していかれるようになることが求められています。つまり、子どもの最善の利益を考慮することを忘れてはならないのです。そのため、新しい制度等がつくられる中でも子どもの気持ちや権利がないがしろにされていないかを見極めることが必要です

　さらに、実際にそうしたさまざまな子どもと家族を支援する保育者がやりがいや生きがいをもって、専門性を向上させていかれるような体制が整えられているのかについても考えていくことも重要です。保育者の就労環境、他の専門職との賃金格差の問題など、改善を求めていくべき案件が残されています。

3．小学校との接続

　就学前の保育施設はいくつかありますが、全ての子どもたちが小学校へと進学していきます。子どもの育ちを考えると小学校への移行は緩やかに流れるようにいくことが望ましいのですが、教育内容や方法等を取り上げてみても、そこにはさまざまな違いが見られています。たとえば、就学前の教育は、子どもの興味や関心を基にした遊びを通しての指導を行いますが、小学校はすでに学ぶべき内容が決められており、それを教科ごとに系統的に学んでいくというスタイルがとられています。幼稚園や保育所等では、同じ時間に砂場で遊ぶ子ども、ボールで遊ぶ子ども、空き箱で製作をする子ども、オリジナルダンスを考える子どもなど、自分のやりたいことに主体的に取り組むことを大事にしていますが、小学校ではそうしたことは許されない場面がほとんどです。決められた時間に、クラス皆で同じ課題に取り組むことが求められます。こうした教育のあり方の大きな違いによって、小学校になじめない子どもたちが多数出てきたことで「小1プロブレム」という言葉も生まれました。

　こうした状況を踏まえ、中央教育審議会は「幼児教育と小学校教育の架け橋特別委員会」を立ちあげました。「架け橋」とは、離れている2つのもの同士をつなげるという意味であることは、すぐにおわかりいただけるでしょう。つまり、幼児教育と小学校教育は他の学校段階等間と比べても違いが多いため、円滑な接続を行うにはさまざまな課題があることに着目したの

です。そして、5歳児から小学校1年生修了までの2年間を「架け橋期」と名付け、この時期に焦点を当てた教育を行う必要性を示しました。21世紀の教育のあり方として0歳から18歳までの学びの連続性を意識した教育を行う際にも、この「架け橋期」の教育をていねいに行うことが重要であると考えました。

　　具体的に言えば、幼児教育と小学校教育が互いの教育についてていねいに理解できれば、この時期は両方がその段差を少なくするような教育に取り組むことができるのではないかと言うことです。もちろん、それは幼児教育の場で小学校を先取りするような教育を行うことではありません。幼児期ならではの教育を維持しながら、そこで何が育っているのか、その育ちが就学後の学びにどのように活かされるのかを意識したり確認したりすることが重要になります。

　　幼稚園教育要領、保育所保育指針、幼保連携型認定こども園教育・保育要領ともに、小学校との接続については以下の点を留意するように記されています。

・幼児期の教育が小学校以降の生活や学習の基盤の育成につながることに配慮し、創造的な思考、主体的な生活態度などの基礎を培うこと
・幼児教育で育まれた資質能力を踏まえ、小学校教育が円滑に行われるよう、小学校の教師との意見交換や合同の研究の機会などを設けること
・幼児期の終わりまでに育ってほしい10の姿を共有するなど連携を図り、幼児教育と小学校教育の円滑な接続を図るように努めること

　　実際の取り組みとして、小学校の教員が長期の休業期間に保育所等で実習に来て、乳幼児期の教育の実際について学んだり、逆に保育者が小学校に実習に行き小学校での教育を学ぶなど、教師と保育者の交流が行われています。また、幼稚園等の公開保育や研究発表会の場に小学校の教師が来て、保育者と意見交換を行うなども実施されています。幼児期の遊びが「ただ遊んでいるだけ」ではなく、子どもが主体的に自身の体・心・頭を動かしながら、創造したり、考えたり、工夫したりしている総合的な学びであること、そのことが小学校での学習においても発見したり、考えたり、工夫したり、忍耐強く取り組んだりする力になっていることを理解してもらえる機会となることが期待されます。

　　子ども同士の交流の機会を設ける取り組みも行われています。小学生が保育施設に遊びに来たり、就学を前にした5歳児が小学校へ訪問する等も行われています。小学校のイメージがつきにくい子どもには、実際に小学校の場を体験できることで、就学に期待をもち、安心できる体験になっていることでしょう。

事例 10-4　　給食を食べに

　　A幼稚園は、小学校に隣接したところにある。今日は、5歳児が小学校へ訪問の日である。担任と主任の先生といっしょに、5歳児クラスの子どもたちは少し緊張気味で出かけた。
　　まずは、1年生の教室の算数の授業を見学させてもらう。昨年この幼稚園を卒園した子も何人かいて手を振ってくれたりしたが、一生懸命に勉強する様子を見て5歳児はかなり感心したよ

うである。音楽室では、4年生が歌を聞かせてくれる。給食のカレーもご馳走になり、5歳児クラスの子どもたちはすっかり満足である。「早く、小学校に行きたいね」「うん、でもそうしたら、幼稚園にいけなくなるんだよ」など、楽しそうに話している様子がうかがわれた。園に帰って、園長先生や他のクラスの先生に報告したり、子ども同士で発表し合ったりする。次の日、こずえが「紙とえんぴつ、ちょうだい」と言うので渡すと、数字を書いたりしている。「私、小学生だから勉強しているの」と言うと、「私もやる」とうたえがこずえの遊びに参加する。こずえの「勉強」は、翌日、メンバーも増えて学校ごっこに変わっていく。大積み木で机と椅子をつくって、教室の雰囲気づくりも楽しそうである。まさこたちは、「小学校の校長先生に手紙を書きたい」と言う。まさこたちの手紙に校長先生はきちんと返事をくれた。「また、遊びに来てくださいって書いてある！」まさこたちは大喜びである。

　小学校ではすでに1990年代には生活科という理科と社会科の科目を統合した教科を低学年に置き、幼児教育に近い体験活動や表現活動を中心にした学習を取り入れるなどの歩み寄りをしていました。しかし、その取り組みも小学校教育の枠の中で展開されていることが多く、学びの接続となる役割を十分に果たせていなかった面があることは否めません。そのため、幼児期の終わりまでに育ってほしい姿等を手掛かりにしながら、架け橋期のカリキュラムを共同で作成し、小学校1年の修了時期を中心に共に振り返り、その評価を行うこと等も求められています。対象とする年齢の子どもの教育や保育だけでなく、それを超えた0歳から18歳までの学びの連続性をより意識していくことが重要です。

　また、幼稚園では幼児指導要録、保育所では保育所児童保育要録、認定こども園では認定こども園こども要録というように、どの施設も在園期間の子どもの育ちの姿を記し、小学校教育へとつながる書類を作成し、各進学先の小学校へと送ることになっています。一人ひとりの子どもの良さを伝えるとともに、どのような配慮を行えば子どもの主体的な力が発揮されるのか等を伝えるなど、スムーズな接続の一助となる書類であることが求められています。

§3　保育者集団の育ち

1．保育者同士の連携

　保育所や幼稚園の中で多くの保育者は、「○歳児担任」「×歳児副担任」「一時保育担当」など、自分が担当するクラスや対象が決められています（中には、「フリー」と呼ばれる臨機応変にクラスの補助に入る保育者もいますが、この「フリー」の位置づけは園によってもさまざまです）。自分が担当する子どもが明確になるということは、保育者にとって責任の所在や役割が明確になり、自分の注意の向け方や子どもとの絆の結び方が行いやすくなります。ところが、保育者は自分が担任している子どもだけを見ていればよいのではありません。担任や担当という役割の前に、保育者には園全体の、あるいは地域に住む子どもの養護と教育を行うという大切な責務

があります。そのため、他のクラスの子どもに対して「自分は担任ではない」という理由で、無関心ではいられません。同時に「私のクラスのことに口を出さないでください」と、自分の保育に他の人の考えを取り入れない「学級王国」的な保育もよいとはいえません。すべての子どもの福祉と教育を守るためには、子どもにかかわる大人たちの協働的な体制を欠くことはできないのです。

　現実の保育者集団の実態はどうなのでしょう。実習を終わらせ就職に向かう学生に「どんな園に就職したいか」と尋ねると、「先生同士の人間関係がよいところ」という思いがしばしば語られます。「私の実習園は先生同士の仲があまりよくなくて」「職員室の雰囲気が冷たいんですよ。なんか、空気がスーッとしている感じで……」「園長や主任が来るとなんだか先生たち黙るんですよね」というような声が聞かれることがあります。保育者にとって悩みを聞いてもらえたり、励まし合える仲間であるはずの他の保育者の存在が、緊張を要する相手、敵対するような相手になってしまっては非常に残念です。保育者同士の関係の悪化は、さまざまな形で保育に大きなマイナスを与えます。その理由は、職場の中に緊張感や険しい感情が走っているような状況は、子どもにとっても居心地のよい保育環境とはいえないでしょうし、さまざまな子どもや保護者の問題を一人で抱えていくことはどんなに力のある保育者でもかなり厳しいからです。保育者同士が、お互いに支え合える関係になるには「これは自分の担当、これは担当でない仕事」というような保育者間の住み分けをするのではなく、協力して良い保育をつくろうとする協働的関係をつくることが大切です。

事例10-5　　「あなたがちゃんと見ていてくれないから」

　　4歳児のあんずちゃんは、言葉の理解が弱く、突然に部屋を出て行くなどの行動が多いため常に目を届かせていなければならない存在である。あんずちゃんには担当の保育者が付いている。しかし、突然保育室を出ていき、静かに絵本を楽しんでいるクラスに進入し奇声を発したり、製作をしているクラスの子どもたちの道具を勝手にいじったりしてしまう。担当保育者があとを追いかけ、必死に行動を制して部屋へ戻そうとするが、なかなか思うようにはいかない。そのような状況であったため、あんずちゃんが行く先々で保育者や子どもたちはからだを固くして「構え」のスタイルをとってしまう雰囲気があった。

　　あんずちゃんの担当になった保育者は、別の園に勤める友人につらい思いを語っている。担当保育者にとって最も苦しいことは、あんずちゃんが別のクラスに行くと「あなたがちゃんと見ていてくれないから、こんなことになるのでは」というほかの保育者たちの無言のメッセージだという。もちろん、そのようなことを実際に口に出す保育者はいないが、そのような雰囲気がいつも感じられてしまい、一人ぼっちという感覚になるそうだ。そのため、あんずちゃんに対しても、「なぜ、じっとしていてくれないの。あなたさえじっとしていてくれれば私はこんなにつらい思いをしなくて済むのに」という気持ちばかりが先立ってしまい、あんずちゃんの担当でいることがしんどいということである。

　上記の保育者の悩みから、あんずちゃんという子どもの問題行動や園での過ごし方が、担当保育者一人に担わされてしまっていることが感じられます。もちろん、障がい児や気になる子

どもの担当者というのは、特定の子どもの保育を援助する役割として加配されている保育者です。しかし、「特定の子どもの援助」とはその子どもが周りに迷惑をかけないために見張りをすることではありませんし、その子どもがみんなと同じように過ごせるためにその子どもを抑えておく役割でもありません。その子どもがどうしたら園生活を楽しめるようになるのか、他の子どもや保育者と心を通わせることができるようになるのかということを、その子どもの思いや育ちに添いながら援助をするということが重要なのです。そうした役割を果たすためには、担当保育者一人の力だけでは困難です。あんずちゃんのように言葉の理解が弱い子どもは、かかわりが持ちにくい面を持っていることが多いため、他の保育者を含めた園全体の協力体制が必要になります。かかわりが持ちやすい複数の子どもよりも、かかわりの持ちにくい一人の子どもの方が保育が難しいとも考えられます。あんずちゃんのように動き回る子どもというのは、動いて行った先でいろいろな子どもたちや保育者に出会います。そこで、もしも受け入れてくれる雰囲気や状況があったり、親しみがある言葉をかけてもらえれば、それは人とのかかわりにおける豊かな経験を積み重ねることになるでしょう。どこに行っても邪魔者扱いされるという経験とは、まるで反対の「人の温かさを味わえる体験」になるはずです。同時に、担当の保育者にとっても、多くの人に見守られているという状況は、かかわりが持ちにくい子どもを抱えている負担や孤独感を軽減していくことになるはずです。

　大場幸夫は、佐藤学の茅ヶ崎市の浜之郷小学校の実践を記した著書『授業を変える　学校が変わる』（小学館、2000年）の中で教師同士が学び合える関係を重視し「同僚性」の構築を重視したことに注目し、著書『こどもの傍らにあることの意味－保育臨床論考』において、保育者の専門的発達として「同僚性」をとらえています[注1]。そして、「保育者個人の能力ではなく、集団の組織力として子どもの園生活を支えるものになることが、本当の意味での専門的な発達ではないか。どんなに優れた保育者が一人いても、園全体のこどもの育ちを支えきるには限度がある。個人技で切り抜ける技術を否定するわけではないが、単にそれだけが専門的な力量ということになると、残念ながら現場の職員構成は、理屈からすると慢性的な連携不能かちぐはぐなその場凌ぎの切り抜け方しかできなくなる。発想を変えて、連携を有効なものにするために、同僚性という視点から仲間の支えになることを日常化することを続けていくことによって、互いにさりげなく必要な支援をし合える関係が作られる。」と述べています。そして、そうした「同僚性」を確立していくためには、保育カンファレンスの有効性を述べてもいます。

2．保育カンファレンス・園内研修会

　専門家としての保育者が保育の質を向上させ、保育者集団の協働体制がとれるようになるためには、保育カンファレンスや園内研修会を行うことが欠かせないでしょう。カンファレンスという言葉は、協議会という意味です。つまり、園内研修会や保育カンファレンスというのは、

注1）大場幸夫『こどもの傍らにあることの意味－保育臨床論考』萌文書林、2007、p.182

子どもの問題や保育のあり方についてみんなで協議をしていくことです。カンファレンスの中では、当事者（報告者）が自分の保育や子どものことを自分の言葉で語ることを大切にします。語るということは、自分の保育を振り返りながら整理して伝えるというであり、「省察」や「語り直し」という意味があります。そして、他の保育者はそれを聞きながら、それぞれの立場からそのことに関する自分の考え方や子どもの見方、理解が整理できます。園内研修会や保育カンファレンスは、話し合いに参加しているすべての人にとって、共に学び合える場になるのです。さらに、保育カンファレンスを通して、今まであまりかかわりがなかった子どもの問題についていっしょに考えていこうとする協働の姿勢も生まれてくるのです。ときにそうした保育カンファレンスに役職が上の立場の人や外部の専門家が一方的に意見や助言を言うようなことがありますが、それでは保育者が受動的な立場になってしまうのであまり意味がありません。また、一人の保育者が周りから一方的に攻められる「つるし上げ」も避ける必要があります。保育者の人間性や専門性、保育技術を批判することが保育カンファレンスや園内研修会の目的ではなく、今の現実を振り返りながら次の保育の手立てをみんなで考え、協力体制の中で実施できるようにしていくことが必要になるのです。保育者一人ひとりが子どもにかかわる専門家として、他者からの意見を聞き、自分の考えを自立的に述べていきながら「保育」についての考えを深めていくことができる関係が成立することこそ、保育者集団の育ちと言えるのでしょう。

　大場は、「保育カンファレンスの場における保育者相互の意見交換や、担任あるいは障がい児担当者支援の輪が、園内の保育者間に作られていく様子などを通して、"同僚"という存在の重要性を確認することがあったからである。しかも、それらは過去の保育カンファレンスの場面の意味を確認するということだけでなく、むしろ保育カンファレンスの意義として、同僚性は基本的なことだと考えるようになったのである。話の発端が、担任対その子という二者関係の構図に見えても、それだけが取り出されて論議されたり、参加する保育者のすべてが陪席者のような位置を占めたりすることではないように、園全体の協働体制を確立することが大きな狙いになる。そういう方向を持って保育カンファレンスが営まれ、回を重ねて次第にその話の意味が保育者集団の中で深められるようになることで、次に発生する事例について、みんなで考え、みんなで支え合う体制を作ることができるような保育者集団の専門的な力を蓄えるように期待を持つ。同僚性とはその園のこどもの生きる現場を支える底力なのだ」[注2]と前掲書の中で述べています。園には、多くの子どもと保護者、そして多くの保育者が存在しています。多くの人間がいるからこそ、たくさんの問題やごたごたが起こりますが、そうした問題を解決していくことも、人と人との協働以外にはないのでしょう。さまざまな問題にゆらぎながらも決して倒れない園をつくるためには、大場が言うように保育者集団の土台の強さがものを言うのではないでしょうか。

注2）大場幸夫『こどもの傍らにあることの意味－保育臨床論考』萌文書林、2007、p.166

3．認定こども園

　認定こども園とは、保護者が働いている、いないにかかわらず子どもを受け入れ、教育・保育を一体的に行うとともに、すべての子育て家庭を対象にした子育て相談や親子の集いの場を提供しており、かつ認定の基準を満たす施設です。2006年10月に「就学前の子どもに関する教育・保育等の総合的な提供の推進に関する法律」が施行されて以降、認定こども園の数は増加しています。大きく分けると、4つのタイプの認定こども園があります。1つ目は、幼保連携型で、認可幼稚園と認可保育所が連携して、一体的な運営を行うことにより、認定こども園としての機能を満たすタイプのものです。2つ目は幼稚園型といわれるもので、認可幼稚園が、保育を必要とする子どものための保育時間を確保するなど、保育所的な機能を備えるもので、3つ目は、保育所型といわれるもので、認可保育所が、保育を必要とする子ども以外の子どもも受け入れるなど、幼稚園的な機能を持つものです。4つ目は、地方裁量型といわれるもので、幼稚園・保育所いずれの認可もない地域の教育・保育施設が、認定こども園として必要な機能を果たすタイプのものです。認定こども園は学校かつ福祉施設の両方を兼ね備えている施設としてこども家庭庁が管轄しています。

　認定こども園に在園している子どもたちは、保育の必要性によって認定を受けています。満3歳以上で4時間を標準とする教育時間の子どもたちを「1号認定」、満3歳以上で保育標準時間（最大11時間）、または、保育短時間（最大8時間）のいずれかの教育・保育を受けている子どもたちを「2号認定」、3歳未満で保育を受けている子どもたちを「3号認定」としています。つまり、1号認定は幼稚園と同じ期間や時間の教育を受ける子どもであり、2号認定及び3号認定の子どもたちは保育所と同じ教育・保育が必要な子どもになります。

　このように認定こども園の子どもたちは在園期間や在園時間が異なり多様であるため、家庭との連携を図り、一人ひとりの子どもの生活の仕方やリズムに十分配慮する必要があります。また、3歳以上の場合、1号認定の子どもと2号認定の子どもが同一学年のクラスに配属されることになるため、クラス全体の運営については、保育者が工夫しなければならないことも多くあります。

　認定こども園では、幼稚園や保育所といった従来の就学前の施設で培ってきた専門性だけではカバーしきれないことも多くあるため、幼保連携型認定こども園教育・保育要領では、第1章総則の第3に「幼保連携型認定こども園として特に配慮すべき事項」がていねいに記されています。

11章　「方法」を探究していくために

これまで学んできたみなさんは、保育の方法というのは、どこかに唯一の正答があるというようなものではなく、自分なりに探究していくものであることが見えてきていることでしょう。自分なりに保育の方法を探究していく道はいろいろあります。ここでは、実践から考えたり、園内外の研修で他の保育者と話し合ったり、歴史から学んだりといったいくつかの例について取り上げます。

§1　実践から考える・学ぶ

1．子どもから学ぶ

　保育者の生活において、保育のあり方やそれを実現していく方法について考えていくヒントを与えてくれるのは、まず"目の前の子どもたち"です。

　子どもたちと暮らす生活においては、楽しさや喜びと同時に、疑問や悩みも生まれてきます。たとえば、「私は、クラスの子どもたちに自ら動いていくような子どもに育ってほしいと思っているのに、子どもたちから『○○していい？』と許可を求めるような声が結構出ている気がする。子どもたちとの生活の中で、私はそんなに許可を求めさせるようなかかわりをしているのかな？　もっとよい方法があるのかな？」などといったようにです。

　この場合、自分の保育のあり方や方法を振り返るきっかけを与えてくれたのは子どもたちの姿ですが、それについて考えていく際に、やはりヒントを与えてくれるのも子どもたちの姿です。たとえば、「『○○していい？』という声が出てくるのは園生活の中のどんな時間や場面なのかな？　そう聞いてくる子どもは同じ子どもかな？」と意識的にとらえていくことにつなげることができます。さらに、「その際に自分はどんなふうに答えたり、振る舞っているかな？」ととらえ直してみたり、もし、同じ子どもが確かめに来ているとするならば、「保育者に尋ねてくる行動は、その子どもにとってどんな意味があるのかな？」「その子どもの背景にそうせざるをえない何か不安感があるのかな？」というように、注意深く子どもの姿を見て、考え

ていくことにつながります。そうして、自分の中で見えてきた方法を試していくことになるでしょう。

　生まれてくる疑問や課題は、保育者によって異なります。子ども一人ひとりがそれぞれ違うように、保育者も一人ひとりが個性的存在だからです。得意なことや不得意なことがそれぞれあるでしょうし、経験年数などの違いによっても、そのときどきにクローズアップされてくる課題は違ってきます。もちろん、出会う子どもたちによっても課題の持ち方は違ってきます。先の例のように、自分の中であれっと思った疑問を課題として立ち上げ考えてみましょう。それが、方法を探究していくことの一つの始まりとなります。

　とはいうものの、自分だけの営みではやはり限界があります。そうした際に、さまざまな研修の場は、自分の姿勢しだいでたくさんのことを学んだり考えたりすることのできる場になります。

２．園内の研修で学ぶ

　保育者の生活の中で身近な研修といえるのは、基本的には園内のメンバーで行われる研修です。各々の園によって、いろいろな形で取り組まれているようです。

　たとえば、先に例をあげたように各々の保育者がそのときに課題としていることを取り上げて、園内の保育者で話し合い、知恵を出し合って、よりよい保育のあり方や方法を考えていこうとするタイプのものがあります。他にも、保育をお互いに公開し合い、参観し合ったことをもとに協議するタイプのものや、園内で一つのテーマを決めて、そのテーマのもとに事例を書いて話し合うタイプのものもあります。また、障がいのある子どもや、気になる子どもについて園内の保育者で話し合ったりすることなどが、園内研修の一環に位置づく場合もあります。こうした園内研修の場に、ときには外部からの講師や参観者を迎えて話し合うこともあります。

　いずれにせよ、園内の研修では、自分たちの園の子どもたちに即して考えていく内容が多くなります。話し合いを通して、共に働く先生方が子どもをどのように理解しているか（子ども観）、何を大切に考えてどのようにかかわっているか（保育観）などに、具体的に触れる機会となります。日頃の実践における姿と、話し合いの内容が重なりやすく、とくに若手の保育者にとっては多くの発見や気づきがもたらされることが多いようです。

　保育者の自分自身の課題を園内研修で取り上げてもらえた場合には、それが翌日以降の保育に実際的につながっていくことになるでしょう。逆に園内研修の話題が、自分自身がそれまでに感じたことや考えてみたことがなかったものでも、その視点から自分の保育への考え方や方法について見直したり、考えたりする機会となるでしょう。たとえば、ある園内研修で、一つのクラスの事例をきっかけにして、子どものいざこざにかかわるときに保育者として心がけていることやその具体的方法が話題となった場面がありました。以下は研修後にある保育者（保育歴４年目）が書き記したものです。

事例
11-1

～　研修を終えて……

　今回の研修で私の中でとても印象に残ったことは、「○○したかったね」「○○が使いたかったんだね」などの“したかったこと”を代弁するだけでなく、「悲しかったね」など、そのときのその子どもの気持ちを表すような言葉も伝えているだろうかということでした。私の今までの子どもたちへの接し方を振り返ると、何がしたかったかを代弁はしても、どういう気持ちなのかを伝えたことがあまりなかったことに気がつきました。

　この研修会後、この“どういう気持ち”なのかを言葉にして伝えることを意識して接するように心がけてみることにしました。そして「おもちゃとられた！」「○○したかった！」という子どもたちのトラブルが起きたときに、「嫌だったんだね」「悔しかったんだね」と声をかけたところ、いつもなら「キーッ！　バ〜カ！　バ〜カ！！」と言ううりなちゃんが、うんうんうなずきながら涙をポロポロ……。いつもなら「あーん」とひっくり返って泣くたいきくんが、泣きながらも「か〜し〜て〜！！」とひとこと。子どもの姿が違いました。今のその気持ちがどういう気持ちなのかを言葉にして伝えて、受け止めることで、子どもたちも今の自分の気持ちを自分自身で受け止められるのではないかと感じました。

　この保育者は、研修の場で話題になったことを手がかりに、これまでの自分の保育について具体的に振り返り、今のクラスのりなやたいきにとっても必要なことだったのではないかと考えて実際に試みています。あまりにも子どもたちの姿がいつもと違っていたので、それが大きな驚きとなって記述されているのでしょう。その際に、「子どもたちの姿が変化してよかった」で終わらせてしまうのではなく、こうした手応えの中で、どうしてそのようなかかわりが子どもたちに大きな変化をもたらしたのか、その子どもたちにとっての保育者のかかわりの意味を考察しています。この保育者の中で、自分のかかわり方についての新たな広がりが生まれたことが伝わってきます。

3．園外の研修で学ぶ

　園外の研修にもさまざまなものがあります。現在の保育の動向について学ぶものや、保育者としてのあり方について考えるもの、他にもダンスや歌の講習など多岐にわたります。そうした研修も、自分の姿勢しだいで方法の探究につながっていきます。大切なのは、やはり自分の保育と重ね合わせて考えていく姿勢でしょう。つまり、学んだ内容について、「自分だったら？」と考えたり、「子どもにとってどんな経験になっていくかな？」など、自分の目の前の子どもたちにとっての意味を考えたり、自分は何を大切にしていきたいからそうした方法をとるのかを考えてみたりすることです。

　また、園外の研修では“自分たちはこれまで当たり前だと思っていたけれど、そうではないのかもしれない”といったような、園内研修では気づきにくい視点を得ることが多いようです。たとえば、ある県内のさまざまな幼稚園の保育者が参加して、指導計画についての研修

会が行われたときのことです。各々の園の指導計画を持ち寄って、お互いにそれを見合いながら、情報や意見を交換する時間が持たれました。終了後、「他の園の指導計画を見て、話が聞けてよかった」という声がたくさん出てきました。他園の計画を実際に見ることで、「指導計画として作成されている項目が、自分の園とはずいぶん違っている。自分たちはそうした項目についてはどう考えていたのだろう？」という疑問が出てきて、自分たちの見直しにつなげてみたいとの思いを持つことになったからのようです。また、指導計画でも、日常的に月案と日案を組み合わせて使っている園もあれば、月案と週案を組み合わせて使っている場合もあり、その際のそれぞれの記載内容や、どうしてそうするのか、そのメリットはどこにあるのかなどを聞く中で、自分たちの園の指導計画案の特徴に気づいたり、今後どう改善していくかの糸口を見いだしたりしたようでした。

　園外への研修は、園内の保育者全員が参加するということは稀です。多くの参加者から「園に戻って、今日気づいた視点をもとに園内の先生方と話し合ってみたい」との声も聞かれました。一人ないし数人の園外研修での学びや気づきが、園全体、すなわち"自分たちの保育"に生かされていく営みとなることが大切であり必要なことです。

 ## §2　歴史から学ぶ

　私たちは、保育の歴史や先達（せんだつ）の努力からも、保育の方法について探究していくための示唆を得ることができます。

　ここでは、大正から昭和にかけて日本の保育界で主導的な役割を果たした倉橋惣三に焦点を当ててみましょう。

　倉橋惣三は、大正6年に東京女子高等師範学校附属幼稚園（現お茶の水女子大学附属幼稚園）の主事になりました。その際に彼がしたことは、「創園以来の古いフレーベル二十恩物箱を棚から取り降ろして、第一、第二その他系列をまぜこぜにして竹籠の中へ入れたこと」[注1] でした。これについて倉橋は、「すなわち、恩物を積木玩具としたのである。これは、特別の意義をもつものとして取り扱われた恩物の格下げか、一般玩具としての横すべりか、見ようによっては論議のありそうなことだが、彼はただ幼児の積木遊びを、幼児の積木遊びとして幼児たちにさせたかっただけのことである」（傍点筆者）[注2] としています。そして、これは、保育方法の転換としてたいへん象徴的な出来事としてとらえられています。倉橋のこの行動は、「フレーベルの精神を忘れて、その方法の末のみ伝統化した幼稚園を疑う。」[注3] との言葉に端的に示されているのですが、その意味を知るために、まずはその頃までの幼稚園がどのような状況に

注1）倉橋惣三『子供讃歌』フレーベル新書11　1976、p.82
　2）『子供讃歌』は倉橋惣三著となっているが、これは倉橋の短文を、彼の死後、修正を含めてまとめて出版されたものである。したがって、本文中倉橋のことが「彼」と表現されている。
　3）倉橋惣三『幼稚園真諦』フレーベル新書10　フレーベル館、1976、序

あったのかをみてみましょう。

1. 幼稚園の始まり

　日本における最初の幼稚園は、明治9（1876）年に設立された東京女子高等師範学校附属幼稚園でした。その設置の目的は、東京女子師範学校附属幼稚園規則において「幼稚園開設ノ主旨ハ學齢未満ノ小兒ヲシテ、天賦ノ知學ヲ開達シ、固有ノ心思ヲ啓發シ、身體ノ健全ヲ滋補シ、交際ノ情誼ヲ暁知シ、善良ノ言行ヲ慣熟セシムルニ在リ」[注4]とされています。

　この幼稚園は、上流階級の子どもたちが通った代表的な幼稚園でした。お茶の水女子大学附属幼稚園編の『年表・幼稚園百年史』においても、その初期について「幼児保育の大切さに気づきフレーベルなど西洋教育思想に刺激され、西洋のKindergartenを幼稚園と訳して、その移植模倣につとめた時期。最初の国立幼稚園（いわゆるお茶の水の附属幼稚園）に関するかぎり、（略）度々の天皇・皇后・皇太后の行幸啓を仰ぎ皇室の保護・奨励によって発展してきたことは事実である。すなわち上層階級の子弟のための学校として発足した。」[注5]と記されています。

　さてこの時代、幼児の教育は、基本的には家庭で行うことが望ましいとされていた時代でした。では、なぜこのような幼稚園ができ、上流階級の子弟が通うようになったのでしょうか。それは、この明治の初期、欧米風の進歩的文物が、上流知識階級の流行となっていたことによるからです。保育は、開園当初の主任保姆である松野クララ（フレーベル流の保育を学んだドイツ保姆学校卒業生）の指導のもと、豊田芙雄、近藤浜といった良家の子女があたりました。保育をするためには恩物や唱歌の知識修得とその製作から始めていく必要がありました。「この時代、保育に必要な器具、恩物その他一通りはドイツより取り寄せ模造する。豆細具等に使用した丸木に代り、近藤保姆は、東洋産の竹ひごを考案す。家鳩、風車、民草などの唱歌は豊田、近藤両保姆の作ったものに、式部寮雅楽局の伶人が作曲し、教授を受けたものを保育に用いた。」[注6]との記述などが残されています。

　幼稚園ができた頃の保育時間表を見ると、一日の時間が区切られており、朝の遊戯室での会集に始まり開誘室での活動がなされ、他に遊戯室での唱歌や遊戯や体操などが行われています。子どもたちは鐘の合図で動いていたとのことです。そして、この開誘室での活動は恩物が中心であり、定められた恩物の扱い方を子どもに教え伝えていくものでした。保育者に向かって子どもたちの机が同じ方向に並べられ、活動している様子が資料（次ページ）から伝わってきます。そして室内活動の間に「戸外あそび」「時間外遊戯」などとよばれる、いわゆる自由遊びの時間が挿入されているという具合でした。

注4）倉橋惣三・新庄よしこ『日本幼稚園史』フレーベル館、1956、p.50
　5）お茶の水女子大学文教育学部附属幼稚園編『年表・幼稚園百年史』国土社、1976、p.21
　6）同、p.21

【資料】　机に座って活動する子どもたち　＜東京女子師範学校附属幼稚園（明治9年）＞

（お茶の水女子大学文教育学部附属幼稚園編『年表・幼稚園百年史』国土社、1976、p.23）

　また、保育者と式部寮雅楽局の伶人によって作曲された唱歌は、西洋の軽快なものとは違い、雅楽調のゆったりとしたものとなっており、それを保育者のあとについてやるようなものだったとされています。説話も参考書が少なく、保育者が「僅かに関信三の訳になる『幼稚園記』を参照して、幼児に与える物語の性格を考え、直訳ものの、しかも『渇鳥遂に水を得る』『驕兎却て亀に後る』などと漢文風にかかれたイソップ物語などを、自ら幼児向きに改めて物語っていた。わが国古来の民族伝承の物語が幼児童話としてふさわしいものであることに気づいたのは、かなり後のことである。外国文明の一端としてとり入れられた幼稚園は、その初期においてはもっぱらすべてを外国の翻訳に頼ったため、わが国古来の材料を幼稚園の中に持ち込む余裕が、なかなかに生じ難かったのであろう」[注7]といわれています。

　「幼稚園」というものについて、保育者たちが、欧米の文献に学びながら、懸命に教材を作って試行錯誤していた様子が伝わってきます。その際「幼稚園関係者がフレーベルの思考に学ばなかったのかといえばそうではなく、関信三をはじめとして、創設期の幼稚園教育の基礎を築いた人々は、フレーベルに関する書を読み、それを幼稚園教育の指針としていたのであった」[注8]のですが、恩物の扱いを中心とする紹介のされ方が強かったこともあり、当時の幼稚園は全体として形式主義的になっていった面がありました。それが「『恩物』中心の『お稽古』主義の保育をうみだした」[注9]との指摘にもつながります。なぜなら、初期の幼稚園は、各々の地域の幼児教育に深い関心を寄せる熱意ある人々によって始められましたが、その際、東京女

注7）津守真・久保いと・本田和子『幼稚園の歴史』厚生閣、1959、pp.212-213
　8）湯川嘉津美『日本幼稚園成立史の研究』風間書房、2001、p.370
　9）浦辺史・宍戸健夫・村山祐一編『保育の歴史』青木書店、1981、p.9

子師範学校附属幼稚園の実践を範としたり、東京女子師範学校出身者を招いて行っていったからです。

2. 明治末期から大正期の幼稚園

「明治末期の幼稚園は、過去二十年の伝統にしたがってフレーベル式の恩物中心の保育を行っていた。」[注10] といいます。明治32年の文部省令では、恩物を一括して手技とし、他の唱歌・遊嬉・談話と同列に扱うようにしたのですが、「現場の保育者達は、手技として一項目に扱われた中から、やはり恩物の一つ一つを依然として大切にとり上げ、結局は幼稚園における極端な手技偏重といった形態を生じせしめていたのである。」[注11] といいます。「当時の園児達や保育者達の追憶によれば、明治末期の幼稚園は開設当初と大差なく、幼児達は鐘の合図で出入りし、先生の指導の下に豆細工や摺紙を大人しくするといった一日、保姆達は恩物の扱い方を練習したり、豆細工のひご竹をけずったり、さらに幼児が完成し得ない細工物などをお土産として持たせたりするために自身で作り上げるといった放課後を、すごしていた様子である。保育室の中は、二人ずつの机が二列に前向きに整然と並べてあり、時間的にも、十五〜二十分単位の時間がきちんと排列してあった。」[注12] といいます。それまでの保育とは大きくは変わってはいなかったことがうかがえますが、随意遊嬉（いわゆる自由遊び）がその実際の経験から保育効果があるとして年を経るにしたがって時間が増やされていったり、園外保育が取り入れられたりするところも出てくるなど、自分たちの保育への反省や改良といった機運も出てきていたようです。

このような中、明治43（1910）年に倉橋惣三は東京女子高等師範学校の講師となります。倉橋は学生時代からこの附属幼稚園に遊びに来ていたのですが、より一層この幼稚園にいる時間を持つようになり、古い書庫にあったフレーベルの原典をはじめとした保育書類に触れることになります。「書庫内の古本の読み漁り。飽きては遊園に出て子どもらと遊び。その庭は明るくて、四季の風が動き、子どもらは、ピンピンと活きている。彼の頭は、伝統と新鮮との二つの境に閉じたり開いたりせざるをえない。フレーベルの根本精神は、この庭でこそより多く真に活躍するが、フレーベル流の保育方法のこまかい仕方は、どうも庫の中に残る。」[注13] と考えるようになります。

そうして、大正6（1917）年にこの東京女子高等師範学校附属幼稚園の主事になった際に、倉橋のしたことは「創園以来の古いフレーベル二十恩物箱を棚から取り降ろして、第一、第二その他系列をまぜこぜにして竹籠の中へ入れたことであった。」[注14] のです。そして、このことについて彼は、「こういうといかにも破壊的革命でもしたように聞こえるかもしれないが、

注10）津守真・久保いと・本田和子『幼稚園の歴史』厚生閣、1959、pp.232-233
　11）同、pp.232-233
　12）同、pp.232-233
　13）倉橋惣三『子供讃歌』フレーベル新書11　フレーベル館、1976、p.57
　14）同、p.82

　その実は、以前から恩物が恩物として用いられていなかったのであり、棚上げされていたわけ合いなのだから、実際には大した変り方ではなかったのである。」[注15] と述べています。それ以前から、保育のあり方は徐々に変化していたようですが、やはりこのエピソードが取り上げられるのは、子どもの個性や自発性、創造性といったものを大切に考える、いわば子どもを中心に据えた保育の考え方や方法への根本的な転換を体現していたものだからではないでしょうか。「晩年の彼は、『こうしたことは別段大きな問題でもなし、改新とか革新とか称すべきことでもない。ただ、幼稚園は、幼児のものというかねての考えをあらわしただけである』という。しかし、たしかに当時としては、センセーションをおこした。このような思い切った行動を前にも後にも彼はほとんどしたことがないだけに、新教育運動の戦士のような革命的な行動と、伝説のように伝えられたのも無理はなかった。」[注16] と坂元は述べています。

　この頃から、倉橋惣三を中心に、さまざまな保育方法についての見直しがなされていきます。倉橋の考えは附属幼稚園でまず実行に移されました。「誘導保育案として人形の家、電車ごっこなどは（倉橋）先生の考えを実行に移し、当時としては新しい幼児教育方法であった。」[注17] と記述されています。こうした実践は、「婦人と子ども」誌上に掲載されていきました。各地でも見直しがなされ、小学校以上のような整然と黒板の前に並べた机で知識を教え伝えていくような方法ではなく、幼児期の成長にふさわしい自由感のある保育の方法を模索していくようになっていったのです。

3．倉橋惣三の保育の方法についての考え方　――『幼稚園真諦』から――

　それでは倉橋が提唱したのは、どのような考え方や方法だったのでしょうか。倉橋は、その考え方を、彼の著書『幼稚園真諦』の第一編 幼稚園保育法において、以下のような図にして示しています。この図は、第一編の最後にまとめとして記載されていますが、ここでははじめに紹介したいと思います[注18]。

幼児のさながらの生活 ――― { 自由 / 設備 ―自己充実　―充実指導　―誘導　―教導

　それでは順にその考え方に触れていきましょう。

（1）さながらの生活・自己充実

　倉橋は、「私はいつもよく、生活を生活で生活へ、という何だか呪文のようなことを言っています。が、この生活を生活で生活へという言葉には、その間に教育を寄せつけていないよう

注15）倉橋惣三『子供讃歌』フレーベル新書 11　1976、p.82
　16）坂元彦太郎『倉橋惣三　その人と思想』フレーベル新書 14　フレーベル館、1976、p.38
　17）お茶の水女子大学文教育学部附属幼稚園編『年表・幼稚園百年史』国土社、1976、p.42
　18）倉橋惣三『幼稚園真諦』フレーベル新書 10　フレーベル館、1976、p.60

に聞こえますが、もちろん目的の方からいえば、どこまでも教育でありますけれども、ただその教育としてもっている目的を、対象にはそのままさせておいて、そこへもちかけていきたい心を呪文にし唱えているに外ならないのです。教育へ生活をもってくるのはラクなことであります。それには然るべき教育仕組をこしらえておいて、それへ子供を入れればよいでしょうが、しかし、子供に真にそのさながらで生きて動いているところの生活をそのままにしておいて、それへ幼稚園を順応させていくことは、なかなか容易でないかもしれない。しかしそれがほんとうではありますまいか。少なくとも幼稚園の真諦は、そこをめざさなくてはならないものと、私は固く信じているのであります。」（傍点筆者、以下同じ）注19) と述べています。

　まずは、子どもたちの"さながらの生活"を大切にしていくこと、それは「幼児の生活それ自身が自己充実の大きな力を持っている」からであり、「幼児の生活をさながらにしておくのは、ただうっちゃり放しにしておくということでなく、幼児自身の自己充実を信頼してのことです。それを信頼してこそそれを十分実現させてやることが出来る」と考えています。さらに「幼児の生活それ自身の自己充実に信頼して、それを出来るだけ発揮させていくということに、保育法の第一段を置くとして、それには幼稚園として適当な設備を必要要件とします。この意味において、幼稚園とは幼児の生活が、その自己充実力を十分発揮し得る設備と、それに必要な自己の生活活動の出来る場所であると、こう言っていいのであります。」注20) と述べ、いわゆる環境を通しての間接的な保育のあり方の必要性を示しています。

（2）充実指導

　充実指導については、「できるだけの設備が与えられ、幼児の生活の自己充実が一ぱいに発揮させられたとしても、自己充実そのものだけでは足りません。幼稚園としては、これをもう一つ手伝わなくてはなりません。その点を私は充実指導という言葉で挙げてみたのであります」とし、「充実指導とは、彼等において自己充実が出来ているかどうかというところに重きをおいて指導する」のであり、「子供が自分の力で、充実したくても、自分だけでそれが出来ないでいるところを、助け指導してやるという趣旨」なのだと述べています。さらに「真の保育法としては、この子がどの位まで求めているかということから始められなければならないのであります。そこからが真の保育になってくるのです。またこれが実に保育法としての肝心な要点だと思います」とも述べています。

　そして、この充実指導をするには実際にどういうふうにするかというと、「先生が子供の中に本当に入りきっていなければ出来ないことだけは明らかであります。外部の標準による指導でなく、相手の内部に即しての内部指導でありますから、子供の中に入ってでないと出来ません。ところが、内に入っているのですから、先生がどこにいていいのかちょっとわかりません。前に設備と自由との後に隠れたる先生、と申した、その先生がこの段階では少し直接に働き出したのですけれども、まだまだでしゃばってはなりません。充実を助けるために、先生は少し

注19)　倉橋惣三『幼稚園真諦』フレーベル新書 10　フレーベル館、1976、p.23
　　20)　同、pp.31-32

出てきますけれども、自分も子供になりきって、—— 子供の内に入って ——、子供のしている自己充実を内から指導していくだけですから、その先生の所在は、子供にも見物人にもちっとも目立たないでしょう。それでいいし、それでこそ、ほんとうなのです。」[注21)] と、自己充実と充実指導という、子どもの内面の育ちに焦点を当てた保育のあり方について述べています。

（3）誘　導

誘導については、「その次に至って幼児生活の誘導ということが始まってきます。誘導となると、子供よりも大人の方がずっと多く働くことになります。充実指導をしようと心がけてはいても、しかし自ら何もしない子供があるかも知れません。そこで、そういう力のない生活を、もう一つ、幅において深さにおいて展開させていこうとなると、いささか強い働きを外から加える必要が起ります。幼児生活というものは、その大きな特色として、実に利那的であり断片的であるものです。その利那的であり断片的であるということは、幼児の生活として決して咎むべきではありませんけれども、そのために、真の生活興味が、もっと味わえそうなのが味わえないでいるのは遺憾なことであります。」[注22)] とし、「幼児なりに生活の系統が与えられるならば、大変幸なことでしょう。すなわち、断片よりも系統の方が、単に興味の分量において、まさっているだけでなく、その興味の本質が違ってきます。生活の真の面白味がだんだんにそこに入ってくるのです。」[注23)] と、子どもたちの生活の中に、子どもたちの興味を大切にした系統性をもたせることを提案しています。

「こういう意味からしますと、幼稚園という所は、生活の自由感が許され、設備が用意され、懇切、周到、微妙なる指導心をもっている先生が、充実指導をして下さると共に、それ以上に、さらに子供の興味に即した主題をもって、子供たちの生活を誘導して下さるところでなければなりません。」[注24)] とし、「誘導となると、一般家庭にはむずかしいことです。これを相当大仕掛にやっていけることに、幼稚園の一つの存在価値があるといってよい」とも述べています。

（4）教　導

教導については、「誘導の後に、始めて教導ということが出てきます。学校の教育の中ではここからが主な仕事になっておりますが、幼稚園では教導は今までたどってきました、自己充実、充実指導、誘導の後に持ち出されるものと考えたいのであります。そこで教導というのは何かと申しますと、幼稚園教育としては最後にあって、むしろちょっとだけするだけのことであります。」[注25)] としています。

（5）当時の幼稚園の保育法への言及

倉橋は、「第一遍 幼稚園保育法」の最後を以下のように締め括っています。私たちが現代の保育においても、“方法”について考えていく際に大きな示唆を与えてくれる言葉だと考えますので、少し長くなりますがそのまま紹介します。

注21)　倉橋惣三『幼稚園真諦』フレーベル新書 10　フレーベル館、1976、pp.40-41
　　22)　同、p.42
　　23)　同、p.44
　　24)　同、p.46
　　25)　同、p.48

　「前から幾度も申してきた『今の幼稚園は何だか変だ、もう一つどうかならないものか』という疑問は、だんだんこんなふうに話を突きつめていきますと、幼稚園が保育方法の実行所というふうに考えられていることが、その大きな原因なのです。言いかえれば、保育方法というものが、あれこれと考えられていて、それをここで実行すると考えられているふうが、幼稚園というものをへんにし、また、幼稚園における子供の本当の生きた生活を、どこかで殺しているわけでもあるのではないでしょうか。

　幼稚園に、子供のほんとうの匂いがしないで、幼稚園くさい臭いが鼻につく。そのくさみは、どこからくるのかと言えば、方法にくっついているくさみなのではないでしょうか。いわんや、その方法が十年来毎日毎日ちっとも変らないとすれば、方法くさい上に古くさい臭いもぷーんときましょう。あるいは、七月に使っていた方法を、休みの間、どこかにしまっておいて、九月になってまたそのまま持ち出して使うということになれば、その間に多分黴くさくもなりましょう。そこで、古い方法を変えて新しい方法にしていけば、その古くささは減るのでありますけれども、しかし、では如何に新しい方法になっても、もともと、方法の方を先に立てておいて、それを子供にあてがうということでは子供の身の丈に合わない、既製品の古着で、そのくさみが鼻につくのを免れますまい。

　ところで、しかし、こうはこともなげに言いますけれども、これが実に幼稚園のむずかしいところで、仮に方法が定まっていて、その方法を適用したやり方の工夫だけならば、根からそんなにむずかしいことではありませんが、一人ひとりの子供から方法が生まれてくると考えるところに、ここにこそ、幼稚園が始終生きている所以を生じ、従って幼稚園というものの固有のくさみなるものがどこにもなくなるので、そのあたりまえのことが、実はむずかしいのではありますまいか。」[注26] としています。

　津守[注27] は、「倉橋惣三の保育論の大きな特色は、子どもと交わった具体的体験を言語化しようとしたことだと私は考える。体系的な学説や理論を樹立することは彼の関心ではなかった。常に彼の念頭にあったのは、幼い子どもと交わったときにだれでもが経験する感覚から出発して幼児の本来の姿を明らかにしたいということだったのではないかと思う。また、倉橋の生涯の時期に創られた幼稚園という新しい教育施設で、子どもの本来の姿を実現することを根本に据えるのにはどうしたらよいかということだった。それぞれの時代の社会の考え方が、それを支え、また歪める。そしてともすると大人は幼児の本来の姿を見失う。倉橋の時代にはその時代の戦いがあった。この講義録の第一章の歴史で扱われているコメニウス、ペスタロッチ、フレーベルの時代にも、同様で、それぞれの時代の戦いがあった。それは現代でも同様である。」と述べています。私たちも、自分たちの暮らすこの時代の中で、一人ひとりの子どもの育ちを守るために、たゆまずに歩んでいくことが求められるでしょう。

　こうした先人たちの営みの積み重ねがあって、現在の保育およびその方法についての考え方

注26)　倉橋惣三『幼稚園真諦』フレーベル新書10　フレーベル館、1976、pp.58-59
　　27)　菊池ふじの監修　土屋とく編　倉橋惣三『「保育法」講義録　保育の原点を探る』フレーベル館、1990

につながってきています。このように保育についての歴史、思想家や実践家について掘り下げてみることも、自分の「方法」についての考え方を深めていく一つの道筋です。今回は、倉橋惣三とその時代までの幼稚園の歴史に触れましたが、さまざまな保育や教育の思想家・実践家の著書および保育の歴史書などを紐解き、その世界と出会って考えてみることにもぜひ挑戦してみてください。

　§3　保育者として人間として育つこと

　多くの人は短大や大学を卒業する20歳〜22歳くらいで保育士資格や幼稚園教諭免許を取得して、保育現場に就職し、保育者になります。社会人になること、保育者になることは期待と不安の入り混じったものです。同時に、資格や免許を取り就職したことがゴールではなく、保育者としてのスタートに立ったばかりであるということを誰もが知っています。1年目は、新人の保育者として職場になれるだけで精一杯かも知れませんが、1年を通して子どもと生活を共にするという経験の中に、数多くの学びが必ずあります。そのあとは、若手の保育者、中堅の保育者、そして、ベテランの保育者というように、年数を重ねていきながら多くの経験を積み、保育者として育っていくことが期待されます。そして、保育者に期待される成長の中には、専門的な技術や知識だけではなく、人間性の育ちというものがあります。人間性というのは、どのように培われていくのでしょうか。

　人が年を重ねていくということは、その分だけ体験や経験が増えることです。しかし、体験や経験の数が増えれば、必ず人間性というものが育ってくるわけではなく、また体験や経験の数が必ずしも、人間性の育ちの量や大きさに関係するものでもありません。そもそも、人間性というのは数値で測れるものではありませんから、必ずしもベテランの保育者の人間性が豊かであって、若手保育者の方が人間性に乏しいなどということもいえません。まだ生まれて数年しか経っていない幼い子どもにも、人間としての素晴らしさを感じさせてくれる面はたくさんあるのですから、人間性と年齢とは必ずしも相関するということでもないようです。みなさんは今までの経験の中で、「この人はすごいな」とか、「こんな人になりたいな」と感じた人に出会ったことがありますか。その人は、特別な技術を持っていたり、外見が魅力的であったかもしれませんが、ただ外見のかっこよさだけであれば、あなたの感動や憧れは長くは続かないのではないでしょうか。みなさんは、その人のどのようなところに自分の心が動くことを感じたのでしょうか。やさしさ、謙虚さ、温厚さ、明るさ、ひたむきさ、まじめさ、忍耐強さ等、いろいろな「人間的な魅力」があげられることでしょう。

　津守真は、著書『保育者の地平』[注28] の中で以下のように述べています。少し長くなりますが、引用します。「保育者は、子どもが成長するのを助け、自分も人間の生涯の完成に向かっ

注28）津守真『保育者の地平』ミネルヴァ書房、1997、p.279

て成長をつづける。子どもを育てる大人は、子どもと出会い、子どもの表現に応答し、子どもとともに現在をつくり、子どもとの間の体験を省察する。その生活の中で大人は日々学ぶ。子どもは、保育者との間で、存在感が確かにされ、希望を持って現在を生きるようになる。静かな自らの内に沸き起こる能動性を養われて、周囲の事物を自分で選択する意志を育てられる。相互性をもって他者とのやりとりをたのしみ、他者に対する誠実さを育てられて共同の活動をつくる。そして自信と誇りをもった自我を形成し、他者が自己実現するのを助ける保育者として成長していく。保育者は、人間の原点を保育の実践の中で繰り返し確かめつつ日々を歩み、自我が強められていく。人間の生活には、人間が成長するのを妨げる機会が常にある。その機会をプラスに働かせるのは、人間の自我の力である。」

　津守は、この引用の冒頭のところで、保育者が成長できるのは、子どもとの真のかかわりと、自分と子どもとの体験を省察することによって自らを学ぶことができるからであると述べています。子どもとの真のかかわりには、まずは「出会う」ということが大切と記されています。津守が言う「出会う」とは、ただ顔を合わせることや同じ場所にいることではなく、保育者の側に「出会う」ための心の準備や緊張感があること、つまりは「本気に向き合う覚悟を新たにする」[注29] ことが必要です。もしも、こうしたものがないときには子どもとの一日はただ惰性的に流れていく、つまり子どもとは「出会えない」一日を送るということになります。さらに、その覚悟に支えられ、子どもが示すさまざまな表現（言葉、動き、表情、しぐさなど）を保育者が受け止め、それにていねいにこたえていくことにより、子どもは自分の中に能動的な動きを感じ、現在を最もよく生き、自我を形成したり自我が強められたりします。そうした子どもとのかかわりが繰り返されること、津守の言葉で言えば「人間の原点を保育実践の中で繰り返し確かめる」ことにより、保育者の自我も強められていく、つまりは、保育者も成長できるというのです。

　ここで紹介した津守の文章や言葉を繰り返し読んでみると、保育者とは非常にありがたい仕事であることを改めて感じることができます。子どもの成長を援助するという保育者の仕事は、自分が成長できる機会を与えてもらえているということだからです。子どもと接するときに、「はっ」と我を振り返るような体験を、筆者は何度もさせてもらいました。そのことは、「気づき」とか「学び」と一般的には言いますが、そのことを津守は「保育者の自我が高められる」と、人間の精神的な成熟にまで触れて述べているのです。私たちは、知らない間にたくさんの子どもからの恩恵を受けてきているのでしょう。もちろん、そうした恩恵を与えてもらえるためには、前述したように「本気で向き合う覚悟」などの心の準備ができるように、自分の精神を常に整えておく、鍛えておくということが必要です。それでもなお、自分の精神（気持ち）の持ちようによっては、成長の機会が毎日の生活の中にあり、さらには、人間の成長を妨げるような機会、たとえば怠慢、嫉妬、虚栄心などから自分を守ることもできるのが保育者の仕事であるということです。

注29）津守真『保育者の地平』ミネルヴァ書房、1997、p.283

　加えて、津守が述べている大切なことに「子どもとの間のことを省察する」という言葉があります。「省察」というのは、簡単に言えば、自分のことを振り返り反省することです。日々保育という営みには、一瞬も待ってくれずに、考えるゆとりもなく動かなくてはならないこと、しなければならないことがたくさんあります。とくに多くの子どもたちとかかわるときに、保育者はいちいち立ち止まって考える余裕はありません。しかし、それは、自分が行ったことをそのままにしておいてよいということではないのです。子どもが帰ったあと、子どもが眠っている間などに、自分と子どもとのかかわりを思い起こし、自分のありようや子どもの思いを考えていくことが保育者の成長にはとても重要なのです（第9章で保育者の記録が大切なのは、省察することが重要であるということを基本にしています）。もちろん、省察してもすぐに答えが見つけられることばかりではありません。しかし、省察をするということは、それ自体に非常に価値のある営みなのです。

　津守は、さらに保育者がひたすら動くということで成り立つ保育という行為の意味について、以下のようにも述べています^{注30)}。「一日の保育を終えて、なんと多くのことをしたのかと思う。しかしふり返ってみると、何をしたのかいちいち思い出せない。しばらく立つ間に、次第にここに記したようなことが思い出されてくる。保育の最中は、ひたすら、出会う子どもの側に身をおいて、そこで必要とされることに応えて動いている。この点で、保育者の生活は、極度に他者のことを考えて動く生活である。（中略）他者の側に立って動くのには、体力のみではなく、自分の向きを変える意志を必要とする。そのとき、自分は他者に対して相対化される。自分を絶対化するときには知性は失われる。保育は身体的行為でありながら知的行為である。」保育という営みは、子どもの要求や動きに合わせながら、一日中保育者が動くという行為によって成り立ちます。津守は、そうした他者のことを考えながら動くことが、身体的行為だけではない知的行為にもなっていると述べています。確かに、相手の動きに合わせながら動くことは、自分が自由に動き回ることとはまったく異なる活動です。相手に合わせた動きをするためには、相手の立場に立つことが求められ、そのためには精神的な働きが絶対的に必要になります。こうした行為に加えて、自分と子どもとの活動を振り返る省察を入れれば、保育という営みは、きわめて知的な行為といえます。子どものオムツを替えることや、子どもの泣きにつきあうことから、明日またやってくる子どものために環境を整えること、これらにはすべて精神の働き、知的な活動が含まれているのです。津守が述べている「自分を絶対化する」というのは、そうした子どもとのかかわりの中に、「子ども」ではなく「自分」という軸しか持たずに振る舞う行為なのでしょう。「オムツ、替えるの、面倒だな」「この子いつまで泣いているんだろう、私、もう疲れちゃう」「また、ここ汚してる！　毎日掃除する身にもなってよ」こうした思いで日々生活していれば、保育はただの雑用で、知的行為とは程遠いものになります。こうした外側から見れば同じように見える保育者の行為に、子どもの立場を考える「相対化」されているものがあるのか、自分のことしか考えない「絶対化」されているものしかないかに

注30)　津守真『保育者の地平』ミネルヴァ書房、1997、p.216

よって、保育の質、つまりは、子どもと保育者という両者の成長には大きな違いが生じるということなのでしょう。

　人間は、毎日が同じような繰り返しになると誰でもマンネリ化を感じ、惰性で日々を送ることが可能になります。その同じ繰り返しの中に、子どもにとっても自分にとっても価値のあるものをたくさん見つけられることが、人間として豊かになることにつながるように思います。みなさんの毎日を振り返ってみてください。みなさんの毎日の中に潜んでいる小さな大事なことを見落としてはいないでしょうか。

　このテキストでは、たくさんの事例を紹介して保育方法を探るという実践的な理解を大切にしてきました。それは、保育者が保育者として、人間として育っていくための大切なことが、日々の実践の中にある（もっとはっきり言えば実践にしかない）と信じているからです。また、第1章で述べたように、保育方法、つまり保育のやり方には何か決まったやり方があるのではなく、悩んだり迷ったりしながら、子どもの理解を深め、自分の願いを検討していくゆらぎが大切であると述べました。ゆらぎとは、絶え間なく動いているさまを表します。動きは、必ず何かが変わっていくきっかけをつくります。つまり、保育者として人間として育つためのきっかけを与え続けてくれるのではないでしょうか。

参考文献

・青木久子・間藤侑・河邊貴子『子ども理解とカウンセリングマインド　保育臨床の視点から』萌文書林、2001
・秋山和夫・森上史朗編『保育方法と形態』医歯薬出版、1984
・阿部和子『保育者のための家族援助論』萌文書林、2003
・井口佳子『幼児期を考える―ある園の生活より―』相川書房、2004
・浦辺史・宍戸健夫・村山祐一編『保育の歴史』青木書店、1981
・大場幸夫『こどもの傍らに在ることの意味　保育臨床論考』萌文書林、2007
・大場幸夫・中田カヨ子・民秋言・久富陽子『外国人の子どもの保育　親たちの要望と保育者の対応の実態』萌文書林、1998
・大場牧夫『原点に子どもを』調布市私立幼稚園協会研究部　保育実践問題研究会、1992
・大場牧夫他『子どもと人間関係』萌文書林、1990
・岡田正章・千羽喜代子・網野武博・上田礼子・大場幸夫・大戸美也子・小林美実・中村悦子・萩原元昭編『現代保育用語辞典』フレーベル館、1997
・岡田正章・平井信義（編者代表）秋山和夫・阿部明子・大場幸夫・星美智子・森上史郎（編集委員）『保育学大辞典』第一法規、1983
・岡本夏木編著『認識とことばの発達心理学』ミネルヴァ書房、1988
・岡山県保育史編集委員会編『岡山県保育史』フレーベル館、1964
・小川博久『保育援助論』生活ジャーナル、2000
・尾崎新『「ゆらぐ」ことのできる力　ゆらぎと社会福祉実践』誠信書房、1999
・尾崎新『「現場」の力　社会福祉実践における現場とは何か』誠信書房、2002
・お茶の水女子大学文教育学部附属幼稚園編『年表・幼稚園百年史』国土社、1976
・加藤繁美・秋山麻美『5歳児の協同的学びと対話的保育』ひとなる書房、2005
・上笙一郎・山崎朋子『日本の幼稚園』理論社、1965
・河邉貴子『遊びを中心とした保育』萌文書林、2005
・菊池ふじの監修　土屋とく編『倉橋惣三「保育法」講義録 保育の原点を探る』フレーベル館、1990
・倉橋惣三『育ての心（上）』フレーベル新書 12、1976
・倉橋惣三『育ての心（下）』フレーベル新書 13、1976
・倉橋惣三『幼稚園真諦』フレーベル新書 10、1976
・倉橋惣三『子供賛歌』フレーベル新書 11、1976
・倉橋惣三・新庄よしこ『日本幼稚園史』フレーベル館、1956
・京阪神聯合保育會『京阪神聯合保育會雑誌』第一冊・第五冊　臨川書店、1983
・小浜逸郎『方法としての子ども』大和書房、1987
・佐伯胖『共感　―育ち合う保育のなかで』ミネルヴァ書房、2007
・坂元彦太郎『倉橋惣三　その人と思想』フレーベル新書 14、1976
・佐藤学『学校の挑戦　学びの共同体を創る』小学館、2006
・佐藤学『学校を創る　茅ヶ崎市浜之郷小学校の誕生と実践』小学館、2000
・佐藤学『授業を変える　学校が変わる　総合学習からカリキュラムの創造へ』小学館、2000
・柴崎正行『保育環境の工夫』学習研究社、2002
・柴崎正行・田代和美『カウンセリングマインドの探究』フレーベル館、2001
・社会福祉法人二葉保育園『二葉保育園八十五年史』1986
・谷泰編『コミュニケーションの自然誌』新曜社、1997
・多文化子育てネットワーク『多文化子育て調査報告書』多文化子育てネットワーク、2006

・津守真『保育の一日とその周辺』フレーベル館、1989
・津守真『保育の体験と思索』大日本図書、1980
・津守真『保育者の地平』ミネルヴァ書房、1997
・津守真『子ども学のはじまり』フレーベル館、1979
・津守真・久保いと・本田和子『幼稚園の歴史』厚生閣、1959
・戸田雅美『保育をデザインする』フレーベル館、2004
・友松諦道『戦後私立幼稚園史』チャイルド本社、1985
・塘利枝子『アジアの教科書に見る子ども』ナカニシヤ出版、2005
・中川李枝子文　大村百合子絵『ぐりとぐら』福音館書店、1966
・西久保礼造『保育の形態とその展開』教育出版、1979
・西村清和『遊びの現象学』勁草書房、1989
・日本保育学会『日本幼児保育史　第一巻』フレーベル館、1968
・日本保育学会『日本幼児保育史　第二巻』フレーベル館、1968
・日本保育学会『日本幼児保育史　第三巻』フレーベル館、1969
・日本保育学会『日本幼児保育史　第四巻』フレーベル館、1971
・日本保育学会『日本幼児保育史　第五巻』フレーベル館、1974
・日本保育学会『日本幼児保育史　第六巻』フレーベル館、1975
・秦野悦子・やまだようこ編『コミュニケーションという謎』ミネルヴァ書房、1998
・浜田寿美男・山口俊朗『子どもの生活世界のはじまり』ミネルヴァ書房、1984
・浜田寿美男『学校という現場で人はどう生きているのか』北大路書房、2003
・浜田寿美男『子どものリアリティと学校のバーチャリティ』岩波書店、2005
・浜田寿美男『発達心理学　再考のための序説』ミネルヴァ書房、1993
・萌文書林編集『子どもに伝えたい年中行事・記念日』萌文書林、2003
・松井紀子作絵『ごきげんのわるいコックさん』童心社、1985
・森上史朗『子どもに生きた人・倉橋惣三ーその生涯・思想・保育・教育ー』フレーベル館、
　1993
・森上史朗・大場幸夫・秋山和夫・高野陽編『最新保育用語辞典』ミネルヴァ書房、1989
・森上史朗・大場幸夫・秋山和夫・高野陽編『最新保育用語辞典』第2版　ミネルヴァ書房、
　1992
・森上史朗・柏女霊峰『保育用語辞典』第3版　ミネルヴァ書房、2004
・森上史朗編著『これからの保育環境づくり』世界文化社、1999
・森上史朗他『集団って何だろう』ミネルヴァ書房、1992
・茂呂雄二『なぜ人は書くのか』東京大学出版会、1988
・文部省　幼稚園教育指導資料第3集『幼児理解と評価』チャイルド本社、1992
・文部省『幼稚園教育百年史』ひかりのくに、1979
・文部省『幼稚園教育要領解説』フレーベル館、1999
・山岡テイ他『多文化子育て調査報告書』多文化子育てネットワーク、2001
・山本雅代『バイリンガルはどのようにして言語を習得するのか』明石書店、1996
・湯川嘉津美『日本幼稚園成立史の研究』風間書房、2001
・横山浩司『子育ての社会史』勁草書房、1986
・A.トルストイ再話　内田莉莎子訳　佐藤忠良画『おおきなかぶ』福音館書店、1966
・Bonnie Neugebauer 編著 谷口正子 斉藤法子訳『幼児のための多文化理解教育』明石書店、
　1997
・Ruth E Hartley 他 上田礼子訳『子どもの発達と遊び』岩崎学術出版社、1978

さくいん

━▄▄━ 著者紹介 ▄▄▄▄▄▄▄▄▄▄▄▄▄▄▄▄▄▄▄▄▄▄▄▄

久富陽子　【執筆担当】　1章、3章、5章、6章、8章§2・§3、10章、11章§3

大妻女子大学家政学部児童学科教授。東京都出身。
日本女子大学家政学部児童学科卒業後、神奈川県の私立幼稚園にて幼稚園教諭。その後、大妻女子大学大学院家政学研究科児童学専攻に進学。修士課程修了。保育学関連科目や保育者論、幼稚園教育実習を担当。
著書として、『保育者論』『改訂　保育内容総論』（以上、萌文書林）、『保育方法・指導法の探究』（ミネルヴァ書房）、『実践例から学びを深める　保育内容・領域 言葉指導法』（わかば社）など。

梅田優子　【執筆担当】　2章、4章、7章、8章§1、9章、11章§1・§2

新潟県立大学人間生活学部子ども学科教授。新潟県出身。
新潟大学教育学部幼稚園教員養成課程卒業後、小学校教諭を経て大妻女子大学大学院家政学研究科児童学専攻に進学。修士課程修了。保育学関連科目や幼稚園教育実習を担当。
著書として、『改訂　保育内容総論』（萌文書林）、『保育学講座3　保育のいとなみ』（東京大学出版会）、『演習 保育内容「人間関係」』（健帛社）など。

▄▄▄▄▄▄▄▄▄▄▄▄▄▄▄▄▄▄▄▄▄▄▄▄▄▄▄▄▄▄▄▄

〈撮影協力〉　東京 YWCA まきば幼稚舎

〈 装　丁 〉　レフ・デザイン工房

保育方法の実践的理解

2008 年　5 月 18 日　初　版第 1 刷発行	著　者	久　富　陽　子
2015 年　4 月 1 日　初　版第 4 刷発行		梅　田　優　子
2018 年　4 月 18 日　第 2 版第 1 刷発行	発行者	服　部　直　人
2021 年　4 月 1 日　第 2 版第 2 刷発行	発行所	**株式会社萌文書林**
2023 年 12 月 31 日　第 3 版第 1 刷発行		

〒113-0021 東京都文京区本駒込 6-15-11
TEL 03-3943-0576　FAX 03-3943-0567
[URL] https://www.houbun.com
[Email] info@houbun.com
印刷　シナノ印刷株式会社

＜検印省略＞

© Yoko Hisatomi, Yuko Umeda 2023　　　　ISBN 978-4-89347-415-5